首批向全国推荐经典古籍及其整理版本

精原
读典

汉语言文学原典精读系列

顾问 贾植芳 王运熙 章培恒 裘锡圭

主编 陈思和 汪涌豪

说文解字精读

殷寄明／著

复旦大學出版社

总　序

　　任何一门学科都有其必须研读的经典,作为该学科全部知识的精华,它凝聚着历代人不间断的持续思考和深入探索。这种思考和探索就其发端而言通常极为艰苦,就其最终的指向而言又经常是极其宏大的,所以能进入到人们的生活,对读过并喜爱它的人们构成一种宝贵的经验;进而它还进入到文化,成为传统的一部分。又由于它所讨论的问题大多关涉天道万物之根本,社会人生的原始,且所用以探讨的方法极富智慧和原创的意味,对人的物我认知与反思觉解有深刻的启示作用和范式意义,所以它又被称为"原典"或"元典"。原者,源也;元者,始也、端也,两者的意思自来相通,故古人以"元犹原也,其义以随天地终始也",又说"故元者为万物之本,而人之元在焉",正道出了经典之构成人全部成熟思考与心智营造的基始特性。

　　汉语言文学这门学科自然也有自己的经典或原典。由传统的文史之学、词章之学的讲求,到近代以来西学影响下较纯粹严整的学科意识的确立,它一直在权衡和汰洗诸家之说,在书与人与世的激荡互应中寻找自己的知识边界。从来就是这样,对有志于这门学科的研究者来说,这些经过时间筛汰的经典是构成其全部学问的根柢,所谓入门正,立意高,全基于对这种根柢的掌握。就攻读汉语言文学专业的学生而言,虽然没有这样严格的要求,更不宜过分强调以究明一字或穷尽一义为终身的志业,但比较系统地了解这些经典的基本内容,深入研读其中重要的部分,做到目诵意会,心口相应,从而初步掌握本专业的核心知识以为自己精神整合和基础教养的本原,应该说是当然和必需的事情。

　　再说,汉语言文学学科有其特殊性。它所具有的社会功能许多时候并不是用职业培养一句话就可以概尽的。对大多数从学者而言,它是一种根本性和基础性的人文精神的培养。它以润物无声的方式渗透到人的日常生活,并从人立身行事的根本处体现出自己的价值。受它的滋养,学生日后在各自的领域内各取所需,经营成家,并不一定以汉语言文学的某部分专门知识安身立命,因此,它尤注意远离一切实用主义和技术主义的诱引,并不放弃对知觉对象的本质体认和根源性究问。那么,从哪里可以得到这种本质上的体认,并养成根源性究问的习惯呢? 精读原典,细心领会,就是一条切实可行的路径。

　　然而,受历史条件和社会需求变化的影响,还有陈旧的教学观念的束缚,长期以来,我们只注重史迹的复现、概念的宣教和理论的灌输,一个中文系学生(其他文科专业的学生大抵同此)应该具备怎样的知识结构和基本教养,并未被当作重要的问题认真讨论过。课程设置上因人而来的随意,课程分布上梯次递进的失序,使这一学科科学完整的知识体系和结构位序至今还不能说已经成形,更不要说其自在性和特殊性的缩聚与凸现了。也就是说,它的课程安排在一定程度上是随机的偶合的,因此既不尽合理,带连着学科品性也难称自觉与独立。在这样情况下,要学生由点及面,由浅入深,形成对汉语言文学相关知识的完整认识几无可能。即使有大体上的认知,也终因缺乏作品或文本的支撑而显得肤泛不切,不够深入。

　　正是鉴于这种情况,三年前,我们开始在中文系本科教学中实施精读经典作品的课程改革。调整和压缩一些传统课程的课时,保证充足的时间,让学生在大学的前两年集中精力攻读一二十种经典原著。具体做法是选择其中重要的有特色的篇目,逐字逐句地细读,并力求见迩知远,举一反三,然后在三四年级,再及相关领域的史的了解和理论的训练。有些比较抽象艰深的知识和课程被作为选修课,甚至放在研究生阶段让学生修习。我们希望由这种"回到读书"的提倡,养成学生基本的专业教养。有感于脱离作品的叙述一直占据讲坛,而事实是,历史线索的了解和抽象义理的铺排都需要有大量的作品阅读做支撑,没有丰富的阅读经验,很难展开深入有效的学习,学生普遍认同了这样的教改,读书的积极性得到了很大的调动,有的就此形成了明确的专业兴趣与方向。在此基础上,我们进而再引导他们"回到感性",在经典阅读中丰富对人类情感与生存智慧的体验与把握,最终"回到理性"、"回到审美",养成清明完密的思辨能力,以及关心人类精神出路和整体命运的宽广心胸,关注一己情趣陶冶和人格修炼的审美眼光,由此事业成功,人生幸福。我们认为这样的教育理念,庶几比较切近"通识教育"和"全人教育"的本义。

现在,我们把集本系老中青三代教师之力编成的原典精读教材,分三辑、每辑十种成系列推出,意在总结过往的教学实践,求得更大更切实的提高。教材围绕汉语言文学专业所涉及的"中国古代文学"、"中国现当代文学"、"文艺学"、"汉语言文字学"、"语言学理论"、"比较文学"和"古典文献学"等七大学科点,选择三十种最具代表性的经典作品做精读,其中既有中国古代重要的文史哲著作,这些著作不仅构成整个中国文学的言说背景,本身就极富文学性,同时也包括国外有关语言学和文学理论方面的经典著作。如此涵括古今,兼纳中外,大概可以使中文学科的专业知识有典范可呈现,有标准可考究。

在具体的体例方面,教材不设题解,以避免预设的前见有可能影响学生自主的理解;也不作注释,不专注于单个字词、典故或本事的说明,而将之留给学生课前的预习。即使必须解释,也注意力避"仅标来历,未识手笔"的贫薄与单窘,而着重隐在意义的发微与衍伸意义的发明。也就是说,但凡知人论世,不只是为了获得经典的原义,还力求与作者"结心"和"对话"。为使这种发微与发明确凿不误,既力避乾嘉学者所反对的"因后世之空言,而疑古人之实事","后人所知,乃反详于古人"的主观空疏,又不取寸步不遗不明分际的单向格义,相反,在从个别处入手的同时,还强调从汇通处识取,注意引入不同文化、不同知识体系的思想观念和解说方法,以求收多边互镜之效。即使像文本批评意义上的"细读"(close reading),也依所精读作品性质的不同而适当地吸取。尤其强调对经典作品当代意义与价值的抉发,从而最大程度地体现阐幽发微,上挂下连,古今贯通,中外兼顾的特色。相信有这种与以往的各类作品选相区隔的文本精读做基础,再进而系统学习文学史、语言学史以及文学、美学理论等课程,能使本专业的学生避免以往空洞浮泛的知识隔膜，从而对理论整合下的历史与实际历史之间的矛盾有一份自己的理解，进而对历史本身有一种"同情之了解"，并从内心深处产生浓郁而持久的"温情与敬意"。

如前所说，原典精读教材的编写目的，是为了给汉语言文学专业的学生提供一个基础教养的范本，它们应该是这个专业的学生知识准入的基本条件和底线。但是"应该"与"能够"从来是一对矛盾。如何使教材更准确简切地传达出经典的大旨，如何在教学过程中让学生真正得体新生命，得入新世界，是我们大费踌躇的问题。好在文学的本质永远存在于文学作品的影响过程中，学术的精神也永远存在于学术著作的解读当中。既如此，那么从原典出发，逐一精读，既沉潜往复，复从容含玩，应该不失为一种合理可行的思路。

我们期待基于这种思路的努力能得到丰厚的报偿，也真诚地欢迎任何为完善这一思路提出的建议与批评。

目　录

第二讲 《说文解字》第二篇

三十部首条文原文关键词语阐释
讲解

第三讲　《说文解字》第三篇　　055

索　引

绪

论

《说文解字》一书,东汉许慎撰。下面就作者生平、《说文解字》的有关问题以及本书的著作体例作一简要的介绍。

一、作者许慎生平概况

许慎,字叔重,东汉汝南(今河南省郾城县)召陵人。其生卒年约为公元58年至公元147年。兼通今文、古文经而立足于古文经,在当时就享有极高的声誉。大抵在三十岁以前研治今文经学。三十岁入京,师从古文经学大师贾逵习古文经学。贾逵是贾徽之子,父子之间本有学术传承关系,贾徽则是古文经学的开山祖师刘歆的学生,因此许慎是刘歆的再传弟子。

从研治今文经到从贾逵习古文经,这是许慎学术道路上的一个重要转折点,也是后来创作出不朽著作《说文解字》的一个重要条件。

"转益多师是汝师。"许慎很善于广泛地向前贤时彦们学习。他的儿子许冲在《进〈说文解字〉表》中说他父亲在治学过程中常常"博问通人"。许慎在《说文解字》一书中经常"引通人说"。据清代郑文焯《〈说文〉引群说故》统计,许慎在他的著作中提到的"通人"共27人,其中先秦时代的有孔子、楚庄王、韩非子三人,两汉时代的24人,如扬雄、杜林、刘歆、司马相如、班固、董仲舒等。其中有一些是与许慎同时代的,许慎得以当面请教。

许慎的一生经历了东汉光武帝、明帝、章帝、和帝、殇帝、安帝六朝。汉安帝永初四年(公元110年),许慎与刘珍、马融等五十多人校书于东观。所谓"东观",是当时的贵族学校,也是皇家图书库。校书于东观,是许慎学术生涯中一件非常重要的事情。因为在校书过程中,可以接触到当时的学界领袖(也就是上面所说的"通人"),同时,得以饱览大量民间不可见的秘籍。这为他撰写《说文解字》提供了有利条件。

许慎一生所著,除《说文解字》15篇以外,还有《孝经古文说》1篇,《五经异义》10卷,《淮南子注》21卷。但除了《说文解字》以外,其余的都亡佚了。清儒们做了许多辑佚工作,但通过这些辑佚材料,也只能窥见许著的一鳞半爪而见不到全貌了。

许慎的一生是亦官亦学的一生。他先后担任过郡功曹、太尉南阁祭酒两个行政职务。郡功曹是掌管一个郡的政务和人事工作的"秘书长",职责是协助郡守(一个郡的行政长官)考核公务人员的勤惰,记录功绩。许慎担任此职,大约在20~30岁之间。由于政绩突出,许慎被推举为孝廉。"孝廉"虽然只是一种荣誉称号,但却是在职官员升官的条件。许慎以此擢升为太尉南阁祭酒。太尉是最高武官,"三公"之一,南阁是太尉下属的一个部门,祭酒是这个部门的负责人。

许慎在仕途上,最后被升为"洨长"即洨县之长,但似乎未到任。根据《百官志》记载,汉代满一万户的大县之行政长官称"县令",俸禄一千石;不满一万户的小县之行政长官称"县长",俸禄三四百石。许慎之子许冲在《进〈说文解字〉表》中未提到乃父任洨长之事,洨县的地方志也没有许慎任洨长的记载,故推测许慎实未出任洨长。

最早记载许慎生平事迹的文献是《后汉书·儒林传》。文中称:

"许慎,字叔重,汝南召陵人也。性淳笃。少博学经籍,马融常推敬之。时人为之语曰:'五经无双许叔重'。为郡功曹,举孝廉,再迁,除洨长。卒于家。初,慎以五经传说臧否不同,于是撰为《五经异义》,又作《说文解字》十四篇,皆传于世。"

《汝南先贤传》也有许慎生平事迹的片断记载:

"许慎为功曹,奉上以笃义,率下以恭宽。"

有清一代,国学的研究可谓登峰造极。在这种背景下,涌现出一大批研究许慎生平事迹的文章,如诸可宝的《许君疑年录》,陶方琦的《许君年表》和《许君年表考》,严可均的《许君事迹考》,钱大昕的《许慎传漏略》,林颐山的《许慎传补遗》等。晚近以迄当代,又有丁福保的《许君年谱》,董希谦的《许慎生平事迹考辨》,顿嵩元的《许慎生平事迹考辨》等。

许慎是汉代两个最杰出的经学家、小学(即文字、音韵、训诂学)家之一,与郑玄齐名。清黄遵宪《感怀》诗:"洎乎出许郑,袖然万人杰。"梁启超《变法通议·学校总论》:"其有通人志士,或笺注校勘,效忠于许郑;或束身自爱,归命于程朱。"汉代的经学和小学,人称"许郑之学"。在中国经学史、小学史上,后世唯清代段玉裁、王念孙可与此媲美——清代的经学、小学被称为"段王之学"。

更值得注意的是,《说文解字》行世后,研究此书成了专门之学,世称"许学"或"说文学"。清儒张炳翔《许学丛书》、许颂鼎及许溎祥《许学丛刻》、黎径诰《许学考》等,即属汇集研究《说文解字》成果的作品。研究《说文解字》的专家,历代有之,至有清一代,更是纷出迭见,由丁福保《说文解字诂林》一书,即可窥见当时盛势之一斑。此书 1 036 卷,收录研究《说文解字》的著述 182 种。在欧洲,有所谓"莎学",是研究莎士比亚剧作的,而不是专门研究某一本书的。在中国文学领域,有"红学",倒是专门研究《红楼梦》的,但此书问世要比《说文解字》晚十几个世纪。

二、《说文解字》面面观

许慎作《说文解字》,是为了反驳当时的今文经学家对儒家经典的曲解。今文经是用汉代通行的隶书在秦始皇焚书后重新记录的儒家经典,古文经则是用籀文、战国古文、篆文等古文字记载的、旧传的儒家经典。隶书的出现,导致了双重效应。一方面大大提高了书写速度,文字学家们称之为一大里程碑。另一方面隶书也意味着文字的形义关联中断,也就是说隶书再也不能像以往各种文字系统那样直观地以文字形体结构显示词的语义内容。因此,在解释隶书所记录的词时,很容易发生分歧,再加上今文经学家们其他的主观原因,的确有解释经义时与原意相悖的现象。许慎之子许冲在《进〈说文解字〉表》中斥之为"巧说邪辞"。许慎为了有力地、有效地抨击这种"巧说邪辞",就搜集了九千多个篆文和一部分籀文、古文,通过文字形体结构的分析,推断出词的本来意义,从而还儒家经典文本含意之原貌。

许慎收录、保存了一万多个古文字个体,在中国文化史上所起的作用恐怕连他本人也始料不及。《说文解字》一书完全可以说是千古绝唱。清代许学四大家之一朱骏声在他的《说文通训定声·临部》中说:"尝谓《说文解字》

一书,功不在禹下。"这绝非溢美之辞。清代孙星衍在《重刊宋〈说文〉序》中也说:"唐虞三代五经文字,毁于暴秦而存于《说文》。《说文》不作,几于不知六义。"《说文解字》所收录的,主要是小篆。小篆是汉字形体演变史上最后一个具有表意性的文字形体系统,它是沟通甲骨文、金文、籀文、古文和隶书的桥梁。如果没有《说文解字》,人们就无法解读青铜器铭文、战国时代的古文和后来出土的甲骨文。

师从贾逵、东观校书、接触通人,都是许慎创作《说文解字》的有利条件。此外,以往时代的几部字书,也是许慎写出他的不朽之作的必备条件。汉班固《汉书·艺文志》载周代有《史籀篇》15 篇,为周宣王之太史所作。许慎在其书的《叙》中也提到此事,则此书当为许慎所采撷。此外,李斯的《仓颉篇》、赵高的《爰历篇》、胡毋敬的《博学篇》、司马相如的《凡将篇》、李长的《元尚篇》、扬雄的《训纂篇》、史游的《急就篇》,均为许慎所参考。《说文解字》实际上是到当时为止汇集古文字的集大成之作。张舜徽先生认为,《急就篇》与《说文解字》在著作体例上关系尤为密切。《急就篇》的文字编排是以物类为依据的,书中明确提出了"罗列诸物名姓字,分别部居不杂厕"的系联原则,许慎在《说文解字·叙》中所说的"分别部居,不相杂厕"当本于此。另外,许慎从所收录的文字中提炼出 540 个部首,也是受了《急就篇》的启发的。

许慎此书取名"说文解字",即说解文字之意。"文"和"字"是两个相关、但又有所不同的概念。"文"即独体文,指最早创造出来的不能分割的文字,多数是象形字,还有一些原始指事字。"字"即指合体字,由两个或更多个独体文组合而成。关于这一点,清代的许学殿军段玉裁在注《说文解字·叙》时已作过解释:"文者,自其有形言之;字者,自其滋生言之。"所以,所谓"说文",就是直接讲述独体文的构造类型以及它所记录的词的本义;"解字"则即分解、分析合体字的结构进而训释它所记录的词的本义。

读《说文解字》,不可以不明白此书的性质。许书是一部具有多重属性的著作。它首先是一部字书。字书即收录文字之作。前面我们已经提到,《说文解字》是到当时为止收录文字最多的字书。同时,它又是一部字典。所谓字典,就是可以检索的字书。在这一点上,《说文解字》与以往的字书具有质的区别。许书有部首 540 个,就是供检索文字用的。由于传统语文学的影响,人们把单音词词典称作"字典",而把多音词词典称为"词典",而"词典"所收录的不仅仅是词,有时还夹杂着词组,这实际上是有问题的。关于这一点,我们不想在这里展开讨论,而只是强调《说文解字》本质上是一部单音词词典。此书被释字字头 9 353 个,绝大多数是单音词的书面符号,有少数是联绵词的记录文字。读《说文解字》,也应该了解许慎是怎样编排、解释那些记录联绵词的文字的。许书收联绵词 300 多个,每个联绵词都有上、下字,所以共有 600 多个被释字字头。许慎对联绵词的解释的基本规律是:如果在上字条文中系联下字并训释其意义,那么在下字条文中只系联上字,不再重复地训释联绵词意义。对联绵词意义的训释,有时出现在上字条文中,有时也出现在下字条文中。如:《玉部》:"琅,琅玕,似珠者。从玉,良声。""玕,琅玕也。从玉,干声。"《页部》:"硕,颅也。从页,毛声。""颅,硕颅,首骨也。从页,卢声。"《说文解字》作为一部词典,还有一个非常独特的地方,那就是它是以训释词的本义为指归的。也就是说,《说文解字》原则上是一部本义词典。对于这一点,清代的小学家们已有充分的认识。段玉裁《说文解字·叙》注:"许以形为主,因形以说音说义。其所说义与他书绝不同者,他书多假借则字多非本义。许惟就字说其本义。"江沅《说文解字注·后叙》:"许书之要,在明字之本义而已。"王念孙《说文解字注·序》:《说文》之训,首列字之本义。"许慎在书中竭力推求词的本义,这与他的这部书的写作动机密切相关。今天看来,许慎所训,不尽是本义,因为受到主观和客观条件的制约。《说文解字》既然是一部讲求本义的词典,那么,毫无疑问,它也是一部训诂书。关于这一点,学界基本上已形成共识,但也偶有学者持不同观点。比如胡朴安先生在他的《中国训诂学史》中将训诂学派分为《尔雅》派、《释名》派、《方言》派,置《说文解字》于诸派之外。王力先生在《汉语史稿》中曾说:"《说文解字》虽然对于每一个字都解释它的意义,但是许慎这一部书的主要对象不是字义,而是字形。他企图说明每一个字为什么要那么写,主要是找出字的本义,使这个本义能说明这个字的结构的理由。"对于这个观点,陆宗达先生曾在《〈说文解字〉和训诂学》一文中提出过一些商榷意见:"《说文》是后汉许慎在公元 100 年创稿,121 年成书的一部小学著作。它搜集周秦的古文、籀文、篆文,以字形为编排依据,分为 540 部,书名定为《说文解字》。因此,一般都把它当作文字之书,有人还认为它'主要对象不是字义,而是字形',其实这话并不十分准确。说《说文》是搜集文字、整理文字之书,这是对的;但从许慎写《说文》的意图看,恐怕主要还在通过字形来探讨字义。字形仅是他的出发点,字义才是他的落脚点。"黄侃先生曾在《文字声韵训诂笔记》中说,许慎注《淮南子》,随文释义,是训诂;作《说文解字》,讲求词的本义,也是训诂。只不过前者属于"隶属之训诂",而后者属于"独立之训诂"。杨树达先生则认为凡训释词义的小学书都是训诂书。《积微居小学述林·论小学书流别》:"世人分别小学书,谓《尔雅》主义,《说文》主形,《切韵》主音,是固然矣。然小学本以义训为主,《说文》开卷元训始,丕训大,非说义乎?《广韵》篇首东训春方,又训东风菜,又非义乎? 故知以义专属《尔雅》者……非笃至之论也。愚谓小学书皆所以说义,而其所由说义之方式不必同。语其流别,大要分为四宗,故书四品,品各一宗,而《切韵》不与焉。"关于《说文解字》一书的性质,最后我们还得强调,它是我国文字学的开山之作。此书的《叙》是讨论"文字之条例"的,是文字学基础理论体系的雏形。作者在《叙》中对于造字方法与文字结构类型、文字的起源、文字的本质、文字的发展、文字的系统性以及俗字、奇字、异体字、假借字、繁简字等问题都有论述。关于这些问题,我们将在后面各讲中依托原典文本逐一穿插阐述,此处从略。

《说文解字》的内容,作者在其《后叙》中作过交代:共 14 篇,540 部(各篇的部数不一),被释字字头 9 353 个,重文(异体字)1 163 个,解说文字133 441个。今天能见到的较通行的是宋代徐铉校定的"大徐本",正文十四卷各分上、下,叙目一卷亦分上、下,凡三十卷。

我们现在所能见到的最早的《说文解字》版本,是唐穆宗元和年间的写本,但是个残卷,只剩《木部》一百八十八个字。唐代曾有李阳冰刊定的版本。宋代徐铉、徐锴兄弟二人皆治《说文解字》,其版本世称"大徐本"和"小徐本",今天通行的就是这两种版本。宋太宗雍熙三年(公元 986 年),徐铉主持校定付国子监雕板的《说文解字》,他还增收了 400 个"新附字",仍依许书体例分归各部。又依唐代孙愐的《唐韵》为许书被释字一一增注反切。对于许慎的意义训释,徐铉亦参以己见,或申张许说,或作商榷,有时还引他的弟弟徐锴的说法来论证。如许书《目部》："䁖,目小也。从目,坐声。"徐铉等注:"臣铉等曰:案《尚书》'元首丛脞哉'。丛脞犹细碎也。今从肉,非是。昨禾切。"《人部》:"代,更也。从人,弋声。"徐铉等注:"臣铉等曰:弋非声。《说文》'忒'字与此义训同,疑兼有忒音。徒耐切。"《克部》:"克,肩也。象屋下刻木之形。凡克之属皆从克。"徐铉等注:"徐锴曰:肩,任也,负何之名也,与人肩膊之义通。能胜此物谓之克。苦得切。"徐铉等人为许书被释字加注反切,是为了读者便于识读,但由于他们所依据的《唐韵》,属于中古时期的语音,而《说文解字》是上古时期的文献(汉语史分期:先秦两汉为上古,唐宋为中古,元明清为近古),所以这是有矛盾的。关于这一点,殷韵初先生在中华书局影印的大徐本前言中已予指出:"徐铉始据孙恤《唐韵》加注反切于每字之下,但与汉人读音不符。"徐铉等人在校定《说文解字》的过程中,还做了分卷改易工作。分卷问题,上文已经提到了。许书每部的标目原在正文之后,读者要等读完正文后才见到,徐铉氏改移于前,使之眉目清晰。清代孙星衍重刻过宋本《说文解字》,陈昌治嫌行密字小,改刻为一篆一行。现在所通的"附检字"的大徐本,就是中华书局1963年依陈昌治刻本影印发行的。近两年江苏古籍出版社也影印发行了上述版本的《说文解字》。至于"小徐本"即徐锴校定的版本,全称《说文解字系传》,共40卷。这是一部全面研究许书的著作。第1—30卷称《通释》,解释许书的正文。第31—40卷则是研究许书各个方面的问题的。分卷情况和目录如下:

第31—32卷:《部叙》;

第33—35卷:《通论》;

第36卷:《祛妄》;

第37卷:《类聚》;

第38卷:《错综》;

第39卷:《疑义》;

第40卷:《系述》。

徐锴氏在书中所探讨、论述的问题主要有以下几方面:分析许书540部排列次序的理据;结合实例从宏观上论述文字的构造;驳斥前人在《说文解字》研究中的虚妄之言;分析许书中同大类名词相聚集现象;推论古人的造字意旨；提出质疑、指出许书某些文字与他处所见小篆形体不一并分析许书所缺字；交代各篇的宗旨。综言之，小徐本已非许书原貌。本书所据《说文解字》为大徐本。根据赵丽明先生《清代关于大徐本〈说文〉的版本校勘》一文所分析，在清代大徐本尚有旧刊本、藏本、清初刻本三个系统。旧刊本有两种。一是毛氏刊本，毛晋、毛扆所刊，乾隆三十八年朱筠校刊；二是鲍氏家藏宋版本，歙县鲍叔芳所藏、刊，嘉庆十二年额勒布刊行。藏本则有六种。一是王氏藏宋刊本，王昶所刊，小字本；二是周氏藏宋刊本，周锡瓒所刊，小字本；三是明叶氏景宋钞本，周锡瓒所刊，小字本；四是旺赵氏钞宋大字本，周锡瓒所刊；五是周藏宋刊五音韵谱，周锡瓒所刊(以上除第二种外，其余四种均为段玉裁氏所经眼，见《汲古阁说文订》)；六是周藏汲古阁初印本，周锡瓒所刊，毛扆署有"顺治癸巳汲古阁校改第五次本"字样。清初刻本有四种。一是朱氏本，朱筠刊于乾隆三十八年(据毛氏本刊)；二是藤花榭本，额勒布据鲍本刊于嘉庆十二年；三是平津馆本，孙星衍刊于嘉庆十四年；四是一篆一行本，陈昌治刊于同治十二年。

　　《说文解字》一书在中国文化史有着极崇高的地位。清朱骏声《说文通训定声·临部》："尝谓《说文解字》一书，功不在禹下。"清王鸣盛《说文解字正义·序》："《说文》为天下第一种书。读遍天下书，不读《说文》，犹不读也。但能通《说文》，余书皆未读，不可谓非通儒也。"《说文解字》能够获得这样高的评价，不是偶然的。除文字学以外，它在文化学、文献学、辞书学、音韵学、词汇学、语源学等多个领域，或有很高的成就，或有很高的参考价值。《说文解字》虽不是《尔雅》式的百科分类著作，但也包罗万象，所承载的古代文化信息量极大。许冲在《进〈说文解字〉表》中讲过的一段话很能说明这一点："六艺群书之诂，皆训其意，而天地、鬼神、山川、草木、鸟兽昆虫、杂物奇怪、王制礼仪、世间人事，莫不毕载。"显然，《说文解字》的文字系统覆盖了当时的语言系统，而语言则是折射历史、文化的镜子。许慎之书在文化学方面除有存古之功外，还有三个方面很值得称道。第一，详细地描述了一些汉代已消亡的有的甚至是史前的事物。如《廌部》："廌，解廌，兽也，似山牛，一角。古者决讼，令触不直。象形。""灋，刑也。平之如水，从水；廌，所以触不直者，去之，从去。法，今文省。"段玉裁注："《神异经》曰：'东北荒中有兽，见人斗则触不直,闻人论则咋不正。名曰獬豸。'《论衡》曰:'獬豸者,一角之羊,性识有罪。皋陶治狱,有罪者令羊触之。'……廌能止不直,故古训为解。"再如《宀部》:"家,居也。从宀,豭省声。"唐兰《中国有六千多年的文明史》:"大汶口区域里用养猪多少来分别财富的多少,在我国古代语言里代表财富的家,有财产称为家,即有家当;在古文字里,家里画出屋内有猪,有的清楚地画出是公猪。"(按,"豭"即公猪之称。)第二,揭示了某些事物的起源。如《缶部》:"匋,瓦器也。从缶,包省声。古者昆吾作匋。"再如,《盐部》云"古者宿沙初作煮海盐",《川部》指出尧划分九州,《石部》说母句氏发明了打击乐磬。第三,全面地记载了一些复杂事物的各个方面或变化过程。如《隹部》:"雉,有十四种:卢诸雉、乔雉、鳱雉、鷩雉、秩秩海雉、翟山雉、翰雉、鵫雉,伊洛而南曰翚,江淮而南曰摇,南方曰䨄,东方曰甾,北方曰稀,西方曰蹲。"同部又述"雇"有九种,《艸部》"薂"字详述九州之薂。又《邑部》:"郡,周制,天子地方千里分为百县,县有四郡,故《春秋传》曰'上大夫受郡'是也。至秦初置三十六郡以监其县。"《说文解字》的文献学价值也是很引人瞩目的。许慎在训释词义时所征引的文献极为丰富,除儒家经典外,还有《祕书》、《逸周书》、《司马法》、《夏书》、《虞书》、《墨翟书》、《汉令》等,这些文献有的已亡佚,有的虽存但与许慎所征引者相殊异。"异文"是校勘学、版本学、辑佚学研究中的宝贵资源。许慎在他的著作中征引得最多的,当然还是儒家经典。清代有许多学者如江顺诒、叶长卿、吴种、柳荣宗、宋文蔚、承培元、郭庆藩、李惇、吴玉搢、陈寺棋、臧礼堂、雷浚、王育、陈瑑、翟灏、程际盛、魏本唐、吴云蒸等都作过许慎引经问题的研究。许慎所引儒经,也往往与传世者不同。梁玉绳《〈说文〉称经附证》:"《说文》引经往往与今本不同,颜黄门谓'援引经传与今乖者未之敢从。'案古本各有师承,所传多异,许氏从贾逵受古学必非无据。"因此,考异文就成了清人这项研究中的重点,有的学者甚至于只关注异文。陈瑑《〈说文〉引经考证》:"其与今本同者概不赘。"清人这项研究取得了很好的成绩。吴玉搢《〈说文〉引经考》共录《说文解字》引经异文 1 512 条,程际盛《〈说文〉引经考》共录异文 2 593 条。许慎是一个善于广泛地向前贤时彦学习的集大成的学者,他引《诗》,兼采三家说;立足于古文经而又引董仲舒说,董氏本为今文经学代表人物。清钱大昕《〈说文〉答问》:"今世所行九经,乃汉、魏、晋儒一家之学。叔重生于东京全盛之日,诸儒讲授师承各别,悉能贯通,故于经师异文采撷尤备。"许慎在书中又常征引通人之说,而这些通人的言论又往往不见于传世的典籍,所以也有一定的文献学价值。明代焦竑在《俗书刊误》中就讲过:"《说文》引孔子之言甚多。如'狗,叩也,叩气吠以守。'……此类甚多。岂叔重去古未远,别有所见邪? 抑孟坚所谓宗师仲尼以重其言邪?"应该说"别有所见"的可能性更大。如前所述,《说文解字》是一部字典、词典,它在辞书学史上也有着很高的地位。钱剑夫先生在《中国古代字典辞典概论》中称许书为"中国古代的第一部完整的字典。"这话没有任何夸张。《说文解字》问世之前的字书只能叫"字书"而称不上字典,部首检索法是许慎的一大发明,有部首、可检索,便变字书为字典。前面我们已经提到,《说文解字》既是字典,也是词典。许嘉璐先生《〈说文解字〉在词典史上的地位和价值》一文对许慎之书作了极高的评价。该文运用对比显示的方法,指出许书有六方面的特点和长处。第一,《说文解字》是揭示词语内在规律的指示性词典,《尔雅》等仅属描写性词典。第二,许书对字、词作形、义、音的综合分析,解释词义的所以然,是一部知识性词典。第三,许书是一部规范性词典。第四,许书训释的是本义。第五,释义时注意词义概括性与具体性的统一。第六,方便检索。文章还说:"我们这个星球上的详解词典史,应该从《说文》写起,这是理所当然的。"《说文解字》一书,对于上古音的研究也有很高的利用、参考价值。许慎著此书时,反切方法尚未应用于世,他在书中努力地用"读如"、"读若"、"读与某同"、"某声"等方式来为被释字注音,许书在一定程度上也具有音书的性质。清江沅《说文音均表·弁言》:"盖其所从来者,与《易》、《诗》、《书》相表里,是可以审古音也。""许氏形声、读若,多得其本音。"清姚文田《说文声系·叙》:"古音至江左尽变,所赖以不亡者,惟《说文解字》一书,其于谐声之文,枝分派别,条理秩如。"清段玉裁《六书音均表》:"考周秦有韵之文,某声必在某部,至啧而不可乱,故视其偏旁以何字为声,而知其音在某部,易简而天下之理得也。许叔重作《说文解字》,时未有反语,但云某声某声,即以为韵书可也。"本来早期的韵书是在有了反切材料的前提下分化出来的。《说文解字》实际上孕育了后来的音书和音韵学。我国最早的韵书是三国时李登的《声类》和晋代吕静的《韵集》,二书俱亡。从清代马国翰《玉函山房辑佚丛书》中《今本声类》的概况来看,《声类》尚未完全脱离字书的模式。必须指出的是,反切材料反映的是中古音,通过反切上、下字求得一个文字的上古音,还需要一个推导过程。《说文解字》所载的读若、读如、某声等,则均为上古音,这些材料是研究上古音韵的宝贵资料。徐铉为许书的被释字加注了反切,其反切上字推为上古音的某个声组,而许书此字本为形声,根据声符字推为上古音的另一个声组,并且这两个声组之间不存在通转关系。这种情形充分说明,根据许慎提供的线索求得文字的上古音更为可靠。清代以来,上古音的研究有许多突破,但其成绩主要是韵部方面,声组的研究尚显薄弱。其原因今天已经可以看出——对上古文献的押韵系统利用得多,而对上古的谐声系统利用得不够。其实,清儒们为了研究上古音已作了许多打破许书原来体例、据声系联文字的工作。这方面的成果有:段玉裁的《说文谐声字表》、朱骏声的《说文通训定声》、张惠言和张成孙的《说文谐声谱》、江沅的《说文解字音均表》、姚文田的《说文声系》、吴林的《说文声类》、王瑜的《说文韵编》、江有诰的《谐声表》、陈澧的《说文声类谱》和《说文声表》、钱侗的《说文音均表》、陈立的《说文谐声孳生述》、徐养原的《说文声类》、张行孚的《说文审音》、汪莱的《说文声类》、苗夔的《说文声读表》、梁承恩和梁纪恩的《说文谐声表》、严可均的《说文声类》等。毫无疑问,这些著述是今后研究上古音特别是上古音声组探讨的重要依据。《说文解字》在汉语词汇学的研究上也取得了很可观的成绩,主要有以下三个方面。其一,作者已清晰地认识到实词和虚词的差别,对于记录虚词的文字合理地训释其语法意义。如《兮部》:"乎,语之余也。"《矢部》:"矣,语已词也。"其二,已认识到单音词和双音节联绵词的差别,对联绵词的训释,采取了合二字为训、不强生分训的做法。这个问题,本文前面已谈到。其三,已认识到通行语与俗语的差别,并有对俗语的具体辨析、研究,实际上这也是一项开先声的工作。如《王部》:"皇,大也。从自。自,始也。始皇者,三皇大君也。自读若鼻。今俗以始生子为鼻子。"《聿部》:"聿,笔饰也。从聿,从彡。俗语以书好为聿。"《说文解字》在汉语语源学方面也取得了很高的成就。在宏观上,作者阐述了语源分化、新词增殖以及词汇系统不断发展的原理。《叙》中所说的"仓颉之初作书,盖依类象形,故谓之文;其后形声相益,即谓之字。字者,言孳乳而浸多也"就是这个道理。许慎还懂得汉语词汇系统中的词,有拟音构制之一类,这类原生词与"形声相益"的同源派生词是不同的。如《鬯部》:"爵,礼器也。象爵之形,中有鬯酒。又,持之也,所以饮。器象爵者,取其鸣'节节足足'也。"段注本改"象爵之形"为"象雀之形",当是。又《牛部》:"牟,牛鸣也。从牛,象其声气从口出。"《乚部》:"乚,玄鸟也。齐鲁谓之乚。取其名自呼。"我国古代的语源学,导源于先秦的声训,发展到两汉时期,形成了庞大的声训流派。许慎亦为此流派中人,以故他在书中对许多词不满足于作本义训释,而进行语源推寻即构词理据分析。如《艸部》:"茇,草根也。从艸,犮声。春草根枯引之而发土为拔,故谓之茇。"《玉部》:"璊,玉赪色也。从玉,㒼声。禾之赤苗谓之虋,言璊玉色如之。"

　　《说文解字》作为一部汉代的典籍,它不可能是十全十美的,难免存在一些不足之处。如文字归部问题。"休"指人"息止也。从人依木",却归入《木部》。"杳,冥也。从日在木下。"也归入《木部》。这两个字分别表达人和日,当入《人部》和《日部》。许慎据形系联文字,将形声格局的同源词的记录文字都分开了,掩盖了词与词之间的同源关系。许书收字九千余,形声字占百分之八十以上。许氏对形声字的分析,除少数为"从某,某亦声"外,多数为"从某,某声"。不承认词的音义关联,使人不知词的本义的由来,导致中国小学史上重形体、以文字为本位的倾向,甚至于导致今世"汉字是意音文字"的不完善说法。再如,许书中有三十六个部首,部中无字,起不到一部之首的作用。由于文字形体的演变,许慎未睹甲文形体,本义训释、形体结构分析遂误。有的字、词的分析,胶据纬书。由于上述原因,我们今天在阅读《说文解字》这部古籍时,应该持一分为二的观点,取其精华而去其糟粕。

三、本书的著作体例

　　为方便读者起见,在这里对本书的著作体例作一个简要的交代。

　　(一) 本书全文分为十五讲,以与原典《说文解字》十五篇相对应。

　　(二) 每一讲中,包含以下六方面的内容:

1. 标目,即"《说文解字》"书名加篇数序号,如:"《说文解字》第一篇"。

2. 该篇的部数。因《说文解字》540 部,每篇的部数不一。

3. 该篇的部目。

4. 该篇部首条文原文。

5. 对各条文疑难语词的解释。

6. 讲解。其内容为《说文解字》中普遍存在的著作体例、文化、文献、文字、音韵、训诂、语源、语法、词汇等各个方面的问题。基本原则是,部首条文首出,围绕原文提出问题,讲解问题。全书共讲解 200 个问题。

(三) 每一讲的部首条文用汉字"一、二、三……"编号;每一讲中所讲解的问题用阿拉伯数字"1、2、3……"连续编号。

(四) 部首条文中的疑难文字随文注音,并加括号。

(五) 原典中 540 个部首条文原文全部引出,凡许慎在文字形体结构分析、意义训释、音读注解上有失误的,一一予以订正。

(六) 原典中的其他条文视其需要有选择地引出。总的原则是,以讲解 540 部首条文为中心,选择有关条文来印证,同时亦以 540 部首条文的讲解带动读者对全书内容的理解。

第一讲

《说文解字》第一篇

十四部：一部　上部　示部　三部　王部　玉部　珏部　气部
　　　　士部　丨部　屮部　艸部　蓐部　茻部

一、一　　部

　　"一：惟初太始，道立于一，造分天地，化成万物。凡一之属皆从一。
弌，古文一。"

　　道：宇宙本体。造：开始。《广雅·释诂一》："造，始也。"

　　[讲解]

　　1. 文化意义

　　"一"字是数词一的记录文字，许慎在这里所解释的不是该词的词义，词
义是可以分析为义项、义素的，也可以分析为本义、引申义。许氏所训，为
"一"这个词的文化意义。道家认为，天地未形成时，宇宙是一个混沌体，它
含有"元气"，后来气之轻清者上升为天，气之重浊者下沉为地。"阴阳鱼"所
表示的也是这个意思。对于被释词，不讲它的本义或引申义，而训其文化意
义，这是许书的一大通例。

　　2. 字形与笔画

　　完整的文字形体叫"字形"；字形经过切分所获得的单位叫"构件"；构件
经过切分获得的单位即"笔画"。作者说"凡一之属皆从一"，意谓凡是有
"一"的字都从属于"一"这个部首。但稍作对比就可发现，"一"部所辖共四
字，为"元、天、丕、吏"，它们所含的"一"只是一个笔画，而不是"一"字。

3. 古文

在这一条中,作者收录了一个异体字,并指明是"古文"。"古文"的概念有广义和狭义之分。广义的"古文"指与"今文"(汉代的隶书)相对的、除小篆以外、比小篆更古老的文字。狭义的"古文"则指先秦写本儒经中的字体。许氏书提到的古文 458 个,取材于壁中书。

4. 重文

这一条中古文"一"字是重文。两个异体字记录的是同一个词,但文字却有两个,"重"即重复之意。作者在其《后叙》中说全书所收重文共 1 163 个。每一卷中的重文数目也在卷首列出,第一卷的重文为 81 个。清代文字学家王筠将许书重文分为同部重文和异部重文。同部重文有三种类型,后世所见许书重文不能归入三类中的,则认为"盖出后人妄为移并。"他以《玉篇》、《说文解字》二书相比较,称"凡《说文》同部而《玉篇》异部者,三百三十一字;《说文》之重文,《玉篇》分为两字者,五十一字,不收者一百一十六字。"所谓异部重文,即两个或更多个异体字分布在不同的部居中,许慎没有把它们当作重文来处理。如许书有"自"字,另部又有"白"字,而且明明知道二字均指鼻。王筠对许书的异部重文也有统计:"两字为一者,一百六十九字;三字为一者,一十三字;五字为一者,一字;七字为一者,一字。同部而两字为一者廿七字;三字为一者一字。凡二百一十四字。逐字记之,则四百四十三字。若以一字为正文、余为重文计之,则重文二百四十一字。"按:王氏所云"同部而两字为一者"等,指许书未指明的重文。

二、上 部

"⊥:高也。此古文'上'。指事也。凡⊥之属皆从⊥。⟓,篆文⊥。"

[讲解]

5. 指事

"指事"是"六书"之一。它有两层含意,一是造字方法,二是文字形体结构类型。作为一种造字方法,指事即用纯粹的指点符号或在象形字上加注指点符号来造出新字,这种文字即指事字。指事字有两个子类。一是用纯粹的指点符号构成的原始指事字,如"一、二、三、三、上、下。"二是在象形字上加注指点符号而构成的后起指事字。如"又"指手,象形字,加注指点符号构成"寸"字,指手的寸部,中医候脉的部位叫"寸、关、尺"。再如,在象形字"刀"的形体上加注指点符号构成"刃"字,指刀口;在象形字"木"的形体上加注指点符号构成"本"字,指树根。许慎在《叙》中给"指事"下定义时举"上、下"为例字,但在书的正文中也只有此二字指明是指事,其他的指事字都未指明。

6. 语义相通

"上"是方位词,许氏训"高",这在训诂学上叫语义相通。"高高在上"一语正可证许氏的训释。所谓"相通"往往指两个词(被释词和解释词)的意义之间具有某种逻辑关联。以"上、高"言之,在上则高,两者之间具有因果关系。

7. 被释字形体

《说文解字》所收录的,有篆文、古文、籀文三种文字形体。这个问题作者在《叙》中作过交代:"今叙篆文,合以古、籀。"小篆是汉代官定的通行字体。在一般情况下,许慎都列被释字的篆体,如果这个字还有古文、籀文异体,则作为重文列在解释条文中。但也有反例,解释条文中所罗列的重文反而是篆文,那么被释字字头可推为古文或籀文形体但作者并未指明,这就影响到许书古文、籀文形体数目的统计。这些问题前人作过一些探讨。许书之《叙》段玉裁注:"其有小篆已改古、籀,古、籀异于小篆者,则以古籀附小篆之后,曰古文作某、籀文作某,此全书之通例也。其变例则先古、籀后小篆。"

"许所列小篆,固皆古文、大篆,其不云古文作某、籀文作某者,古、籀同于小篆也;其既出小篆,又云古文作某、籀文作某者,则所谓颇省改者也。"王国维《〈说文〉"今叙篆文合以古籀"说》:"《说文》通例,如段君说,凡古籀与篆异者则出古文、籀文;至古籀与篆同,或篆文有而古籀无者,则不复识别。若夫古籀所有而篆文所无,则既不能附之于篆文后,又不能置而不录。且《说文》又无于每字之下各注此古文、此籀文、此篆文之例,则此种文字必为本书中之正字审矣。故《叙》所云'今叙篆文合以古籀'者,当以正字言而非以重文言。重文中之古籀,乃古籀之异于篆文,及其自相异者;正字中之古籀,则有古籀篆文俱有此字者,亦有篆文所无而古籀独有者。"今按,大徐本《说文解字》中各条目篆文、古文、籀文相杂共有十种情况,略示于下(破折号前为被释字形体,破折号后为重文形体):

    ① 小篆——古文

    ② 小篆——籀文

    ③ 小篆——古文、籀文各一

    ④ 小篆——两个以上古文

    ⑤ 小篆或古文——籀文两个

    ⑥ 小篆——古文二、籀文一

    ⑦ 小篆——古文、籀文均有两个以上

    ⑧ 古文或籀文——小篆

    ⑨ 古文——籀文、小篆

    ⑩ 籀文——古文、小篆

  全书凡篆文作为重文罗列在解释文中的,共 37 条,这 37 条的被释字是:

  上、下、宋、善、鬻、韚、隶、敓、爽、舃、哭、虞、言、辜、寧、桼、树、驈、㿻、吕、屋、丽、皃、淉、㳤、㤹、邑、原、漁、糞、頣、膚、陸、𦤶、踤、仝、躾。

三、示　　部

  "示:天垂象,见吉凶,所以示人也。从二;三垂,日、月、星也。观乎天文,以察时变,示神事也。凡示之属皆从示。𥛏,古文示。"

见：显现。"见"本为"现"字初文。二：非数词之二，徐铉等注："二，古文上字。"得之。上谓上苍。

[讲解]

8．义类

部首是从文字符号群中提炼出来的，在语言上代表一个义类或意义范围。有的部首所代表的意义比较单一、范围较小，但有的部首所代表的意义比较复杂、范围较大。"示"这个部首所辖之字都与神祇、祭祀有关，所表之义大抵有吉祥、戒洁、祭祀种类、祸害等。

9．避讳

《示部》收字 60 个，第一个即"祜"，解释文中只有"上讳"二字。汉安帝叫刘祜，所以此字冠于《示部》之首，但不作解释，这是许书的一大体例。凡相关的皇帝名字所用字，必列于相关部居之首，但一律不作解释。《说文解字》全书类似的条目共五条。许书"祜"字段玉裁注："言上讳者五：《禾部》秀，汉世祖名也；《艸部》莊，显宗名也；《火部》炟，肃宗名也；《戈部》肇，孝和帝名也；祜，恭宗名也。殇帝名'隆'不与焉。伏侯《古今注》曰：'隆之字曰盛。'亦当言上讳明矣。而《五经异义》云：'汉幼小诸帝皆不庙祭而祭于陵。'既不庙祭矣，则不讳可知。此许冲奏上时，于'隆'字不曰上讳所由也。讳止于世祖者，《记》曰：既卒哭，宰夫执木铎以徇于宫曰舍故而讳新。故，谓高祖之父当迁者。杜预亦言自父至高祖皆不敢斥言。计许君卒于恭宗已后，自恭宗至世祖适五世。世祖已上虽高帝不讳，盖汉制也。"

10．《说文》新附字

我们在《绪论》中已提到，徐铉等人在整理研究《说文解字》时增加了 400 个许书未收的文字，文字学史上称之为《说文》新附字。徐铉等人按许书体将这 400 字附于许书各部。《示部》的部末小结"文六十　重十三"的后面，又有"祢、祧、祆、祚"四个被释字和解释文，最后又标明"文四　新附"。

这就是交代在该部之末新附字有多少。在正常的情况下,凡新附字的解释文都用小号字排印,使读者可直观地分别新附字条文与许书原文的界限。但从中华书局和江苏古籍出版社影印的大徐本《说文解字》看,还存在这方面的失误,如《玄部》所附的"兹,黑色也。从玄,兹省声。义当用黔。"就未用小体字。《阜部》所附两条亦然。

11. 提要栏

大徐本《说文解字》每一卷之首都有一个提要栏,含以下八个项目:本卷的序数;本书的作者;本书的校定者(第二、第三项的内容是不变的,每一卷之首均署"汉太尉祭酒许慎记"、"宋右散骑常侍徐铉等校定");本卷的部数;本卷所收的被释字数目;本卷的重文数目;本卷的总字数;本卷的新附字数目。

12. 部末小结

大徐本《说文解字》每一部之末都有一个小结,交代本部所收被释字数目和重文数目。中华书局、江苏古籍出版社影印本有这方面的失误。如:《皮部》当为"文三"而误标"文二";《甍部》当为"文二"而误标"文三"。再如:《灡部》之末缺"文二"之小结,《永部》之末缺"文二"之小结。

四、三   部

"三:天、地、人之道也。从三数。凡三之属皆从三。弎,古文三,从弋。"

此条段玉裁注本相异:"三,数名。天、地、人之道也。于文一耦二为三,成数也。凡三之属皆从三。弎,古文三。"云据《韵会》所引许书而增改。并注:"《老子》曰:一生二,二生三,三生万物。"许慎对"三"的训释,"数名"为本义,"道"为文化意义。

［讲解］

13. 空部首

"三"是部首,但部中无字,我们姑且称这种部首为"空部首"。许书空部首凡 36 个,为:

三、四、五、六、七、甲、乙、丙、丁、庚、壬、寅、卯、未、戌、亥、冡、易、茍、能、燕、它、才、毛、丞、凵、厽、久、克、彔、耑、丏、冉、く、率、开。

14. 彣饰

"一、二、三"古文写作"弌、弍、弎",清代王筠在《说文释例》中作过一些分析,认为是为文字形体的美观才加上了构件。他说:"古人造字,取其百官以治、万民以察而已。沿袭既久,取其悦目,或欲整齐,或欲茂美,变而离其宗矣。此其理在六书之外。吾无以名之,强名曰彣饰焉尔。""一、二、三之古文弌、弍、弎,弌从弋声尚合,二、三相沿从之,盖嫌笔画太少,加此饰观耳。"

15. 段玉裁注本

段玉裁号称"小学殿军",是清代许学最杰出的代表人物,其代表即《说文解字注》。读许氏书,段注是很重要的参考书。段氏注《说文解字》,常有移篆、改篆之例;对许书的解释文,亦常有增损之例。

五、王　　部

"王:天下所归往也。董仲舒曰:古之造文者,三画而连其中,谓之王。三者,天、地、人也,而参通之者,王也。孔子曰:一贯三为王。凡王之属皆从王。𠚤,古文王。"

参:即三。

[讲解]

16. 声训与推源

许慎在这一条中,除了训释"王"这个词的本义为君王外,还对君王为什么称"王"作了推源分析。所谓"一贯三为王"、"三者,天、地、人也"的说法属于形训范畴,而"天下所归往也"则属声训,是"王,归往也"的变格。义训、形训、声训,是古代三种最基本的训诂方法。义训是训诂学家们认为最正宗训诂方法,其特点是不分析词的内容(词义)与形式(文字形体为书面形式,文字声韵则为口头形式)之间的关联,而凭借其他条件对被释词作意义训释。许慎在其著作也用了许多义训手段(义训是个总称,它有许多子类),我们将在本书中围绕对许书条文的解释一一作交代,此处不赘。形训即通过词的形义关联分析来推断词的意义。这是许慎在书用得最多、最根本的训诂方法。声训则即通过词的音义关联分析,揭示词的受义之由,在形式上表现为被释词与解释词音义相同。从本质上说,正确的声训即以同源词相训,由于语源的分化,同源词的语音、语义有多种亲缘关系类型,参拙著《语源学概论》。声训属于语源学、语言学范畴。传统小学史上,把声训看成是训诂的最高境界。我国源自先秦的语源学发展到汉代,形成了一个声训流派,许慎以及扬雄、马融、卢植、服虔、毛亨、董仲舒、刘安、司马迁、刘歆、班固、蔡邕、荀悦、应劭、伏生、刘熙等均为潮流中人。

17. 引通人说

许慎在这一条中引了孔子和董仲舒的说法,这就是所谓引通人说。纵观大徐本《说文解字》,许慎所提到的"通人"除上述二人外,还有尹彤、司马相如、淮南子(刘安)、杜林、刘向、韩非子、贾侍中、谭长、傅毅、黄颢、京房、卫宏、官溥、扬雄、庄都、爰礼、楚庄王、吕不韦、张林、周盛、王育、桑钦、逯安、墨子、班固、欧阳乔、周盛等,另外,《心部》"心"字条还引了今文经博士的说法。这与清代郑文焯《〈说文〉引群说故》所说的情况不太一样。董仲舒是汉代今文经学的代表人物,许慎引董氏及博士之说,足见他虽立足于古文经但对今文经学也不是全盘否定,显示出博采众长的治学风格。他在书中引通人说,大抵有以下五种情况。其一,交代重文来源。如《艸部》:"营,营劳香草也。从艸,宫声。营,司马相如说营或从弓。"《犬部》:"猇,多畏也。从犬,去声。怯,杜林说猇从心。"其二,交代被释字另一读音的来源。如《言部》:"讋,失气言。一曰不止也。从言,龖省声。傅毅读若慴。"其三,说明对被释字的形体结构分析通人有异于己者。如《卜部》:"贞,卜问也。从卜,贝以为贽。一曰鼎省声,京房所说。"其四,交代自己对被释字的观点来源。如《用部》:"用,可施行也。从卜,从中。卫宏说。"《是部》:"尟,是少也。尟俱存也。从是、少。贾侍中说。"其五,通人之说与己见相异,附于条文之末,两说并存,以示尊贤。如《足部》"躘,住足也。从足,適省声。或曰躘躅。贾侍中说,足垢也。"《东部》:"东,动也。从木。官溥说,从日在木中。"此外,也有极少数情况是引通人之说而后加以否定的。如《耳部》:"耿,耳箸颊也。从耳,烓省声。杜林说:耿,光也。从光,聖省。凡字皆左形右声。杜林非也。"

六、玉　　部

"玉:石之美。有五德:润泽以温,仁之方也;䚡理自外,可以知中,义之方也;其声舒扬,尃(fū)以远闻,智之方也;不桡而折,勇之方也;锐廉而不技,絜之方也。象三玉之连。丨,其贯也。凡玉之属皆从玉。玉,古文玉。"

方:方喻,比方。　　尃:分布。　　技:本字为忮,伤害。　　絜:洁。

[讲解]

18. 繁化

在汉字形体的古今演变史中,简化是其主流,但也有相反的趋势,那就是繁化。原因是多方面的,其中之一即避免混淆、体现区别性原则。"王、玉"二字本同形,为了相区别,添加笔画而为"玉"字。

七、珏　部

"珏：二玉相合为一珏。凡珏之属皆从珏。瑴，珏或从殻。"

瑴：段玉裁认为"瑴"是形声结构，"殻"是声符，其说可从。

[讲解]

19. 叠文

汉字系统中有些文字是由两个相同的构件相叠加而构成的，借清代文字学家王筠的话称之为叠文。叠文有两类。一类是同体会意字。"体"指构件，一般都是独体文。在多数情况下，会意字是由两个或更多个不同的独体文会合而成的，"林"、"叩（喧）"这类会意字却是由同一个独体文相叠而成的，所以叫同体会意字。同体会意之字强化了独体文单用时的意义。仍以上述二字为例，"木"表示树木，"林"则指树林，有许多树木；"口"表示嘴巴，说话的器官，"叩"则表示大声喧哗或人多嘴杂、声音嘈杂。叠文的另一类，结构形式上与同体会意字相同，但其性质非同体会意字，它们的形体结构是它们所指称的客观事物直观的反映。"珏"字就是一个典型的例子。"珏"本作"玨"，指两串玉相合并者，是个象形字。再如"門"指两扇头的门（"户"指单扇头的门），也是个象形字，而不是同体会意字。

八、气　部

"气：云气也。象形。凡气之属皆从气。"

[讲解]

20. 象形

"象形"是"六书"之一，许慎的定义是"画成其物，随体诘诎"。所以，"象

形"包含两层意思。一是象其形,指造字过程和造字方法,二是用这种方法
所造之字,也就是文字形体结构类型。

九、士　　部

"士:事也。数始于一,终于十。从一,从十。孔子曰:推十合一为士。
凡士之属皆从士。"

事:事情,这里指任事。能办事的人就是"士"。

推十合一:段玉裁以为即由博返约之意。"十"代表全部的、复杂的事
物,"一"指道理。"推十合一"即从复杂事物中推寻出一个道理、规律。

十、丨(gǔn)　部

"丨:上下通也。引而上行读若囟;引而下行读若退。凡丨之属皆
从丨。"

[讲解]

21. 不成字部首

《说文解字》共 540 个部首,多数部首本身就是一个文字,但也有少数部
首不成字,而只是笔画,"丨"即此类。因此,许慎所训"上下通",只是"丨"的
形体造意,而非词义。

十一、屮(chè)　　部

"屮:艸木初生也。象丨出形,有枝茎也。古文或以为艸字。读若彻。
凡屮之属皆从屮。尹彤说。"

[讲解]

22．形体分析术语

"象某某形"是许慎分析文字形体结构时所用的术语之一。纵观全书，许氏此类术语共 32 种，除上述一类以外，还有以下 31 种：

① 象形。如《女部》："女，妇人也。象形。"

② 象某某。如《入部》："入，内也。象从上俱下也。"

③ 从某某。如《示部》："社，地主也。从示、土。"

④ 从某、从某。如《司部》："詞，意内而言外也。从司、从言。"

⑤ 从某、从某、从某。如《人部》："佩，大带佩也。从人、从凡、从巾。"

⑥ 从某，从某、某。如《示部》："祝，祭主赞词者。从示，从人、口。"

⑦ 从某、某、某。如《勿部》："易，开也。从日、一、勿。"

⑧ 从某、某、某、某。如《广部》："廛，一亩半一家之居。从广、里、八、土。"

⑨ 从某。如《収部》："弄，玩也。从廾持玉。"

⑩ 从某省。如《壬部》："徵，召也。从微省，壬为徵，行于微而文达者即徵之。"

⑪ 从某，从某省。如《舟部》："舳，船行不安也。从舟，从刖省。"

⑫ 从某省，从某。如《眉部》："省，视也。从眉省，从屮。"

⑬ 从某，某省。如《由部》："畏，恶也。从由，虎省。鬼头而虎爪，可畏也。"

⑭ 从某，从某，从某省。如《穴部》："突，深也。一曰灶突。从穴，从火，从求省。"

⑮ 从某省，从某省，从某。如《苟部》："苟，自急敕也。从羊省，从包省，从口。"

⑯ 从某在某中。如《穴部》："突，犬从穴中暂出也。从犬在穴中。"

⑰ 从某，某在某之间。如《二部》："恒，常也。从心，从舟在二之间。上下心以舟施恒也。"

⑱ 从某在某上（下）。如《木部》："杲，明也。从日在木上。""杳，冥也。

从日在木下。"

⑲ 象某中有某。如《勺部》:"勺,挹取也。象形中有实。与包同意。"

⑳ 从反某。如《𠂤部》:"𠂤,归也。从反身。"

㉑ 从倒某。如《匕部》:"匕,变也。从到(倒)人。"

㉒ 从某,某声。如《口部》:"问,讯也。从口,门声。"

㉓ 从某,从某声。如《釆部》:"釋,解也。从釆,釆,取其分别物也,从睪声。"

㉔ 从某某,某声。如《玉部》:"碧,石之青美者。从玉、石,白声。"

㉕ 从某,从某,某亦声。如《土部》:"城,以盛民也。从土,从成,成亦声。"

㉖ 从某,某省声。如《木部》:"梓,楸也。从木,宰省声。"

㉗ 从某省,某声。如《殺部》:"弑,臣殺君也。《易》曰:臣弑其君。从殺省,式声。"

㉘ 从某,从某省声。如《壹部》:"懿,专久而美也。从壹,从恣省声。"

㉙ 从某,从某,某声。如《阜部》:"隍,耕以舌浚出下垆土也。一曰休田也。从阜,从土,召声。"

㉚ 从某,从某,某、某皆声。如《米部》:"竊,盗自中出曰窃。从穴,从米,禼、廿皆声。廿,古文疾。禼,古文偰。"

㉛ 指事。仅见于《上部》"上、下"二条,本文前面已提到。

23. 读若直指

在这一条中,许慎为"中"字注音说"读若彻"。"读若"就是"读得象(什么)"。清代王筠将许氏书中的"读若"按一定标准分成数类,"中,读若彻"属于读若直指,对"彻"字之音不作限定性、补充性说明,可能"彻"字只有一个读音。但如果注音之字有多个读音,作者就会作一些限定性或补充性说明。比如,有一种情况是读注音字的本音,本音是和本义联系在一起的,所以王筠称之为"读若本义"。云:"字音随义而分,故有一字而数音数义者,第言读若某,尚未定为何义之音,故本其义以别之。"他举例说:"珛读若畜牧之畜,犹之魗读若畜牲之畜,而畜之本义则田畜也。音义皆别,故的指之。"

十二、艸　　部

"艸：百芔也。从二屮。凡艸之属皆从艸。"
芔：作者解释为"艸之总名"，可相印证，其字即在本部。

[讲解]

24. 大名

许慎所说的"总名"也叫"大名"，大名之下有小名，如"艸"是草本植物的大名，各种草还有具体名称即小名。大名和小名的关系——用今天的话来说就是种概念与类概念的关系。《说文解字》的一部分部首都属大名，如"木"、"瓦"等。早期用象形方法造出来的象形字都是名词的记录文字，许慎称之为"依类象形"，这个"类"就是事物的大类，其名即大名。当然也有专名——象形字指称的是独一无二的单个事物，如"日"、"月"等。

十三、蓐(rù)　部

"蓐：陈草复生也。从艸，辱声。一曰蔟也。凡蓐之属皆从蓐。𦱳，籀文蓐从茻。"
蔟：行蚕蓐，即蚕爬行作茧的蓐席。

[讲解]

25. 籀文

依大徐本《说文解字》统计，许慎作为重文收录的籀文共203个。籀文即大篆，许慎在书中所称的篆文则为小篆。籀文来源于《史籀篇》。根据王国维的研究，"籀"是抽读的意思。

十四、茻(mǎng)　部

"茻:众草也。从四屮。凡茻之属皆从茻。读与冈同。"

众草:丛草。　　从四屮:由四个"屮"组成。前人对此有商榷,认为是由两个"艸"字组成。

[讲解]

26. 读与某同

"读与某同"是许慎给被释字注音的术语。用这一术语注音时,注音字的读音往往比较单一,不会有分歧而发生误会。

第二讲

《说文解字》第二篇

三十部：小部　八部　采部　半部　牛部　犛部　告部　口部
　　　　凵部　吅部　哭部　走部　止部　癶部　步部　此部
　　　　正部　是部　辵部　彳部　廴部　延部　行部　齿部
　　　　牙部　足部　疋部　品部　龠部　册部

一、小　部

"小：物之微也。从八、丨，见而分之。凡小之属皆从小。"

[讲解]

1. 形体讹变

甲骨文"小"字象沙点形，以此表微小之义。许慎所见乃篆文，形体已变，失其原貌。形训——通过文字形体结构的分析来推断其本义，必须具备一个前提条件，那就是根据文字的未经讹变的初形进行结构分析。《说文解字》有些文字分析失误，往往是由于未睹字之初形造成的，古文字学家们在这方面作了大量的研究、订正工作。"小"的本义、基本义即微小，是浅显的。实际上许慎对这个词本义的训释是对的，但不是借助于文字形体结构分析而推断出来的。

二、八　部

"八：别也。象分别相背之形。凡八之属皆从八。"

[讲解]

2. 前三书文字的特点

"八"的基本义即数之八,但属假借义。训"别",形义相合,但无文献实用例可证。高鸿缙《中国字例》以为"八"的本义为分,"分"字之"刀"为后加者,此说可参。又,自环谓之"厶"(私,自私),背厶谓之"公","公"字之"八"亦分别相背意,此可证许氏之训。今按,凡象形、指事、会意前三书文字所记录之语词,其音形义皆三位一体、三者相比附。因古人先有义,次有音,音以载义,音义相结合即词,最后有形,即造字以记此词。故形体所示之义即语音所载之义。音载义在先。以"别"、"分"之音义参之,知"八"有分别相背义。

三、釆(biàn) 部

"釆:辨别也。象兽指爪分别也。凡釆之属皆从釆。读若辨。ψ,古文釆。"

[讲解]

3. 初文与后起本字

"釆"象鸟兽蹄远之迹,此为形体造意,其本义则为辨别。此本"辨"之初文,"辨"为后起本字。初文是原生性,后起本字是再生性的。有相当多的早期文字都有后起本字。如"𠂤"为象形字,后起本字作"堆",从土隹声;"亼"为指事字,后起本字作"雧",会意字(所谓群鸟在木上),简作"集",今为正字。

四、半 部

"半:物中分也。从八,从牛。牛为物大,可以分也。凡半之属皆从半。"

[讲解]

4. 会意

"半"字是由"牛"和"八"(分别)两个独体文合成的会意字。会意是"六书"之一,许慎的定义是"比类合谊,以见指㧑"。"比"指并比、比附。"类"即依类象形之类指独体文。所谓"合谊"指独体文原有的意义合在一起。用今天的话说,会意就是将两个或更多个已有文字会合在一起从而造成一个新字。它应该是继指事、象形这两种最原始的造字法之后产生的新的造字方法。指事、象形、会意都属于衍形系统。

五、牛　　部

"牛:大牲也。牛,件也;件,事理也。象角头三、封、尾之形。凡牛之属皆从牛。"

角头三:"牛"字上部一头两角,故称三。　　封:肩甲隆起处。　　尾:许慎据篆文形体,以为此字末笔为牛尾形,实则"牛"字象牛头形而已。

[讲解]

5. 象形的种类

象形有三类。一是象事物全轮廓之形,如"日"、"月"。二是象事物有区别特征的那部分形状,如"牛"、"羊"。三是象事物轮廓以及相关者,如"眉"象眉毛形及目形,"果"象果实形及木形。

六、犛(máo)　部

"犛:西南夷长髦牛也。从牛,𠩺声。凡犛之属皆从犛。"

西南夷:西南少数民族。古代汉族对少数民族称东夷、南蛮、西戎、北狄。"夷"字象人负弓形,游牧人的象征。词义引申,凡少数民族皆称"夷"。

[讲解]

6. 形声

"从某,某声"即许慎分析形声结构文字时所用的术语。形声是"六书"之一,许氏的定义是"以事为名,取譬相成",并举"江、河"为例字。意思是根据词的语音线索找一个现成的同音字作记录并加上表示大类的字。后世分别将形声字的构件称作"形符"、"声符",并认为形符表示词的意义范围,声符表示词的读音。由于汉字以形声为最多(《说文解字》中占80%以上,宋代以《六书略》为抽样占90%,后世所占比重更大),近世多以为汉字是"意音文字"。这种形义学的汉字观有一定的局限。因为音和义是直接结合在一起的,既然声符是表音符号,在表音的同时也承载着语义。换言之,作为主型汉字不可能只表示意义范围而不表示词的主体性义素。把所谓"声符"称作"源符"可能更合理些。事实上,"声符"是形声字的主体性构件,形符与声符的关系是主从关系,会意字的各构件之间的关系则是联合关系。"形声"原称"象声"、"谐声",相比之下,"形声"的叫法最不合理。

七、告　　部

"告:牛触人,角箸横木,所以告人也。从口,从牛。《易》曰:'僮牛之告。'凡告之属皆从告。"

僮牛:小牛。许氏所训恐非"告"之本义。其字从牛、从口会意,今皖歙称驯耕牛吆喝令转弯为"告牛",盖即本义。牛性愚钝,教其转弯需千百遍吆喝并加鞭挞。又,"告"固有"教"义。"教书"一称"告书",庶可为证。

[讲解]

7. 许书条文的结构

《说文解字》收录被释字9 353个,它的正文内容即9 353个条文,每一个条文中所含的项多少不等,最多的有五项,最少的只有两项。下面是一般格式:意义训释——文字形体结构分析——注音(某声或读若、读与某同等)——征引文献或引通人说——罗列重文并加有关说明。

八、口　部

"口:人所以言、食也。象形。凡口之属皆从口。"
所以:用来……的东西。

[讲解]

8. 下定义

许慎在训释"口"字时用了下定义也就是设立界说的方法,下定义是义训方法的一个子类。许氏在不少条文中都用了这种方法,如《又部》:"友,同志为友";《女部》:"姨,妻之女弟同出为姨";《匚部》:"匹,四丈也";《耳部》:"聋,生而聋曰聋"。

九、凵(kǎn)　部

"凵:张口也。象形。凡凵之属皆从凵。"
张口:此训只是形体造意,"凵"为空部首,无所率字可印证,又不见文献实用例。一般认为,"凵"为"坎"之初文,象坎陷形。

十、吅(xuān)　部

"吅:惊呼也。从二口。凡吅之属皆从吅。读若灌。"
读若灌:徐铉等所注音为况袁切,并注:"或通用灌,今俗别作喧,非是。"按,此字后世正从俗而作"喧"。

十一、哭　　部

"哭:哀声也。从吅,狱省声。凡哭之属皆从哭。"

狱省声:"狱"这个声符字有所省略。段玉裁注对此作过商榷:"许书言省声,多有可疑者。取一偏旁,不载全字,指为某字之省。……狱固从状,非从犬,而取状之半,然则何不取毅、独、倏、猗之省乎?窃谓从犬之字,如狡、狯、狂、默、猝、猥、姗、狠、犷、状、獳、狎、狃、犯、猜、猛、犺、犾、狟、戾、独、狩、臭、獘、献、类,犹卅字皆从犬,而移以言人,安见非'哭'本谓犬嗥,而移以言人也?"

[讲解]

9. 从某,某省声

这是许慎分析声符为有所省略的形声字时所用的术语。形声字是合体字,在两个构件组合在一起的过程中,形符构件和声符构件都可能省去一些笔画。如果形符笔画有所省略,就表述为"从某省,某声";而声符字笔画有所省略,则表述为"从某,某省声"。"哭"字的形体分析即此类,至于分析不当,是一个个案问题,不影响"从某,某省声"体例的存在。

十二、走　　部

"走:趋也。从夭、止。夭止者,屈也。凡走之属皆从走。"

从夭、止:谓从二字会意。金文"走"字从夭、从止,象人走路时摆动双臂的样子。

十三、止　　部

"止:下基也。象草木出有址,故以止为足。凡止之属皆从止。"

址:基址。此条形体结构分析、本义训释皆误。甲骨文"止"象趾形,为"趾"之初文。卜辞有"疾某"之成语,谓人某部位有疾,此类成语中即有"疒止"。林泰辅《龟甲兽骨文字》2·9·7:"贞,疒止,隹有害。"金祖同《殷契遗珠》340:"贞,疒止……。"又,许书此部所收十四字皆与行走有关,此亦足证其本义非"下基"。

十四、癶(bō)　部

"癶:足剌(là)癶也。从止、屮(tà)。凡癶之属皆从癶。读若拨。"

剌癶:两脚相背不顺。　　屮:"止"字的反体。"癶"字的结构是由一正一反的"止"字组成的。

[讲解]

10. 联绵词

"剌癶"是个联绵词,两个文字合起来记录一个语素——语词,联绵词是单素词。每个民族的早期语言都有"语根(root)"。以一定的音节表达一定的意义,音节方面的特点因民族而异。汉藏语的语根以单音节为多,所以后来发明了汉字,一个字往往就是一个词的书面形式。但也有一部分语根是双音节的,因为两个音节联绵而来,所以称之为"联绵词"。一般说来,联绵词是不能分训的,但文献中反映出,有些联绵词是由两个语素合成的,这一类可分训。

11. 反体会意

"癶"是个反体会意字,它是由"止"的正、反形体合成的。清代王筠称之为"从反文以会意"。汉字系统中同类文字还有"舛"、"北"。"夕"表示脚,"牛"是它的反体,合起来表示"对卧"的意思。"北"象二人相背形,由两个(一正一反的)侧面人形合成,表示相背。上古典籍中常见"败北"一词,指打败仗后背道而驰。后世加构件"肉"而成"背"字,即"北"的后起本字。

十五、步　　部

"步：行也。从止、屮相背。凡步之属皆从步。"

行：慢慢走。段玉裁注引汉刘熙《释名》："徐行曰步。"并注："止、屮相并者，上登之象；止、屮相随者，行步之象。相背犹相随也。"

十六、此　　部

"此：止也。从止，从匕。匕，相比次也。凡此之属皆从此。"

从止，从匕：会意。构件"匕"是"人"的反体，"比"字即由二"匕"合成。人所止处即"此"，指示代词的记录文字。"相比次"的说法似乎不大确切。

十七、正　　部

"正：是也。从止，一以止。凡正之属皆从正。𠇾，古文正从二，二，古文上字。𤴓，古文正从一、足，足者亦止也。"

一以止："一"这个构件用来表示"止于此"的意思。"正"是个抽象性语义，借助于具象的东西表达出来。对于有形物来说，"正"就是不偏斜；抽象的"正"就是"正直"之义。古文"正"字作"𤴓"，从一、从足会意，与从一、从止在形体造意上是一样的，所以作者说"足者亦止也"。古文"正"字的另一写法"𠇾"从二、从止，作者将构件"二"解释为"上"是符合事实的，但"二"作为"正"的构件可能不取"上"的意义，只是比"一"多一笔罢了。

十八、是　　部

"是：直也。从日、正。凡是之属皆从是。𤴓，籀文'是'从古文正。"

直：正直。"正"、"直"、"是"为同义词。以故有"正直"之同义联合式合成词。本条段玉裁注云："《直部》曰：正见也。""十目烛隐则曰直，以日为正则曰是。从日、正会意。天下之物莫正于日也。《左传》曰:正直为正,正曲为直。"今按,不直即曲,"曲"义与"非"义通,"非"与"是"义相反,此亦足证"是、正、直"义相同。

[讲解]

12. 同义相训

在这一条中,许慎以"直"训"是",这在训诂学上叫同义相训,它是义训的一个子类。许氏在书中常用这种方法。如《食部》:"饥,饿也";《口部》:"呻,吟也";《走部》:"超,跳也。"

十九、辵(chuò)　部

"辵:乍行乍止也。从彳,从止。凡辵之属皆从辵。读若《春秋公羊传》曰'辵阶而走'。"

乍行乍止:忽行忽止,走走停停。　　从彳,从止:甲骨文"辵"字从"行"(四达之道)从止,乍行乍止之意不显。又,凡《辵部》字"辵"之构件只是表示行走而已。小篆"辵"字从彳、从止会意,而许氏又训"彳"为"小步","乍行乍止"之训可能由此而来。

[讲解]

13. 读若引经

许慎在为被释字"辵"注音时引用了《春秋公羊传》中的话,王筠将许氏的这种注音体例称之为"读若引经"。许书中同类例子还有"丙,读若三年导服之导";"惢,读若《易·旅》琐琐";"暄,读若《易》曰勿卹之卹"等。

二十、彳(chì)　部

"彳:小步也。象人胫三属相连也。凡彳之属皆从彳。"

小步:“彳”与“亍”合用有踟蹰缓行之义,然“彳”字单用无此义,作构件只表示行走义。许氏的形体结构分析亦误。“彳”乃分解“行”字而来。

[讲解]

14. 改造式造字法

关于造字方法,传统上有“六书”的说法。但有些造字现象是“六书”无法解释的。造字,有原生性造字,也有再生性造字。“六书”之外,还有改造式造字方法,属于再生性造字。改造式造字包括五个子类。一是拆字以成新字,即将一个已有的文字拆开变成两个字,“行”与“彳、亍”即属此类。同类例子还有将“門”字拆开变成“𨳇、𨳈”二字,将“鬥”字拆开变成“𩰊、𩰋”二字。二是减笔以成新字。如“子”字减去一笔而成“孑、孓”(分别减去表示左臂的一笔和表示右臂的一笔);“有”字减去最后两笔而成“冇”字表示“无”义;“身”字减其笔画而成“身”、“𨈐”字,表示“缺少”义;“角”字减其笔画而成“用”字,表示“兽角坚挺”义;“兵”字减其笔画而成“乒、乓”二字,作象声词的记录文字。三是倒其体以成新字。如,倒置“予”字形体而成“𠄔”字,为“幻”之初文;倒置“人”字形体而成“七”字即“化”之初文;倒置“子”字形体而成“𠫓”字;倒置“了”字形体而成“𠄏”字。四是反其体以成新字。如反置“身”字形体构成“㐆”字;反置“仄”字形体构成“丸”字;反置“爪”字形体构成“不”字,为“掌”之初文;反置“正”字形体构成“𤴓”字,为“乏”之初文。五是改变笔画以成新字。如,改“母”字而成“毋”字,改“刀”字而成“刁”字。

二十一、廴(yǐn) 部

“廴:长行也。从彳引之。凡廴之属皆从廴。”

从彳引之:“彳”字形体引伸延长。

二十二、㢟(chān) 部

“㢟:安步㢟㢟也。从廴,从止。凡㢟之属皆从㢟。”

安步延延:安稳、缓慢地走动的样子。段玉裁注云:"引而复止,是安步也。"按"延延"是"安步"的修饰语。

[讲解]

15. 重言形况

在这一条中,被释字"延"被作者当作 AA 式重叠的词缀来解释,这也是许书的一大体例,全书类似的条文共 120 余条。如:《水部》:"沀,雷声沀沀也。"《页部》:"颎,头颎颎大也。"《彳部》:"彵,行彵彵也。"这类词缀有的是前缀,有的是后缀,它们是用来修饰中心语的,训诂学上称之为"重言形况字"。其"形况"即形容状况之意。

二十三、行　　部

"行:人之步趋也。从彳,从亍。凡行之属皆从行。"
步趋:缓行和奔走。此为"行"之引申义。甲骨文、金文"行"字象四达之道形,本义当为大道,《诗》"置彼周行"之"行"即谓道。道路,人所行,故引申为行走义。

二十四、齿　　部

"齿:口龂骨也。象口齿之形,止声。凡齿之属皆从齿。齿,古文齿字。"
口龂骨:口腔牙龈中的骨头。祖国医学亦认为齿为骨之余。

[讲解]

16. 象形字加声符

"齿"字的结构,一如许慎所说,下半部象口齿之形,"止"则为声符。甲骨文中的"齿"均为象形字,"止"是后加的构件。在象形字上添加声符,是一大通例。陈梦家先生在《殷墟卜辞综述·文字》中把形声字的产生途径归为四条,其中第一条即"加声符于形符",如"萑"字加"凡"而成"鹳"字。他所说的"加声符于形符"实际上就是在象形字上添加声符构件。裘锡圭先生《文字学概要·形声字的产生途径》也归纳了四条,第一条为"在表意字上加注音符",如"鸡"字的初文是象形字,后来添加了声符"奚"。产生象形字加声符这种现象,可能有两方面的原因。其一,原象形字的读音发生了很大变化,人们根据后来的读音添加声符以定其音。其二,受文字形声化潮流的影响,添加声符以明其音读。甲骨文中的形声字占总字数的20%多,汉代小篆中的形声字比重已提高到80%多。形声字从认知的角度来看有一大优势,那就是见到就能读出来(当然要具备认识声符字之前提条件),这一特性与世界上其他民族的拼音文字是一样的。象形字的优点是能够直观地透示词义信息,但读音不明确,针对这一点人们添加上声符,改造成形声格局的文字。

二十五、牙　　　部

"牙:牡齿也。象上下相错之形。凡牙之属皆从牙。"

牡齿:长而尖形的牙齿,即犬牙。"牡"即牝牡之牡,"牡"指雄性牛及其他雄性动物,其文字为动物雄性性器之象征,形长而锐,故以喻指犬牙。

上下相错:"错"即交错,所谓"犬牙交错"正可为证。

[讲解]

17. 同义联合

古人以"齿"指门齿,其形方;而以"牙"指犬牙,其形长而尖。后世有"牙齿"之复音词,同义联合而成。汉语词汇系统中的词,有派生词,也有合成词。以词缀(包括前缀、后缀,亦有中缀)附于词根,则即派生词,如"暖烘烘"、"漆漆黑"。词根与词根相合,则为合成词。而词根与词根相结合的方式有多种,其中之一即同义联合,两个同义词相合成一个双音词,"牙齿"即此类,他如"门户"、"饥饿"、"想念"等。当然,同义词是同中有异的,如"门"本指双扇的门,"户"指单扇的门,"牙"和"齿"的本义也有差异。当我们称上述词为同义联合式合成词时,是忽略它们的差异而不计的。

二十六、足　　部

"足:人之足也。在下,从止、口。凡足之属皆从足。"

从止、口:意谓从止、从口会意。但"口"这部分是膝盖的象形,不是人"所以言食"的嘴巴。在汉字形体的古今演变过程中,有些文字构件的初形原本不一样,后来逐渐变得一样。根据业已讹变的文字形体来分析其结构,很容易使读者引起误会,如本条中的"口"很容易误解为嘴巴。再如,"日"字象太阳的基本轮廓形,由于变得方块化、笔画化,许慎分析为"从口、一",其实此"口"亦非人之口。又如,"石"字中"厂"这个构件是附加性构件,表示石崖,"口"这个部分是石头形,是圆形物很多,恐石头义不显,遂增"厂"之构件。许慎解释此字说:"山石也。在厂之下。口,象形。"此"口"亦非人之口。

二十七、疋(shū)　　部

"疋:足也。上象腓肠,下从止。《弟子职》曰:'问疋何止。'古文以为《诗·大疋》字。亦以为足字。或曰胥字。一曰:疋,记也。凡疋之属皆从疋。"

腓肠:小腿肚。许书《肉部》"腓"训"胫腨"即小腿上部之意,"腨"字则训"腓肠",此正可互证。　　问疋何止:段玉裁注云"谓问尊长之卧,足当在何方也。"　　大疋:即《大雅》,《尔雅》一作《尔疋》,例同。　　或曰胥字:段注云:"此亦谓同音假借,如府史胥徒之胥径作疋可也。"

[讲解]

18. 形借

"六书"有假借之一书。许慎给"假借"下的定义是"本无其字,依声托事"。意思是:语言中某个词无本字,人们根据这个词的语音线索找一个同音字来代替。这个定义历来为文字学家们所认可。但许慎所说为假借的一般情况。还有一种特殊情况,两个文字因形体相近而假借,即所谓形借。许慎在这一条中所说的以"疋"为"足"字即属此类。关于形借问题,段玉裁在《说文解字·中》注中有一段论述很值得借鉴。段云:"凡云古文以为某字者,此明六书之假借。以,用也,本非某字。古文用之为某字也。如古文以洒为灑埽字,以疋为《大雅》字,以万为巧字,以臤为贤字,以垐为鲁卫之鲁,以哥为歌字,以詖为颇字,以皿为覵字,籀文以爱为车辕字,皆因古时字少,依声托事。至于古文以中为艸字,以疋为足字,以万为亏字,以佋为训字,以臬为泽字,此则非属依声,或因形近相借,无容后人效尤者也。"

19. 互训

"疋"有"记"训,许书《言部》"记"训"疏",段玉裁云本作"疋",后代改"疋"为"疏",疋、疏古今字。然则"疋"与"记"为互训。互训是结合被释词和解释词二者而言的,它也是义训的一个子类。《说文解字》中此等条文计380条,互训的两个词,有的在同一个部居,有的则在两个部居中,即所谓同部互训与异部互训。如:《言部》:"谐,诒也。""诒,谐也。"《糸部》:"续,继也。""继,续也。"《玉部》:"玩,弄也。"《収部》:"弄,玩也。"《页部》:"颠,天也。"《一部》:"天,颠也。"综言之,互训是许书的一大体例。

20. 一字数音

从许慎对"疋"字的解释中我们可以看出,一个字兼作几个词的书面符号,而这些词又并不同音,王筠称许书中的这一现象为一字数音,并认为是许书体例之一。的确,许书中还有一些类似的条文,如第一卷中的"中",指初生的草,其音丑列切,古文中又当"艸"字用。再如"万"字指"气欲舒出,与上碍于一。"其音苦浩切,但古文又当"亏"字和"巧"字,然则此字有三音。

二十八、品　　部

"品:众庶也。从三口。凡品之属皆从品。"

众庶:众多。"众"本指农业奴隶,引申之则有群众、众多义。"庶"亦有众多义。故"众庶"为同义联合式合成词。然"众庶"非"品"字本义。此为同体会意字,强化构件"口"单用时的意义。其本义当为品尝。凡品尝,当反食、细细品味,故其字从三口。既经品尝,则其物可分等级,故"品"又有等级义。诸品俱备,则可称众庶,故许氏之训,殆为引申义。

二十九、龠(yuè)　部

"龠:乐之竹管,三孔,以和众声也。从品、侖。侖,理也。凡龠之属皆从龠。"

乐之竹管:作乐器用的竹管。　　侖,理也:"侖"字从亼(集)、从册,谓集合竹木简而编之,故有条理之义。"龠"这种乐器是用多根竹管编成的,故其字从品、从侖会意。又,倫(伦)理字亦从侖声。"淪(沦)"指水波纹,有纹理者。树之纹理则称"年輪(轮)"。此皆可为证。

三十、册　　部

"册:符命也。诸侯进受于王也。象其札一长一短中有二编之形。凡册之属皆从册。𠕋,古文册从竹。"

符命:"命"即君王的命令。"符"指竹制的信物。许书《竹部》:"符,信也。汉制以竹,长六寸,分而相合。"(按,此即"符合"一词之文化源)许氏所训之义诚有之,然非本义,其本义即简册,编竹木简牍而成者。　　象其札一长一短中有二编之形:段玉裁注云:"蔡邕《独断》曰:策,简也。其制:长者一尺,短者半之。其次一长一短,两编下附。札,牒也,亦曰简。编,次简也。

次简者,竹简长短相间排比之,以绳横联之,上下各一道。一简容字无多,故必比次编之乃容多字。""册,后人多假借'策'为之。"

[讲解]

21.一全一省

清代王筠在《说文释例》中指出许慎所收录的文字有一全一省之例。全,即完整的字形;省,指有所省略的简体字。本条中的"册"与"籥"亦属此类。一全一省的两个字收在同一条中,则势必有一个是重文。但许书中有些异体字并未作为重文处理。如《艸部》有"葭"字又有"蒹"字,所指之物相同;有"蕾"字又有"菌"字,所指之物亦同。

22."简单、汗青、典"的文化源

汉语词汇系统中"简单"、"汗青"、"典"等词都导源于古代以竹木简牍为文字载体这一事物。竹简、木简在还没有编成册的时候,它们是分散、单片的,所以有"简单"一词。为了防止竹简腐蚀、长久地保存文献,古人用加热、烘烤的办法促使竹片的汁流出来,其状有如人出汗,故称"汗";"青"指竹片,因为它外层是青色的。"典"即宝典、经典,其字形象两手捧册形,所谓"奉为经典","典"的形体结构直观地表达了这个意思。许书《丌部》:"典,五帝之书也。从册在丌上。尊阁之也。"按,许氏所据之形体已讹变,"丌"部分本象双手形。

23.象形字添加形符

"册"本为象形字,添加形符构件则成"籥",原字变成声符。这也是古代文字的一个通例。陈梦家先生《殷虚卜辞综述·文字》论及形声字产生途径云有"加形符于声符"之例,如"羽"字加"日"而成"翊"。所谓"加形符于声符",即在象形字上添加形符。这种现象的产生,是由于人们追求文字表词明朗化,即添加构件使其字所表示的意义范围更明确。

24. 繁简字与异体字

两个或更多个记录同一语词的文字,笔画多的叫繁体字,笔画少的叫简体字,二者合称繁简。两个或更多个记录同一语词的文字,它们的形体结构不同,称之为异体字。上述两个概念是从不同角度提出来的,实际上二者往往交叉,如"笧"和"册"既是繁简字,也是异体字。

第三讲

《说文解字》第三篇

五十三部：咠部　舌部　干部　谷部　只部　卣部　句部　丩部
　　　　　古部　十部　卋部　言部　誩部　音部　䇂部　丵部
　　　　　菐部　収部　𠬞部　共部　異部　舁部　臼部　晨部
　　　　　爨部　革部　鬲部　䰜部　爪部　丮部　鬥部　又部
　　　　　𠂇部　史部　支部　聿部　聿部　畫部　隶部　臤部
　　　　　臣部　殳部　殺部　几部　寸部　皮部　甍部　攴部
　　　　　教部　卜部　用部　爻部　㸚部

一、咠(jí) 部

"咠：众口也。从四口。凡咠之属皆从咠。读若戢。又读咴。"

众口：作者所解释的只是形体造意。从这个部首所率之字看，咠的义类是高声、杂声。此部共收五字，"器"指器皿，本不当入此部。其他四字都表高声、呼喊义。　又读若咴：大徐本《说文解字》所记载的许慎对这个部首的注音显得很反常。徐锴、段玉裁、桂馥、王筠等对此都表示怀疑。王筠在指出许书有"一字数音"体例时未提到此类。徐锴《系传》云："一曰咴。"可从。"读若咴"很可能是传抄上的错误。参以许书注音通例即可知。在一般情况下，许氏既云读若某，如有另一读音，必交代一曰读若某，或某人说读若某，在第一讲的第17条讲解"引通人说"中，我们已提到这个问题。在许书中还有一些条文也有"又读若某"式的注音。如《言部》"訇"字从言、匀声，又读若玄；《甲部》"甲"字读若拘，又读若良士瞿瞿；《角部》"觷"字从角、蒦声，又读若缋。很明显，用来注释被释字读音的注音字，本质上是同一个音，也就是由一个音节有规则地演变为两个音节的。但"咠"的两个注音字"戢"和"咴"，读音差异很大而且没有通转关系。

二、舌　　部

"舌:在口所以言也,别味也。从干,从口,干亦声。凡舌之属皆从舌。"

从干,从口,干亦声:从干、从口会意,干也是声符。按,甲骨文"舌"字象口腔中有舌头形,为合体象形字。许说不确。"干"非声符。

[讲解]

1. 亦声

较多的会意字是由两个构件组合而成的,当其中的一个构件同时也充当声符时,这个会意字也具有形声字的特点,传统文字学将这类字称作"亦声字",并把它看成形声字的一种特殊类型。因为按照形义学的观点,声符只表音,不表义,则为标准的形声字。清代以来,不少学者如朱骏声、杨树达、黄永武多有"形声多兼会意"的说法,把声符承载着隐性语义的形声字当作亦声字,这是另一种偏颇。在这一条中,许慎对"舌"字的形体结构分析是不正确的,但亦声字的确是存在的。如"坪"指平地,它的结构就是从土、从平,平亦声。"平"既是会意构件,也是声符。再如"栅"指栏栅,形体结构为从木、从册,册亦声。"册"首先是会意构件,栏栅乃编木板而成,正如编竹木简而成册,取其比喻义。同时,"册"也是声符。至于"册"、"栅"今音有异,是由于随时代推移,字音发生了变化,这是另一个问题。

三、干　　部

"干:犯也。从反入,从一。凡干之属皆从干。"

犯:侵犯。　　从反入,从一:谓"干"字由"入"的反体和"一"两个构件组成。甲骨文、金文"干"字象有桠杈的木棒形。

[讲解]

2. 引申义

"干"为象形字,它所表示的应是原始的兵器,许氏所训当为引申义。就写作动机而言,许慎想通过对文字形体结构的分析,求得词的本义,以反驳今文经学家的"巧说邪辞"。由于主观、客观条件的限制,他所训释的不尽是本义,其中有些条文中所训释的是引申义。本文即为一例。再如:《彳部》"行"训"步趋"亦是。他如:《力部》:"功,以劳定国也。"以国功、军功为"功"之本义,而"功"之本义实为事功。《二部》:"凡,最括也。""凡"字为"槃"之初文,引申之,则有通盘、总括之义,许氏所训即此。《人部》:"位,列中庭之左右谓之位。"所训为官位、位列义。按,人所立即"位",会意字,其本义即人所立处,引申之而指百官在朝廷的位列。同部:"伪,诈也。从人,为声。"按,此字的结构当为"从人,从为,为亦声"。其本义即人为,引申之则有虚伪、伪诈义。引申义是从本义中直接或间接引申出来的,许书中这类条文作为本义训释是不确切的,但不属于完全失误。

3. 文字合流

"干"的"犯"义在后世语词"干涉"、"干预"中还保留着。同时,"树干"、"干燥"、"干净"等词书面上亦有"干"字,原来上述诸词本有不同的记录文字。两个或更多个原本不同的文字(有些情况是音相同或相近)在文字应用、形体简化潮流中变得一样,往往以笔画少的字代替笔画多的字,这种现象即文字合流。"树干"的"干"本作"榦"或"幹","干燥"、"干净"的"干"本来借"乾"字为之("乾"本训"上出"),现在都写成"干",即属文字合流。

四、谷(jué) 部

"谷:口上阿也。从口,上象其理。凡谷之属皆从谷。嗀,谷或如此。臄,或从肉,从豦。"

阿:弯曲处。段玉裁注云:"《大雅》:'有卷者阿。'笺云:'有大陵卷然而

曲。'口上阿,谓口吻已上之肉随口卷曲。"按,"口上阿"即口腔内上腭卷曲
处。 理:纹理。

五、只 部

"只:语已词也。从口,象气下引之形。凡只之属皆从只。"

语已词:已,结束。语已词即句尾助词(或称语气词)。典籍中有其实用
例,如《诗·国风·鄘风》:"母也天只! 不谅人只!"

[讲解]

4. 语法意义

许慎所训释的是"只"的语法意义,因为"只"作为句尾助词是个虚词,没
有词汇意义。至于后世"只"作范围副词(如"只有一个"),那是另一个词。
词汇系统中的词可以分类,根据不同的标准可以分成不同的类。如按照词
的来源可分成古语词、新语词、方言词、外来词;按照词所指称的事物类别则
可分为人事类、动物类、植物类、天文类、地理类等。按照词的语法功能则可
将词分成实词和虚词两大类。能够单独充当句子成分的词是实词,它们具
有词汇意义;不能单独充当句子成分的词是虚词,包括连词、介词、助词、语
气词、感叹词、象声词等子类,它们只有语法意义而没有词汇意义。

5. 为虚词造本字

虚词的记录文字有三类。其一,假借,即利用词和词的同音关系,借实
词的记录文字来记虚词。如连接两个形容词的连词"而"本指"颊毛",为象
形字,但可作"高而大"这类词组中的连词的记录符号。再如"耳"的本义是
耳朵,但可借作句尾助词的记录文字。其二,利用相关实词的记录文字,换
个角度说,某些词通过词义引申途径虚化为虚词,而其文字不变。如"及"本
指追赶上,今语"及格"、"来得及"等词,此义犹存。虚化引申为连词,用以连
接名词。再如"朝"本指早晨,其时日在东方,含有方向性寓意,故虚化引申

而成介词。其三,直接为虚词造本字。后世为虚词造本字,往往采用形声的方法,如"吧"、"吗"、"呢"等。早期则有象形方法之例,"只"字即是,同类者还有"乎"、"兮"等。

六、冏(nè) 部

"冏:言之讷也。从口,从内。凡冏之属皆从冏。"

讷:语言表达迟钝。 从口、从内:当云"内"亦声。此为会意兼形声字,口中言在内不出即木讷。其字亦作左形右声之"呐",或作"讷",凡形符"口"、"欠"、"言"所表之义类同。段玉裁注云:"冏,《檀弓》作呐,同。'其言呐呐然,如不出诸其口。'注:'呐呐,舒小皃。'此与《言部》'讷'音义皆同,故以'讷'释'冏'。"

七、句(gōu) 部

"句:曲也。从口,丩声。凡句之属皆从句。"

从口,丩声:形体分析不当。构件"丩"为"纠"之初文,表弯曲、卷曲义。以"句"、"口"、"丩"三字之音作对比,知"口"为标音符号。"句"即"勾"之古字。

[讲解]

6. 据声系联

据形系联文字,是许书的通例。在同一个部居中,所收录的文字如果是形声字,那么它们的形符相同。但《句部》却是个反例,此部共收录"拘、笱、钩"三字,其字均从句字,这属于据声系联文字。据声系联文字便于判断词与词的同源关系。因为这些文字具有同一声符,如果它们所记录的词语义上也具有亲缘关系(相同或相通),那么它们即属同源词。如《句部》的"笱"指"曲竹捕鱼笱","钩"谓"曲钩",显然俱有曲义,为同源词,而"句"与"笱、钩"的关系为母子关系(母指声符字,子指从此得声的形声字。)

八、丩(jiū)　部

"丩:相纠缭也。一曰瓜瓠结丩起。象形。凡丩之属皆从丩。"
瓜瓠结丩起:段玉裁注云"谓瓜瓠之縢缘物缠结而上",可从。

[讲解]

7. 一曰

"一曰"即另一种说法,表示两说并存。有时指词义训释,有时也指文字形体结构分析或文字音读。据清代王筠统计,全书"一曰"凡六十余见,其变体为"或曰"、"又曰。"

九、古　　部

"古:故也。从十、口,识前言者也。凡古之属皆从古。𡄑,古文古。"

[讲解]

8. 母子相训

许慎以"故"训"古",此以子训母之法。古人训诂,常有母子相训之例。或同相训,即以声符相同的形声字来训释,如汉刘熙《释名·释衣服》:"裙,下裳也。裙,群也,联接群幅也。"或以母训子,即以声符字训释形声字,如许慎书《人部》:"仲,中也。"或以子训母,此条即是。许氏"羊"字训"祥",体例亦同。

十、十　　部

"十:数之具也。一为东西,丨为南北,则四方中央备矣。凡十之属皆从十。"

具:具备,齐全。古人用十进制时,十是最大数值。今语中尚有"十全十美"、"十分"等词,其"十"即此义。　　一为东西,丨为南北:此说牵强。"十"为指事字。甲骨文"十"或作丨,或再加短横,金文由一竖加圆点。

十一、卅(sà)　部

"卅:三十并也。古文省。凡卅之属皆从卅。"

古文省:谓"卅"为古文形体,三个"十"并在一起,故云"省"。

十二、言　　部

"言:直言曰言,论难曰语。从口,辛声。凡言之属皆从言。"

论难:议论反驳。反驳时或难倒对方。段玉裁注云:"《大雅》毛传曰:'直言曰言,论难曰语。''论',《正义》作'荅'。郑注《大司乐》曰:'发端曰言,荅难曰语。'"　　从口,辛声:形体分析不当。甲骨文"言"字是在象形字"舌"上加注指点符号构成的指事字。

[讲解]

9. 对比显示

作者在这一条中运用了对比显示的训诂方法。对比显示是义训的一个子类。在训诂中,系联与被释词相对或相关的词一一作出解释,从而显示被释词的词义内容特点。词是指称客观事物的,对比显示训诂方法的实质是,训诂学家为了揭示被释词所指称的客观事物的特点,系联具有可对比性的另一事物(或另一些事物)进行比较。这种方法运用得当,可获得很好的效果。如许书《艸部》:"蓏,在木曰果,在地曰蓏。"《竹部》:"籁,三孔龠也。大者谓之笙,其中谓之籁,小者谓之箹。"《巢部》:"巢,鸟在木上曰巢,在穴曰窠。"

十三、誩(jìng)　部

"誩:競言也。从二言。凡誩之属皆从誩。读若競。"

競言:争着说。　　　从二言:由两个"言"相叠成文,即同体会意。

十四、音　　部

"音:声也。生于心,有节于外,谓之音。宫、商、角、徵、羽,声。丝、竹、金、石、匏、土、革、木,音也。从言含一。凡音之属皆从音。"

宫、商、角、徵、羽:我国古代五个音阶的名称,用简谱可记作1、2、3、5、6(7和4称半音,是从西洋乐中汲取的)。　　　丝、竹、金、石、匏、土、革、木:指由各种材料制成的乐器。丝,指弦乐。竹,管乐。金,打击乐器钟是金属品(金指金属,而不是黄金或白金)。石,指石制的磬,打击乐器。匏,指笙,管乐器。土,指土制的陶器埙。革,由皮革做的鼓,打击乐器。木,指柷。

[讲解]

10.“文章”、“究竟”的文化源

成篇的文字称之为“文章”,导源于古代的音乐。许书本部“章”字条:“乐竟为一章。从音,从十。十,数之终也。”所以,“章”的本义是乐章,十节音乐构成一章,引申之,则指文字。“竟”本指乐曲完结。许书同部:“竟,乐曲尽为竟。从音,从人。”引申之,指事物之终尽。“究”与穴居有关。走到洞穴的尽头就是“究”。以故“究”和“竟”以同义联合式组成一个合成词。

十五、辛(qiān)　部

"辛:皋也。从干、二。二,古文上字。凡辛之属皆从辛。读若愆。张林说。"

辠:刑罪字,秦始皇改用"罪"字。　　从干、二:"干"有犯义,犯上即有罪。

十六、茻(zhuó)　部

"茻:丛生草也。象茻岳相并出也。凡茻之属皆从茻。读若浞。"

茻岳:段注云"谓此象形字也。茻岳叠韵字,或作族岳。"王筠句读:"盖争高竞长之状。"其说可从。

十七、羑(pú)　部

"羑:渎羑也。从茻,从收,收亦声。凡羑之属皆从羑。"

渎羑:众多、烦琐。段注:"渎羑叠韵字,烦渎也。羑,如《孟子》书之'僕僕',赵云:'烦猥皃。'"　　从收:"收",段注云音邛,表示双手。

十八、𠬞(gǒng)　部

"𠬞,竦手也。从屮,从又。凡𠬞之属皆从收。𢪍,扬雄说𠬞从两手。"

竦手:拱手。　　从屮,从又:"又"即右手,"屮"亦作"𠂇",象左手形。

[讲解]

11. 许慎引扬雄说

许氏之书多有引扬雄《方言》之例,前人对此已作过专门研究,如清代郑文焯有《〈说文〉引群说扬雄说》一卷,近人马宗霍有《〈说文〉引〈方言〉考》。许慎引扬雄说、引《方言》之言,时或不称其名、不云其书。清戴震《方言疏证序》:"许慎《说文解字》、张揖《广雅》多本《方言》,而自成著作,不加所引用书名。"

十九、𠬜(pān) 部

“𠬜:引也。从反収。凡𠬜之属皆从𠬜。攀,𠬜或从手、从樊。”

引:援引,攀登上引。　从反収:“𠬜”的形体左边指右手,而右边指左手,与“収”正相反。　攀:此为左右结构、形声格局,后世作上下结构而为“攀”。“𠬜”则为会意格局之初文。

[讲解]

12. 从反某

古人有时将一个已有的文字反过来构成一个新的文字,是改造式造字法之一。本书第二讲讲解14对此已有交代、分析。“从反某”即许慎对这类文字作形体结构分析时所用的术语。

二十、共 部

“共:同也。从廿、廾。凡共之属皆从共。𢀜,古文共。”

同:共同。　从廿、廾:“廾”象左右手形;甲骨文、金文“廿”这个部分作“口”,故“共”象两手共捧一物形。

[讲解]

13. 造意与本义

文字形体的构造意图称之为造意。词本来的体现在字形上并有文献用例可证、贯通引申义的意义即本义。造意与本义有时不大一致。“共同”是一个抽象的语义,借助于两手共捧一物的形象表达出来。

14. 分化字

“共”字形体体现了两手相拱之意,因此“共”也是“拱”的初文,为了避免混淆,又加一"手"而成"拱"字,"拱"是从"共"字分化出来的,文字学上称之为"分化字"。

二十一、異 部

"異:分也。从廾,从畀。畀,予也。凡異之属皆从異。"

从廾,从畀:甲、金文象人以两手戴物于头形。小篆形体已变。 予:给予。

二十二、舁(yú) 部

"舁:共举也。从臼,从廾。凡舁之属皆从舁。读若余。"

共举:举谓抬举。 从臼,从廾:篆文"臼"亦象双手形,与"廾"(双手)相对。

二十三、𦥑(jū) 部

"𦥑:叉手也。从𠂇、彐。凡𦥑之属皆从𦥑。"

叉手:手指交叉、交错。段注:"《又部》曰:'叉,手指相错也。'此云叉手者,谓手指正相向也。"许、段所训皆造意,"𦥑"的本义当为捧。 从𠂇、彐:段玉裁以为"𠂇、彐"是"𠂇、又"的变体,可从。

二十四、晨 部

"晨:早昧爽也。从臼,从辰。辰,时也。辰亦声。𠦒夕为㚎,臼辰为晨,皆同意。凡晨之属皆从晨。"

早昧爽:早晨天快亮时。"早昧爽"是个同位结构。段注:"《日部》:早,晨也。昧爽,且明也。《文王世子注》曰:'早昧爽,击鼓以召众。'亦三字累言之。" 辰,时也:"晨"字中"辰"这个构件表示时间。"时"与"辰"可组成

"时辰"之双音词,又"时光"一词上海方言称"辰光"。　　　夙夕为㑊,臼辰为晨:人在夜晚月光做事叫做"㑊"(夙),在天将亮时操作叫做"晨"。

二十五、爨(cuàn)　部

"爨:齐谓之炊爨。臼象持甑,冂为灶口,廾推林内火。凡爨之属皆从爨。鬳,籀文爨省。"

臼象持甑:"臼"这个构件象人两手拿着烧饭的甑。　　　廾推林内火:"廾"表示用双手把柴推进灶堂纳入火苗。段注:"林,柴也。内,同纳。"

[讲解]

15. 以方言释雅言

许慎训诂,常有以方言释雅言者,亦为许书一大体例,本条即属此类。他如:《艸部》:"薐,芰也。从艸,淩声。楚谓之芰,秦谓之薢茩。"《衣部》:"衰,草雨衣也。秦谓之萆。"《虫部》:"螷,蜃属。有三,皆生于海,千岁化为螷。秦谓之牡厉。"

二十六、革　　部

"革:兽皮治去其毛,革更之。象古文革之形。凡革之属皆从革。革,古文革,从三十。三十年为一世,而道更也。臼声。"

革更:改变,更改。　　　三十年为一世:小篆"世"字作"卋",许云"三十年为一世,从卅而曳长之,亦取其声也"。　　　从三十:形体分析不确。金文"革"字从臼,表示手,以手治兽皮之形。

[讲解]

16. 浑言、析言

汉语词汇系统中有"皮革"一词,如"皮革工业"、"皮革制品"等。"皮革"

是个同义联合式合成词。"皮"的本义是剥取兽皮,引申为兽皮,为基本义。"皮"指未经加工的兽皮,"革"则指治去其毛的皮。故"皮革"为浑言,即统称、泛指;"皮"、"革"则为析言,特指。这种情况在词汇系统中普遍存在。如"牙齿"为浑言,析言之,则"牙"指犬牙而"齿"谓门齿;"门户"为浑言,析言之,则"门"指双扇的门而"户"是单扇的门。汉语词汇的发展史,经历了一个以单音词为主变为以双音词为主的过程。汉藏语的语根是以单音节为主的,因此先秦两汉时期单音词占主导地位。单音词太多,容易产生混淆。魏晋时,汉语语词渐趋双音化。在单音词与单音词组合成双音词时,往往忽略原来词义上的差异。

17."革职、改革"的文化源

含有"革"这个词根的词如"革职、改革、革命、洗心革面"等,"革"都表示"去掉"义。这都导源于古代治去兽皮之毛这一事物。也就是说,治去兽皮之毛是上述诸词的文化源。

二十七、鬲　　部

"鬲:鼎属。实五穀。斗二升曰斛。象腹交文,三足。凡鬲之属皆从鬲。瓹,鬲或从瓦。鬺,《汉令》鬲,从瓦,麻声。"

实五穀:容纳五穀。凡器容物则充实之,故"实"有容纳、充实之义。"斛",亦作"斜"。

[讲解]

18. 转注

"鬲"是个象形字,后来又造了形声格局的"瓹"和"鬺",这就是转注现象。转注是"六书"之一,许慎的定义是"建类一首,同意相受",并以"考、老"为例字,在书的正文中,"考"字训"老","老"字训"考",即相互为训。但书中未指明其他的任何文字为转注,语焉不详,遂使后世学者见仁见智、聚讼纷纭。高亨先生曾将诸多说解转注者归纳为十八派。近年出版了研究转注问题的专著两种,从其结论,似乎仍然未得肯綮。将许慎的论述、前人的研究、文字学的规律三方面综合起来分析,对转注问题我们得出以下结论。转注首先是一个动态的受到一定规律制约的造字过程。"六书"是有统一性的,其统一性表现在它们都是人们为语言中的词设置书面符号的方法,包括造字记词和借字记词。作为对"六书"说的修正,清代戴震提出的"四体二用"说是有进步性的,因为"四体二用"说有史以来第一次将造字记词和借字记词区分开来。同时,这个理论也有局限性,那就是将假借、转注二书归为一类。假借的结果是不产生新的文字的,而转注是造字过程。转注所产生的文字只能是形声字。从静态的类型学角度来看,汉字的形体结构只有象形、指事、会意、形声四种。前三书文字的构制,各有其本质规定性。如果说通过转注造出了一个象形字或会意字、指事字,显然这种结论是荒唐的。形声造字法也有它的本质规定性,但它是有"弹性"的。造字有原生性造字和再生性、重复性造字之分,转注即属后者。有人造了一个前三书文字,后来由于某种原因另一人用形声的方法重造一字记录同一语词,这就是转注。还有一种情况是,原生性造字和再生性、重复性造字都用了形声方法,后者亦为转注。据我们考察,转注运动具有持续性和多发性特点,影响转注的主要因子有:词的抽象性程度、词的使用频度、词的方言色彩等。

二十八、鬲(lì)　部

"鬲:鬺也。古文,亦鬲字。象孰饪五味气上出也。凡鬺之属皆从鬺。"

古文,亦鬲字:意谓"鬺"为"鬲"字的古文形体。然则此字当为"鬲"之重文。　　孰:通"熟"。　　饪:烧熟。

二十九、爪　　部

"爪:覒也。覆手曰爪。象形。凡爪之形皆从爪。"

爪:抓持。　　覆手曰爪:手掌翻过来叫爪。这是"爪"的本义。至于"爪",即以手抓,其"抓"初文本作"爪",抓持义当为直接引申义。

三十、爪(jǐ)　部

"爪:持也。象手有所爪据也。凡爪之属皆从爪。读若戟。"
持:抓持,持握。　　爪据:抓住,据有。"爪"的楷体亦作"丮"。

三十一、鬥　　部

"鬥:两士相对,兵杖在后,象斗之形。凡鬥之属皆从鬥。"
两士相对,兵杖在后:此形体分析不确,盖许氏所依据的篆体已非初形。甲骨文"鬥"字象二人手臂相交又徒手格斗之形。

[讲解]

19. "鬥、斗"合流

"鬥、斗"本为二字。"斗"亦象形字,勺类有柄的舀水、舀酒器具。词义引申则亦指形似的量粮食的器具。以故虚化为量词,如"一斗米"之"斗"即是。今"斗争"、"斗胆"、"斗气"等词之记录文字亦作"斗",则二字合流。二字同音,"斗"字笔画少,故以一字替两字。

三十二、又　　部

"又:手也。象形。三指者,手之列多略不过三也。凡又之属皆从又。"
列:排列。　　多略不过三:段注云:"以指记数者或全用,或用三,略者言其大略。"

三十三、ナ　部

"ナ:ナ手也。象形。凡ナ之属皆从ナ。"

左手:此字篆文作ㄏ,正为左手形,与"又"(右手)相反。

[讲解]

20."ナ、左、佐"辨析

"ナ"是指称左手的本字,后世以"左"为之。"左"的本义是辅佐、帮助。助人以手,故从ナ,"工"则谓事功。"左"为其基本义(方位名词的"左")所专用,故为其本义重造本字,在原形上添加构件"人"而成"佐"字。

三十四、史　部

"史:记事者也。从又持中,中,正也。凡史之属皆从史。"

记事者:可能是浑言,析言之,则有记事、记言之别。古有"君举必书"之制。《礼记·玉藻》:"动则左史书之,言则右史书之。"《尚书》就是一部记载君王言论的书,右史所为者。

三十五、支　部

"支:去竹之枝也。从手持半竹。凡支之属皆从竹。秉,古文支。"

去竹之枝:离开竹干的竹枝。"支"即"枝"之初文。　　古文支:段注云"上下各分竹之半,手在其中"。

三十六、聿(niè)　部

"聿:手之聿巧也。从又持巾。凡聿之属皆从聿。"

捷巧:敏捷、灵巧。　　从又持巾:以篆文"聿"及甲文"聿"观之,"又"(手)所持非巾,乃笔,"聿"为"肀"、"笔"之初文。宋戴侗《六书故》:"书传未尝有肀字,肀又作笔,实一字耳。"方濬益《缀遗斋彝器款识考释》:"意古文聿、肀止一字,篆文兴始分为二。"

三十七、聿　　部

"聿:所以书也。楚谓之聿,吴谓之不律,燕谓之弗。从聿,一声。凡聿之属皆从聿。"

所以书:用来书写的东西。所,代词;以,介词。　　从聿,一声:段注:"从聿、一。各本作'一声',今正。此从聿而象所书之牍也。"按,甲文"聿"象以手执笔形,示书写意,则其字为会意字,非形声字。

[讲解]

21. 急言、缓言

"聿"即用来写字的笔,后又加上"竹"之构件而成"笔"字。"笔"是单音词,读得慢就变成"不律"两个音节,古人分析语音有"急言"、"缓言"的说法。与此相关,原为双音词,急言之,变成一个音节,书写符号也由两个变成一个,称之为"合音字"。如《左传》中有个寺人名叫"勃鞮",异文作"披"。再如"何不"急言之而成"盍","终葵"急言之而成"椎"。《左传》有人物名"木",《檀弓》异文作"弥牟",则单音节缓言之而成双音节,与"聿——不律"同理。

三十八、畫　　部

"畫:界也。象田四界,聿所以画之。凡画之属皆从画。劃,古文画省。劃,亦古文画。"

劃,亦古文画:"畫"谓以笔画,"劃"指以刀划,后世以"划"为之。凡表达抽象语义多用此字,如"划清界限"、"策划"、"计划"、"出谋划策"等。

三十九、隶(dài)　部

"隶:及也。从又,从尾省。又,持尾者,从后及之也。凡隶之属皆从隶。"

及:赶上,逮住。"隶"为"逮"之初文。《又部》:"及,逮也。从又,从人。"又,持尾者:文字形体结构中"又"(手)抓住"尾"的含意。

[讲解]

22.从某,从某省

一个会意字由两个构件组合而成,其中一个构件的笔画有所省略,许氏即表述为"从某,从某省"。"隶"字的结构中,"尾"的笔画有所省略,故称"从尾省"。此亦为许书通例。试述数例。《兜部》:"兜,兜鍪首铠也。从兜,从兒省。"《車部》:"軍,圆围也。四千人为軍。从車,从包省。軍,兵車也。"《舟部》:"舩,船行不安也。从舟,从㓞省。"《収部》:"具,共置也。从収,从贝省。古以贝为货。"

23."隶、隸"合流

后世凡"隶属"、"奴隶"、"隶书"等词,其记录文字皆作"隶",实为"隶"、"隸"二字的合流。许书《隶部》:"隸,附箸也。从隶,柰声。"所训即隶属义。商周时代,人有隶属于奴隶主或统治阶级者,称之为"奴隶"。此二字不同音,以"隶"代"隸",取其笔画少者,且"隸"字有"隶"之构件。

四十、臤(qián)　部

"臤:坚也。从又,臣声。凡臤之属皆从臤。读若铿锵之铿。古文以为贤字。"

从又,臣声:段注云"谓握之固也,故从又"。　　读若铿锵之铿:后世

"歐"、"铿"二字读音差异较大,古读则同,段玉裁分析"铿从坚声,坚从歐声",其说可从。

[讲解]

24."右文说"的萌芽

本部共收"紧、坚"两字,不是据形系联的,如同《句部》,是据声系联的。"紧"和"坚"在语音和语义上都有亲缘关系,为同源词。许书此部以及《句部》反映了中国小学史上著名的"右文说"已处在萌芽状态。"右文说"是宋代王圣美提出来的,它的内涵大致为:形声字的声符多在右侧,形声字所表语词的意义往往植根于右文(声符)。这个理论虽然欠完善,但的确有合理内核,但传统形义学来说是一种反动,也是一个突破。"右文说"后来演变为中国语源学史上的一大流派。以往在追溯"右文说"的起源时,往往认为晋代杨泉的论述最早。杨氏《物理论》:"在金曰坚,在草木曰紧,在人曰贤。"其实,他自发地系联的三个同源词的两个,许慎在《歐部》都收了,"右文说"的起源可以上推。

四十一、臣 部

"臣:牵也,事君也。象屈服之形。凡臣之属皆从臣。"

牵:被牵制。   事君:从事于君王。   象屈服之形:篆文"臣"字非初形,许说未当。"臣"象竖目形,指由战俘沦为奴隶者,遂为奴隶之称。词义引申,则指从事于君王的臣僚。于省吾《甲骨文字释林》:"古文字以横目为目,纵目为臣。臣字的造字本义,起源于以被俘虏的纵目人为家内奴隶,后来既引申为奴隶的泛称,又引申为臣僚之臣的泛称。"郭沫若《甲骨文字研究》:"臣,象一竖目之形。人首俯则目竖。"按,《尚书》有"臣妾逋逃"的记载,"臣妾"即男女奴隶。

四十二、殳（shū）　部

"殳：以杖殊人也。《礼》：殳以积竹，八觚，长丈二尺，建于兵车，车旅贲以先驱。从又，几声。凡殳之属皆从殳。"

以杖殊人：段注本作"以杖殊人也"，并注："依《太平御览》正。云杖者，殳用积竹而无刃。《毛传》：'殳长丈二而无刃'是也。殊，断也。以杖殊人者，谓以杖隔远之。《释名》：'殳，殊也。有所撞挃于车上使殊离也。'"

八觚：八条棱。《文选·张衡〈西京赋〉》"竿殳之所揘毕"李善注引薛综："殳，杖也，八棱，长丈二而无刃，或以木为之，或以竹为之。"　　建于兵车：树（直立）在兵车上。"建"有"树"义，故有"建树"之联合式合成词。　　旅贲：军队中的猛士、先锋。　　从又，几声：此形体分析未当。甲、金文"殳"字皆象手执杸形。

四十三、殺　　部

"殺：戮也。从殳，杀声。凡殺之属皆从殺。𢿱，古文殺。𣏌，古文殺。𣏌，古文殺。"

从殳，杀声：此为形声格局之"殺"，乃加形符构件"殳"于假借字"杀"上而成。故段注云"加殳为小篆之殺"。许慎所引三个"殺"的古文形体，前两个为会意字，最后一个为假借字。后世"殺、杀"亦合流。

四十四、𠘧（shū）　部

"𠘧：鸟之短羽飞𠘧𠘧也。象形。凡𠘧之属皆从𠘧。读若殊。"

飞𠘧𠘧："𠘧𠘧"为 AA 式重叠词缀，修饰"飞"。其字为象形，其词为拟音。

四十五、寸 部

"寸:十分也。人手却一寸动脉谓之寸口。从又,从一。凡寸之属皆从寸。"

十分:长度单位寸的下位单位为分,即一尺的百分之一。此亦成为"分寸"一词的文化源。 人手却一寸动脉谓之寸口:手掌往手臂方向退后一寸的动脉处叫寸口。祖国医学"四诊法"之一即"切脉",医生以手指按患者手部动脉。左手"寸关尺"三部与心及小肠、肝及胆、肾及膀胱相对应;右手"寸关尺"三部与肺及大肠、脾及胃、命门及三焦相对应。 从又,从一:"寸"是在象形字"又"上加注指点符号构成的后起指事字。金文"寸"的指点符号为圆点。"从又,从一"是其小篆形体。"一"是笔画,不是作数词记录符号的"一"。

[讲解]

25. 基本义

作者在这一条中训释了被释词的两个意义,而没有用"一曰"这个术语。其"寸口"为本义,"十分"为直接引申义,亦为基本义。多义词的使用频度最高、最基本的义项,词汇学上称为基本义。有的单音词本义即基本义,如"山"、"水"。有些词的基本义是从本义中直接引申出来的引申义,这一类在数量上可能最多。

四十六、皮 部

"皮:剥取兽革者谓之皮。从又,为省声。凡皮之属皆从皮。𠪛,古文皮。𡱝,籀文皮。"

剥取兽革谓之皮:意即"皮"本来是个动词,剥取的东西叫"皮",是直接引申义,也是基本义。 从又,为省声:"皮"非省声字,金文"皮"象人以手剥兽皮形,为会意字。

[讲解]

26．语源分化

"皮"的音节在语言中被约定而表示剥兽皮之义,即分析、分解义。音和义结合就是一个语源,由于语源具有有限性特点,所以会发生裂变,分化、孳乳出同源词。如"皮"这个语源分化出"破、簸、铍"等同源词。"破",石头碎掉,即石被分解。"簸",扬米去糠,分解米粒和糠壳。"铍",古代医生用来刺痈疮脓血的大针,即分解痈疮之物。

四十七、夒(ruǎn)　部

"夒:柔韦也。从北,从皮省,从夐省。凡夒之属皆从夒。读若耎。一曰若俊。𡱡,古文夒。𩇯,籀文夒,从夐省。"

柔韦:段注云"柔者,治之使鞣也。韦,可用之皮。"　读若耎:参以音义,即知"夒、耎"为同源词。"夒"字音节可表柔软义。

四十八、攴(pū)　部

"攴:小击也。从又,卜声。凡攴之属皆从攴。"

小击:轻击。所表义类则有轻击、打击、施事等。　从又,卜声:甲文"攴"象手执物形,为会意字。

四十九、教　　部

"教:上所施,下所效也。从攴,从孝。凡教之属皆从教。𡥉,古文教。𢻯,亦古文教。"

从攴,从孝:"攴"表示施教时体罚、轻击。"孝"则有顺从之义。

五十、卜　　部

"卜:灼剥龟也。象灸龟之形。一曰象龟兆之从横也。凡卜之属皆从卜。卜,古文卜。"

灼剥龟:用火灼使龟甲剥裂。　　象龟兆之从横:此说为确,"象灸龟之形"说未得。"从",通"纵"。

[讲解]

27. "命运未卜"的文化源

殷人亟信鬼神,凡巨细事皆卜。故甲骨文字所记录的内容,除一小部分是记事刻辞外,大多数都是占卜的记录。占卜时以火灼龟甲令裂,视裂纹以断吉凶。此为"命运未卜"、"前途未卜"、"未卜吉凶"、"夕卜灯花"等词之文化源。

五十一、用　　部

"用:可施行也。从卜,从中。卫宏说。凡用之属皆从用。卜,古文用。"

从卜,从中:甲、金文"用"象中空可容物之器形。器可用,故表使用义。

[讲解]

28. 虚化引申

词义由具体性意义引申变化为抽象性意义的过程叫虚化引申,一称抽象引申。某些词虚化引申变成副词、介词。"用"可作介词,如"用电脑写作",此介词之"用",即虚化引申而来。

五十二、爻　　部

"爻：交也。象《易》六爻头交也。凡爻之属皆从爻。"

交：交错。一卦由三爻组成,爻是卦的组件。

五十三、㸚(lǐ)　部

"㸚：二爻也。凡㸚之属皆从㸚。"

二爻：段玉裁注："二爻者,交之广也。以形为义。"

第四讲

《说文解字》第四篇

四十五部：𥄎部　目部　䀠部　眉部　盾部　自部　白部　鼻部
皕部　習部　羽部　隹部　奞部　雈部　𠁥部　苜部
羊部　羴部　瞿部　雔部　雥部　鳥部　烏部　𠦒部
冓部　幺部　𢆶部　叀部　玄部　予部　放部　𠬪部
𣦼部　歺部　死部　冎部　骨部　肉部　筋部　刀部
刃部　㓞部　丯部　耒部　角部

一、𥄎(xuè)　部

“𥄎：举目使人也。从攴，从目。凡𥄎之属皆从𥄎。读若𩕛。”

举目使人：用眼神使唤别人。　从攴，从目：构件“攴”可表施事义。

二、目　部

“目：人眼。象形。重，童子也。凡目之属皆从目。，古文目。”

重：指小篆“目”字中间的两笔。　童：“瞳”的借字。

三、䀠(jù)　部

“䀠：左右视也。从二目。凡䀠之属皆从䀠。读若拘，又若良士瞿瞿。”

左右视：东张西望之意。以“瞿”、“懼”字参之，知“䀠”指动物或人受惊时四下张望之状。

四、眉　部

“眉：目上毛也。从目，象眉之形，上象頟理也。凡眉之属皆从眉。

额理:额上的纹路。"额"即"额"的古字。"上象额理"说不确,"眉"象目及眉毛形。

[讲解]

1. 附加式象形

在一般情况下,象形字描画的是物体的基本轮廓。有的物体,画出它的基本轮廓不容易被识别,或使人误以为指称其他相似的物体,所以就连带把被指称物体相关部分也描画出来,此即附加式象形。仅描写眉毛的形状,很容易与草或其他毛状物相混,于是就连眼睛也描画出来。再如,"果"字描画了木本植物的圆形果实,但生活中圆、方是最多的几何物形,为了避免混淆,就画了"木"这个附加部分。"石"字除了描画石头外,还描画了"厂"(石崖)。

五、盾　　部

"盾:瞂也。所以扞身蔽目。象形。凡盾之属皆从盾。"

瞂:此亦以方言释雅言。汉扬雄《方言》卷九:"盾自关而东或谓之瞂,或谓之干,关西谓之盾。"按,称"干"者诚有之。许书本条段玉裁注:"经典谓之干,《戈部》作戟。"扞:捍卫。

六、自　　部

"自:鼻也。象鼻形。凡自之属皆从自。𦣹,古文自。"

鼻:"自"的本义为鼻,而其基本义为自我、自己。人谓自我时往往以手自指其鼻,盖源于此。

[讲解]

2. 形训的理据

通过文字形体结构的分析,也就是通过词的形义关联的分析,来推求该文字所记录的语词的本义,如果该文字属前三书文字且未发生形体讹变,那么这种形训方法是有效、可信的。许慎对"自"的分析是一个典型的例子。以"自"指鼻,古今地上文献未见其例,自甲骨文出,卜辞有"疾某"之成语,其中有"疾自"即谓鼻疾。以是观之,正确的形训在一定程度上可补文献不足征之缺。今天看来,"自"训鼻,汉字汉语系统中尚有旁证。如"臭"从自,从犬,谓以鼻嗅,犬鼻嗅觉最为灵敏,故其字从犬。又,"息"字从自,从心,反映了先民对心血管与呼吸系统密切关系的认识。祖国医学称一呼一吸为"息"(成语"息息相关"之"息"即此意),医者之"息"可推断患者脉之"迟数"(慢和快),及病症之寒热。

七、白　　部

"白:此亦自字也。省自者,词言之气从鼻出,与口相助也。凡白之属皆从白。"

此亦自字:然则当为"自"之重文。　　省自者,词言之气从鼻出:说似牵强。象形字本非工画笔,描摹物体之特征而已。"自"与"白"只是象形过程中的差异。

八、鼻　　部

"鼻:引气自畀也。从自、畀。凡鼻之属皆从鼻。"

引气自畀:"畀"即给予、相助。段注:"《老子注》曰:'天食人以五气,从鼻入;地食人以五味,从口入。'《白虎通》引《元命苞》曰:'鼻者,肺之使。'按鼻一呼一吸相乘除而引气于无穷。"　　从自、畀:当云从自、从畀,畀亦声。"鼻"从畀声,会意而兼形声,极浅显。许慎常有以形声为会意,而徐锴、朱骏声屡作谵正之例。

［讲解］

3. 构词理据

"自"和"鼻"都指鼻子,前者为象形字,为独体文;后者为亦声字,为合体字。它们在文字上的差异受到语言上的差异的制约。词的构成,有其理据。"自"是原生词,其音义的结合是约定俗成。"鼻"则为同源派生词,"畀"与"鼻"为母子,即源词与派生词关系。能够引气自畀,故称"鼻",这就是这个词的构词理据。对构词理据的分析就是推源。"鼻,引气自畀也"是"鼻,畀也"这一声训方式的变体。许书中的声训往往伴随着推源。

九、皕(bì) 部

"皕:二百也。凡皕之属皆从皕。读若祕。"

读若祕:"祕"字从示,即神秘字,后世以"秘"为之。"皕"字徐铉等注彼力切,其对应音为 bì,"百"字博陌切,其对应音为 bǎi,然则"皕"的音读为"百"之规则性变音。

十、習 部

"習:数飞也。从羽,从白。凡習之属皆从習。"

数飞:"数"即频数。段注:"数,所角切。《月令》:'鹰乃学习'。引伸之义为习孰。"按,后世凡"学习"、"练习"、"习惯"等词皆源于此。　　从羽,从白:"从白"无所取义。甲骨文"習"从日彗声,为形声字。

十一、羽 部

"羽:鸟长毛也。象形。凡羽之属皆从羽。"

鸟长毛:指鸟翅膀上的毛。

十二、隹　　部

"隹:鸟之短尾总名也。象形。凡隹之属皆从隹。"

鸟之短尾:古汉语中这种词组结构表示一般与个别、包含与被包含关系。其实把"隹"说成短尾鸟的总称不大准确。罗振玉《增订殷虚文字考释》:"卜辞中隹(许训短尾鸟者)与鸟不分,故隹字多作鸟形。许书隹部诸字,亦多云籀文从鸟。盖隹、鸟古本一字,笔画有繁简耳。……鸟尾长者莫如雉与雞,而并从隹;尾之短者莫如鹤、鹭、凫、鸿,而并从鸟。可知强分之未得矣。"

十三、奞(suī)　部

"奞:鸟张毛羽自奋也。从大、从隹。凡奞之属皆从奞。读若睢。"

奋:奋起。其字在本部,本作"奮"。许云:"翚也。从奞在田上。《诗》曰:'不能奋飞'。"然则"奞、奋"正可互证。

十四、萑(huán)　部

"萑:鸱属。从隹,从屮,有毛角。所鸣,其民有祸。凡萑之属皆从萑。读若和。"

鸱属:鸱鸮一类的鸟。　　　有毛角:段注云"首有蔟毛如角也。"　　　所鸣,其民有祸:所,代词。所鸣,即萑鸣叫的地方。其,代词,表示领属关系,其民即那里的人民。按,今皖歙民间尚有言:凡猫头鹰晚间鸣叫,其声渐远,将有祸作;其声渐近,则将添人丁。此或即古之遗言。

十五、芇(guǎi)　部

"芇:羊角也。象形。凡芇之属皆从芇。读若乖。"

羊角:后世此部字多与《艸部》相混。如"莒"楷书作"莒",不复见羊角之意。

十六、苜(mò) 部

"苜:目不正也。从屮,从目。凡苜之属皆从苜。莧从此。读若末。"

目不正:其"不正"义当以构件"屮"表之,盖取羊两角分张相违意。

从屮,从目:当云从屮省,从目。 莧从此:"莧"字从属于"苜"。

十七、羊 部

"羊:祥也。从屮,象头角足尾之形。孔子曰:牛羊之字以形举也。凡羊之属皆从羊。"

祥:吉祥。此以子释母。羊为吉祥物。卜辞及青铜器铭文"吉祥"皆作"吉羊","不祥"作"不羊"。构件"示"乃后加者。 象头角足尾之形:"羊"字只象羊之头、角形。

[讲解]

4. 简略式象形

有些象形字描摹的是物体具有显著特征的那一部分,而无须描摹整个物体的基本轮廓,此即简略式象形。"牛"、"羊"二字描画的是牛头牛角和羊头羊角,"又"字描画的是手腕和三根指头,"爪"字亦同,不过是"覆手"而已。简略式象形在这一点上与附加式象形正好相反。

5. 羊图腾

以"祥"训"羊",把羊当作吉祥物,有特定的文化原因——这是羊图腾的折光反映。羊是较早地为人所驯服的动物,是"六畜"之一。羊在先民的物质生活上的有用性主要表现在蓄羊给膳、取皮制裘两个方面。古人有"羊主给膳"的说法。佳肴称之为"珍馐",其字本作"羞",从手从羊会意,即把羊献给尊者。祭祀鬼神的成套贡品"太牢"中也有羊。正因为羊对人的物质生活有用,就希冀羊多,在畜牧业为主的社会历史时期,羊多就是丰收。《诗经》中的《王风·君子于役》《小雅·无羊》等篇都有对羊众多、可爱的描写。世界上许多民族在其游牧时期也把羊看成富饶的象征。古希腊语中的Cornucopia 一词初义为"象征丰饶的羊角"。我国古代在进入农耕生产时期之后还往往将五谷丰登和牛羊繁盛等量齐观、相提并论。汉民族先民以及世界上的许多民族在古代对羊的需求具有普遍性,因此,羊曾成为最早的一般等价物即货币,马克思的《资本论》在分析货币起源时即指出羊是早期货币。羊对人的物质生活有用,所以羊对人精神生活自然而然地产生了影响。那么,对于古人把羊当作吉祥物也就不难理解了。羊是吉祥物,所以羊也叫"瑞羊"。"美"字从羊从大(人)指以羊首饰人身。法国梅热洞穴岩下有一个雕像,人身而羊首,为旧石器时代的现实主义艺术品。两相比较,真可谓异曲同工。"義"为仪表字初文,其结构为从羊从我会意,许慎称"已之威仪"。以羊首饰身即视为仪表堂堂,这与"美"的造意一样。"善"字本作"譱",指以吉言对讲。平时我们常说"炎黄子孙"、"华夏民族"。中国古代有华夏、东夷、南蛮三大集团,炎黄二帝是华夏集团中的两支。炎帝姜姓,亦导源于羊图腾。周族的始祖后稷之母叫"姜原",与炎帝也有密切关系。《诗经》中的几个篇章是周族的史诗。《大雅·民生》:"诞生弥月,先生如达。""达"是"羍"(小羊)的借字。诗句谓后稷降生时如羊子。段玉裁对此大惑不解,认为歌颂祖先不当以羊子方喻之,实则不明周族亦以羊为图腾。

6."群众"的文化源

"群众"是个合成词,词根"群"和"众"原来是两个单音节词。"群"为《羊部》字,许云:"群,辈也。从羊,君声。"徐铉等注:"羊性好群,故从羊。"得之。羊的性情温和,好群处,犬则相反。许书《犬部》:"獨,犬相得而斗也。从犬,蜀声。羊为群,犬为獨。"羊是具有兼容性的动物,犬则为排他性动物,俗言"狗咬狗"。"众"字从日从人,本指日下耕作的农业奴隶,引而申之,泛指人众。

十八、羴(shān)   部

"羴:羊臭也。从三羊。凡羴之属皆从羴。羶,羴或从亶。"

从三羊:即同体会意。羊多则其膻气重。

[讲解]

7. 形符的更换

此字初作"羴",为会意,重文作"羶",为形声,亦为转注,后世则以"膻"为之。汉语中有"腥膻"一词,为浑言。析言之,"羊臭"及猪肉之膻称"膻",鱼类之腥气称"腥"。其"腥"字本作"鮏",盖物之腥莫过于鱼。"羶"又作"膻",我们称之为形符更换现象。汉字通例:形声字的形符常被一个可表相同义类的构件所更换。如歌唱字今作"歌",从欠,"欠"有哈欠义,此外作构件用表吃、唱、喝、说、呼喊等义,古"歌"字本作"謌"。凡"口"、"言"、"欠"作形符用,常有互换之例。再如"逾"一作"踰",构件"辵"和"足"都可以表示"行走"这个义类。有一种形符更换现象比较特殊。文字所指称的是器物,制造这个器物的材料变了,文字上相应地也变化。如"監"是最早的镜子即水镜(以盆水为镜,严格地说还不能算镜子),青铜时代有了铜镜,其字作"鑒"。再如今"碗"字指陶器之碗,古有木制碗和金属碗,其字作"椀"、作"鋺"。

十九、瞿   部

"瞿:鹰隼之视也。从隹,从䀠,䀠亦声。凡瞿之属皆从瞿。读若章句之句。"

鹰隼之视:指禽鸟受惊时不放心地左顾右盼。隼,段玉裁氏谓亦"鵻"字,"鵻"即雕。   读若章句之句:倘云"读若句"则易误会。段注云:"古音句读如钩,别之曰章句之句。"

［讲解］

8. 会意的进步性

"六书"中的各书,产生有先后。最原始、最古老的是指事、象形二书,其次是会意。(后来有假借才产生了形声。)前二书文字为独体文,会意字则为合体字。会意造字法的产生是一大进步,主要表现在两个方面。第一,参与会意的构件本来只表示某种具体性意义,会合在一起却可以表示抽象性意义。如"宀"表示房屋,"艸"表示草,"人"表示人,"仌"表示冰,会合在一起成"寒"字,表示"寒冷"这个抽象性意义。第二,参与会意的构件本来只表示静态性意义,会合在一起却可以表示动态性意义。如"氵"表示口水,"欠"表示嘴巴,"皿"表示器皿,会合而成"盗"字,表示偷盗。

9. 文字简化的副作用

汉字形体的古今演变,简化是其主流。为了提高书写速度,形体简化是有必然性和必要性的。但必须承认,文字形体简化,削弱了汉字的表意性,造成了文字上的语义信息的失落。如,今恐惧字作"惧",原本作"懼",其结构为从心,从瞿,瞿亦声。其形体造意极为浅显:象鸟受惊时左顾右盼那样。简为"惧",声符无所取义。与此密切相关,文字形体简化也造成了文字形体本身所承载的古代文化信息的流失。

二十、雔(chóu)　部

"雔:双鸟也。从二隹。凡雔之属皆从雔。读若酬。"

双鸟:此为形体造意。段注:"《释诂》:'仇、雠、敌、妃、知、仪,匹也'。此雠字作雔,则义尤切近。若应也,当也,酬物价也,怨也,寇也,此等义则当作雠。度古书必有用雔者,今则雠行而雔废矣。"

二十一、雥(zá)　部

"雥:群鸟也。从三隹。凡雥之属皆从雥。"

群鸟:此为造意。参以音读,知其本义为混杂。段注引许善心《神雀颂》:"嘉贶矗集。"按,许书此字徐铉等注其音云徂合切,与《衣部》之"襍"(今作"杂")同,知二词同源。

二十二、鳥　　部

"鳥,长尾禽总名也。象形。鸟之足似匕,从匕。凡鸟之属皆从鸟。"

长尾禽总名:从鸟之字所指称的鸟有短尾者。本讲《隹部》已言之。

二十三、烏　　部

"烏:孝鸟也。象形。孔子曰:'烏,盱呼也'。取其助气,故以为烏呼。凡烏之属皆从烏。鑅,古文烏象形。鑅,象古文烏省。"

孝鸟:乌鸦知反哺,如人孝顺父母,故称孝鸟。"烏"当为拟音词。知者,"呜呼"古读近"啊哈",则"啊"正为乌鸦鸣叫声。　　象形:"鳥、烏"二字相差一笔,乌鸦通体乌黑,唯睛白,故"烏"字指称眼睛的部分省一笔。金文"烏"字为块面结构,象乌雅通体乌黑而睛部独白之形。

[讲解]

10. 引申与假借

在许慎看来,作鸟名的"烏"和感叹词"烏呼"是有词义上的关联的,实际上这是误以假借为引申。他在《叙》中对"六书"中的"假借"作了界定并为后世学人所接受,但在书的正文中未指明某字假借为某字,反而将文字假借关系表述为词义引申关系。清代王筠在其《说文释例》中对这个问题作过归纳、分析,凡许慎用以下术语表述的,实际上都是假借:"故为"、"故以为"、"以为"、"或说"、"一说"、"或曰"、"一曰"、"《书》以为"、"古文以为"、"籀文以为"、"《史篇》以为"、"杜林以为"、"扬雄以为"、"贾侍中以为"、"亦如是"、"亦如此"。许慎误以假借为引申,事出有因。从词的本义中直接或间接引申出引申义,两个义项个体在书面上都用同一个文字符号来标写。两个词,一个有本字而另一个没有本字,由于两个词同音,就用同一个文字作书面记录符号。因此,引申和假借的表现形式是一样的。正确判别引申与假借,主要看一个文字记录的语义,是义项与义项的相贯通的关系,还是语词与语词的义不相干的同音关系。

二十四、苹(bān) 部

"苹:箕属。所以推弃之器也。象形。凡苹之属皆从苹。官溥说。"

箕属:畚箕类器物。后世双音词"畚箕"之"畚"音义与此同。 所以推弃之器:"弃"字本作"棄",正在本部,许云"捐也。从廾推苹弃之。从㐆,㐆,逆子也。"谓置子于畚箕中以双手抛弃之。此可互证。

象形:段注云:"此物有柄,中直象柄,上象其有所盛,持柄迫地推而前,可去秽,纳于其中。箕则无柄,而受秽一也。故曰箕属。"得之。然则"畚箕"为浑言。

二十五、冓 部

"冓:交积材也。象对交之形。凡冓之属皆从冓。"

交积材:交架木料。许氏训释的"构"的意义。"构"是"冓"的分化字。"冓"的后起字作"遘",其本义即遘遇。杨树达《卜辞求义》:"《戬寿》十七叶之九云:'△酉卜,逐贞,王宾岁,不冓大雨'。王国维云:'冓,读为遘。'"按,"冓雨"为卜辞成语,其例甚夥。 象对交之形:许氏所依据小篆形体已非本形,甲文"冓"字象两鱼相遇形。

二十六、幺(yāo) 部

"幺:小也。象子初生之形。凡幺之属皆从幺。"

象子初生之形:非。甲文象丝形。李孝定《甲骨文字集释》:"许书之幺乃由糸之古文所孳衍,形体不异而音义已殊,惟幺训'小也'犹为糸之本义'细丝也'一义所引申。"按,无烦引申,丝为细小之物,可表细义亦可表小义,二义本相通,皖、湘方言称小为细,足可为证。

二十七、丝(yōu) 部

"丝:微也。从二幺。凡丝之属皆从丝。"

微:所谓"微乎其微",极小之义。凡同体会意之字强化构件单用时的意义。

二十八、叀(zhuān) 部

"叀:专小谨也。从幺省,屮,财见也,屮亦声。凡叀之属皆从叀。,古文叀。,亦古文叀。"

专小谨:用心专一,小心谨慎。按"叀"为纺砖,手执之可转,作圆周运动,故有专一之义。许书此条徐灏注笺云:"叀即古專字。《寸部》:'專,一曰纺专。'纺专所以收丝。其制以瓦为之。《小雅·斯干》传'瓦,纺专'是也。今或以瓦为之。"孙海波《甲骨文录》:"窃谓叀之本字当训象纺专之形。" 财见:才出现。"财"通"才"。许氏形体分析不确。甲文"叀"字与许氏所引第一个古文形体相近,为象形字。

二十九、玄 部

"玄:幽远也。黑而有赤色者为玄。象幽而入覆之也。凡玄之属皆从玄。,古文玄。"

幽远:遥远,远处不明,故称"幽远";不明即暗、黑,故"玄"的黑色义与此相通,本部"兹"、"玈"亦俱有黑义。

象幽而入覆之:小篆"玄"字上部如"入"字,故云"入覆之"。金文此字象丝形,丝可延伸,故可表远义。

三十、予　部

"予：推予也。象相予之形。凡予之属皆从予。"

推予：以手交付，给予。　　象相予之形：段注云"象以手推物付之"。

三十一、放　部

"放：逐也。从攴，方声。凡放之属皆从放。"

逐：放、逐同义，故有"放逐"之合成词。　　从攴，方声：从攴表示轻击以逐之。凡"牧马"、"牧羊"、"牧牛"等词之记录文字"牧"亦从攴，俗言"放羊"、"放牛"，正可相证。

三十二、㸚(piào)　部

"㸚：物落，上下相付也。从爪，从又。凡㸚之属皆从㸚。读若《诗》'摽有梅'。"

物落：此义与其形体结构不符，且无文献实用例。　　上下相付：今皖歙方言称分物予人为"㸚"，如"㸚香烟"、"㸚糖"，又，于田中分撒肥料亦称"㸚"。可证语言中此词的存在。

三十三、叡(cán)　部

"叡：残穿也。从又，从歺。凡叡之属皆从叡。读若残。"

残穿：段注云"残贼而穿之也"。盖谓刺破而穿通之。

从又，从歺："又"表示动作，"歺"谓穿物如裂骨。

三十四、歺(è)　部

"歺：列骨之残也。从半冎。凡歺之属皆从歺。读若櫱岸之櫱。𠧞，古文歺。”

列骨：即裂骨。“列”字从刀，本为割裂，后世以衣裂之“裂”为之。

从半冎：“冎”为“剐、剮”的初文，指从骨头上剔肉，分解肉和骨头。小篆“歺”字象“冎”字去其上半部，故云从半冎。

三十五、死　　部

“死：澌也，人所离也。从歺，从人。凡死之属皆从死。”

澌：水干涸，人死如之。此声训伴随推源。以二词之音义相参，知为同源词。　　从歺，从人：甲文“死”字象人跪拜于残骨前之形，残骨象征死者，故许说可从。

三十六、冎(guǎ)　　部

“冎：剔人肉置其骨也。象形。头隆骨也。凡冎之属皆从冎。”

置：放置，保存。段注：“其《周礼》膊之、焚之、辜之之刑与？《列子》曰：炎人之国，其亲戚死，冎其肉而弃之。”　　头隆骨：头部隆起的骨头。

三十七、骨　　部

“骨：肉之覈也。从冎有肉。凡骨之属皆从骨。”

覈：后世作“核”。骨头象果实中的核。许书“覈”字训“实”，义相近。

从冎有肉：“骨”字上部表示骨头，下部表示肉，骨肉相连，肉附于骨，故云从冎有肉。

三十八、肉　　部

“肉：胾肉。象形。凡肉之属皆从肉。”

胾肉：大块肉。许书“胾”字在本部，训“大脔也”。

[讲解]

11. 部首"肉、月"的混淆

现在通行的汉字部首系统有两个。一是《新华字典》的 189 部,二是《汉语大字典》的 200 部。古代的《肉部》字多数被收在 200 部中的《肉部》(189部中无《肉部》),还有一部分归在《月部》。如"肌、肝、肾、肯"等。原因是由于文字形体的简化,作部首的"肉"和"月"变得相同。这样的部首、文字编排有一个好处,便于中下文化程度的人检索含有"肉、月"这个构件的文字,较多地体现了从简、从俗的原则。但这种做法是不完善的。作为部首,"月"既不能读 yuè,也不能读 ròu,读两个音的任何一个都是无理据的。古代的部首尽管有的不成字,但都是有反切的。何况"肉"和"月"都是成字的部首,各有反切的对应音。与此相关,因过分讲求从简、从俗,把"宀"叫做宝盖头,把"辶、彳、冫"叫做走之、双人旁、两点水,不是很科学。

三十九、筋   部

"筋:肉之力也。从力,从肉,从竹。竹,物之多筋者。凡筋之属皆从筋。"

肉之力:许书"力"字训"筋"。实际上这是互训。筋是人使力气时起重要作用的部分。吴方言称使力气为"做筋骨"。至于"力"字训"筋"是对其形体结构的误解,"力"象耕具形,耕之以力,故可表力气、力量之义。

四十、刀   部

"刀:兵也。象形。凡刀之属皆从刀。"

兵:兵器。"兵"的基本义为"兵士",乃"兵器"义的直接引申。以"兵"释"刀",似未安,"刀"当为刀具之总称。

四十一、刃　　部

"刃：刀坚也。象刀有刃之形。凡刃之属皆从刃。"

刀坚：刀的坚固、锋利部分。钢的含碳量越高则越坚利。凡刀具制作之时刃口部位加之以高碳钢。俗称低碳钢为"铁"，而称高碳钢为"钢"。

象刀有刃之形："刃"是在象形字"刀"上加注指点符号构成的后起指事字。凡许书指事字，唯"上、下"明言之，余皆称象形。

四十二、韧(qià)　　部

"韧：巧韧也。从刀，圭声。凡韧之属皆从韧。"

巧韧：段玉裁云"盖汉人语"。按，"韧"与"契"音义并近。

四十三、丯(jiè)　　部

"丯：草蔡也。象草生之散乱也。凡丯之属皆从丯。读若介。"

草蔡：即草芥。"丯"当为"芥"之初文。许书《艸部》"蔡"训"草丯"，则为互训。

四十四、耒(lěi)　　部

"耒：手耕曲木也。从木推丯。古者垂作耒杷以振民也。凡耒之属皆从耒。"

手耕：段注本无"手"字，云依《广韵·队韵》、《周易音义》及《礼记音义》所引《字林》。　　　垂：人名，相传为神农氏的臣。　　　振：振兴。

四十五、角　　部

"角:兽角也。象形。角与刀、鱼相似。凡角之属皆从角。"

角与刀、鱼相似:谓小篆"角"字上部与"刀"及"鱼"字上部相似;甲、金文"角"则非。

《说文解字》第五篇

六十三部：竹部　箕部　丌部　左部　工部　㠭部　巫部　甘部
　　　　　曰部　乃部　丂部　可部　兮部　号部　亏部　旨部
　　　　　喜部　壴部　鼓部　豈部　豆部　豊部　豐部　虘部
　　　　　虍部　虎部　虤部　皿部　𠙴部　去部　血部　丶部
　　　　　丹部　青部　井部　皀部　鬯部　食部　亼部　會部
　　　　　倉部　入部　缶部　矢部　高部　冂部　亯部　京部
　　　　　㐭部　㫃部　富部　㐭部　嗇部　來部　麥部　夊部
　　　　　舛部　舜部　韋部　弟部　夂部　久部　桀部

一、竹　　部

"竹：冬生草也。象形。下垂者，箁箬也。凡竹之属皆从竹。"

冬生草：冬天活着的草。"生"为形容词。段注云："谓竹胎生于冬，且枝叶不凋也。"箁箬：笋壳。

［讲解］

1. 形训

本条的训诂，是典型的形训。同类例子如《甘部》："甘，美也。从口含一。一，道也。"《日部》："早，晨也。从日在甲上。"《贝部》："贫，财分少也。从贝，从分，分亦声。"形训在许慎的训诂中占据主导地位，但他在训诂过程中往往是多种方法并用，像上面提到的几条单用形训的情况并不多。

二、箕　　部

"箕：簸也。从竹，甘，象形。下其丌也。凡箕之属皆从箕。𠔸，古文箕省。𢍏,亦古文箕。𠔻,亦古文箕。𠀀,籀文箕。𠥓,籀文。

簸:其双音词即"簸箕"。"簸"作动词则指扬米去糠。

[讲解]

2. 字为借义所夺

"其"是象形字,许慎所引的三个古文形体中的第一个即此,其本义即箕。在文字应用过程中,"其"字被用来记录虚词,即承载假借义。在人们的认知习惯中,看到"其"字即想到它的假借义。古人称这种现象为"字为借义所夺"。同类例子如"莫",为会意字,从日在茻中,其本义即傍晚。但由于"莫"是唇音字常用来表示"没有"、"无"的意义。"之"本为会意字,本义为去某处,后世多用作结构助词的书面符号。"其"字为借义所夺,正是"箕"字产生的原因。

3. 累增字、分别文

当一个文字为其假义所夺后,人们又为此词的本义重造一个本字,往往在原字基础上添加一个构件,这种字清代王筠称之为"累增字"。"其"与"箕"即属这种情况。当然,原字累增构件还有别的原因、情形,如"网"为初文、象形字,后作"罔",添加了声符可能语音有变化或为了明确其音读,再后来又加"糸"而成"網",则是为了说明制网的材料。"箕"这一类累增字产生以后,与作虚词书面符号的"其"不再发生混淆,王筠称之为"分别文"。文字学上所称的分别文,有时不限于两两对举。如"佮"指人合作做事,"誻"谓语相投,"洽"指润洽即水与物合,这一组分别文数量相当多。一组分别文若均为同声符的形声字而语义上有其亲缘关系,从词汇学角度说,它们就是同源词。分别文与同源词相对应的情形很普遍。

三、丌(jī) 部

"丌:下基也,荐物之丌。象形。凡丌之属皆从丌。读若箕同。"

荐物:垫放物品。段注云"平而有足,可以荐物"。此构件盖象几类物形。本部"奠"字可相证。许云:"奠,置祭也。从酋,酋,酒也。下其丌也。"按,金文、小篆"奠"字下部均作"丌"而非"大"。

[讲解]

4．读若某同

这种说法有悖于情理。王筠认为此非许书原貌,此四字当作"读若某,同。"又认为有些条文中的"若"字当作"与"。《说文释例》:"凡言读与某同者,言其音同也。凡言读若某同者,当是读若某句绝,'同'字自为一句。即是一字,分隶两部也。然传写既久,必有与、若二字互讹者"。并举例分析:"筞,读若絮同。若当作与。""𥣫,读若塗同。若当作与。"

四、左　　部

"左:手相左助也。从ナ、工。凡左之属皆从左。"

左助:后世表示这个意义时字作"佐","佐"原为俗字。本条徐铉等注:"今俗别作佐。"

五、工　　部

"工:巧饰也。象人有规榘也。与巫同意。凡工之属皆从工。𢒄,古文工从彡。"

巧饰:巧妙的装饰。段玉裁认为这是根据"工"的古文形体所作的训释。其实"工"象曲尺形,本义即工具,引申之则有技巧、工人等义。杨树达《积微居小学述林》:"以字形考之,工象曲尺之形,盖工即曲尺也。"　　规榘:后世作"规矩",指画圆形、画方形的工具。

［讲解］

5．同意

称某与某同意,也是许书的一大通例。所谓"同意",即文字的构造意图相同。王筠《说文释例》对此有很好的说明:"工下云:与巫同意。巫下云:与工同意。壬下云:与巫同意。谓此三字之形非人形,而其意则主谓人形也。""皿下云:与豆同意。谓二字皆器形,特豆高而皿卑,豆有盛而皿无盛,是其别也。""乙下云:与丨同意。谓丨之状直出,乙则有碍而曲其头也。""屮下云:与牟同意。谓乀乁皆象其口气之出也。"

六、丮(zhǎn)　部

"丮:极巧视之也。从四工。凡丮之属皆从丮。"

极巧视之:展望。"丮"为"展"之初文,叠四"工"字而成,形体即示铺陈伸展之意。段注:"工为巧,故四工为极巧。极巧视之,谓如离娄之明、公输子之巧。既竭目力也。凡展布字当用此。展行而丮废矣。《玉篇》曰:'丮,今作展'。"

［讲解］

6．叠文有多种情形

"丮"这一类同体会意字以及形式相同的文字,王筠称之为"叠文"。汉字中的叠文有多种情形。有的独体字可以叠二成文、叠三成文、叠四成文,如:口一吅、品一㗊;中一艸、芔、茻;又一双、叒、叕。有的独体字可以叠二成文、叠三成文,如:虫一䖵、蟲;隹一雔、雥;木一林、森;水一沝、淼。有的独体字只可以叠三成文,如:石一磊;心一惢;牛一犇;鹿一麤;金一鑫;火一焱;土一垚;力一劦;羊一羴;毛一毳。此外,叠二成文者较多。"工"字只可叠四成文,较特殊。

七、巫　　部

"巫:祝也。女能事无形,以舞降神者也。象人两袖舞形。与工同意。古者巫咸初作巫。凡巫之属皆从巫。覡,古文巫。"

祝也:段注本依《韵会》作"巫祝也。"王筠句读:"二职相连,盖巫为祝属。"按,"祝"即"祭主赞词者"。　　女能事无形:"巫"特指女巫,男巫则称"覡",其字在本部,许慎云"在男曰覡,在女曰巫"。　　象人两袖舞形:小篆"巫"字形体已讹变,甲文"巫"字象两玉交错形,在古人的观念中,玉为通灵之物。　　巫咸:"咸"是人名。段注:"《书序》曰:'伊陟相大戊,伊陟赞于巫咸。'马云:'巫,男巫,名咸,殷之巫也。'"

[讲解]

7.“诬陷”的文化源

古人称言之有据为"不诬",反之,虚构事实加于他人即"诬陷"、"诬告"、"诬赖"。许书《言部》有"诬"字,训"加也。从言,巫声。"按,"加"即外加、无中生有之意。其结构则当为从言,从巫,巫亦声。巫师事鬼神之制当为上述诸词的文化源。巫师通灵,本装神弄鬼、以意会之之事。

八、甘　　部

"甘:美也。从口含一;一,道也。凡甘之属皆从甘。"

美:味美。　　从口含一:"甘"是在象形字"口"基础上加注指点符号"一"构成的后起指事字,故云从口含一。　　道:味道。指点符号"一"所指的是舌头,能辨味的味觉器官。

九、曰　　部

"曰:词也。从口,乙声,亦象口气出也。凡曰之属皆从曰。"

词：口中说出来的语词。《言部》："词，意内而言外也。"　　从口，乙声：非是。甲骨文"曰"字的指点符号为短横，至小篆曲而近"乙"。"曰"为指事字，非形声字。

十、乃　　部

"乃：曳词之难也。象气之出难。凡乃之属皆从乃。"

曳词之难：指"曳"的音节在发音时难。段注："曳有矫拂之意。曳其言而转之，若而、若乃皆是也。乃则其曳之难者也。《春秋宣八年》：'日中而克葬。'《定十五年》：'日下昃乃克葬。'公羊传曰：'而者何？难也。乃者何？难也。曷为或言而、或言乃？乃难乎而也。'何注：'言乃者内而深，言而者外而浅。'按乃然而汝若，一语之转，故乃又训汝也。"

十一、丂（kǎo）　　部

"丂：气欲舒出，勹上碍于一也。丂，古文以为亏字，又以为巧字。凡丂之属皆从丂。"

勹上碍于一：此仅为形体造意。　　古文以为亏字：此即形借，本书第二讲讲解 18 已述。"亏"字后世作"于"，非亏损字。

十二、可　　部

"可：肯也。从口、勹，勹亦声。凡可之属皆从可。"

肯：此即许可、可以义。解释词"肯"其字本作"肎"，许书《肉部》字，训"骨间肉。肯，肯箸也。从肉，从冎省。""肯"是固定在骨头上的肉，故有"定"义，双音词称"肯定"。对事物作肯定即认可、许可。　　勹亦声：此声符字反置"丂"字形体而成，许慎云"读若呵"。

［讲解］

8. 能愿动词

"可"与"肯"义相近而相通,其词类亦相同——均为能愿动词。能愿动词是动词的一种子类,表示"能够"、"愿意"等意义,常见的能愿动词除上述两个以外,还有"可能、会、应该、应当、要、敢"等。有的语言学家称这类词为助动词,因为它们能够修饰其他动词,在句子中,充当谓语的是它们所修饰的动词,它们只是起到"帮助动词"的作用。

十三、兮　　部

"兮:语所稽也。从丂、八,象气越丂也。凡兮之属皆从兮。"

语所稽:"兮"用在语气停留的地方。解释词"稽"其字本作"稽",许书《禾部》字。"禾"谓"木之曲头止不能上",故此部字有"止"义。"稽"训"留止"。从语言应用的情况来看,《楚辞》多用"兮"字,带有楚方言色彩。其语法功能主要是表示提顿——稍停、缓冲并引起下文。

十四、号　　部

"号:痛声也。从口在丂上。凡号之属皆从号。"

痛声:谓人体疼痛而发出号叫声。这个说法不太确切。人凡惊讶、恐惧皆号,未必疼痛而后号叫。段玉裁以为"号"为"號"的古字,其说可从。"号"为部首,仅率"號"一字,训"呼也",从虎,取虎常吼叫之意。　　从口在丂上:"丂"表示气舒出,故"口、丂"可会号叫之意。

［讲解］

9. "称号、编号"的文化源

人在疼痛、受惊、恐惧时会不自觉地发出号叫声,这是生活中很常见的现象。后世语词称号、编号、绰号、学号、号码、第几号、几月几号等都导源于此。词素"号"都表"叫"的意义,称号、编号等都是可以叫的、用来叫的。

十五、亏(yú) 部

"亏:於也。象气之舒亏。从丂,从一;一者,其气平之也。凡亏之属皆从亏。"

於:与被释字"亏"(即"于")同音,均为虚词的记录文字。在古代语言中,这两个虚词的语法功能基本相同。 从丂,从一:在楷书形体中,"夸"字保留了这个初形,此外,单用和作构件用都写成"于"。

十六、旨 部

"旨:美也。从甘,匕声。凡旨之属皆从旨。🔣,古文旨。"

美:美味。 从甘,匕声:形符"甘"亦训"美",则以形体表美味义,声符"匕"则说明在语言中此词读如此字,即约定以"匕"声表美味义。

[讲解]

10. 同训

许书"甘、旨"二篆俱训"美",这种现象训诂学上称之为同训。同训即以同一个解释词去训释多个被释词,其前提条件是被释词必须是同义词或近义词。"同义词"和"近义词"属词汇学范畴,是依据其语义对词作的分类。"同训"则属训诂学范畴,它是义训的一个子类。同训是许慎经常运用的一种方法。如:《辵部》"逝、迓"同训"往";《玉部》"珏、玲、瑮"同训"石之次玉者";《示部》"禠、祥、祉"同训"福";《口部》"喉、哈、吞"同训"咽"。

十七、喜 部

"喜:乐也。从壴,从口。凡喜之属皆从喜。🔣,古文喜从欠,与歓同。"

乐:快乐。 从壴:"壴"为鼓,打击乐乐器。"乐"的音乐义、快乐义相通,段玉裁以为此二义古无二音。

古文喜从欠:"欠"指人张口,有哈欠义,作构件用多表示张口说、吃、笑等义,与"口"同。欣喜字作"欣",亦从欠,与听然而笑之"听"造意同。

十八、壴(zhù) 部

"壴:陈乐立而上见也。从屮,从豆。凡壴之属皆从壴。"

陈乐立而上见:"壴"为"鼓"之初文,加"支"示击鼓义。陈设乐器,竖起来上端就显现出来。"见"本为"现"之初文。段注:"谓凡乐器有虡者竖之,其颠上出可望见。如《诗》、《礼》所谓崇牙,《金部》所谓铸鳞也。"

从屮,从豆:此"屮"非初生草,指鼓上部的装饰物羽葆。"壴"为象形字,非会意字,不当云从屮,从豆。

十九、鼓 部

"鼓:郭也。春分之音,万物郭皮甲而出,故谓之鼓。从壴,支象其手击之也。《周礼》六鼓:靁鼓八面,灵鼓六面,路鼓四面,鼖鼓、皋鼓、晋鼓皆两面。凡鼓之属皆从鼓。鼓,籀文鼓,从古声。"

郭:此为声训,亦为推源,作者企图说明鼓为什么叫"鼓"。实际上,"鼓"的"郭"(鼓出)义是比喻引申义。"郭"字从邑,本指外城,古者"城、郭"为对待字。又,"郭"声可表外表、外层义。轮廓字、寥廓字作"廓",声符所载即此义。又"椁"为外棺,亦同源者。 万物郭皮甲而出:万物的种子膨胀、鼓出来生成外皮而种子破皮而出。 支象其手击之:"支"这个构件作者训"从手持半竹",分析有误,已见前述,"鼓"字之"支"当象手持击鼓物之形。

二十、豈(qǐ) 部

"豈:还师振旅乐也。一曰欲也,登也。从豆,微省声。凡豈之属皆从豈。"

还师振旅乐:打了胜仗回来的军队奏的凯乐。"师",军队。"旅",军旅。"豈"为"愷、凯、凯"的初文。段注:"《周礼·大司乐》曰:'王师大献,则令奏愷乐。'注曰:'大献,献捷于祖。愷乐,献功之乐。'……按经传豈皆作愷。"

一曰欲也,登也:另一说认为"豈"是想要、登升的意思。

[讲解]

11. 许慎训诂的负价值

许慎在书中对被释字、词的解释,完全失误之例诚有之。但值得注意的是,他对某些词的训释虽非本义或多个意义并释,都是有一定根据的,或为引申义,或为假借义、语源义。这些训释对于我们研究古文字、古语词,仍有一定的参考价值,或称之为"负价值"。清代许学家桂馥作《说文解字义证》,朱骏声作《说文通训定声》而讲求"别义"和"通训",在一定程度上都是论证许慎训诂负价值的工作。如本条许慎云"豈,一曰欲也",朱骏声即考证"豈"为"覬"字之借,故有"欲"义。

二十一、豆　　部

"豆:古食肉器也。从口,象形。凡豆之属皆从豆。𣅀,古文豆。"

古食肉器:古代吃肉时用来盛肉的器具,为青铜器。段注:"《考工记》曰:'食一豆肉,中人之食也。'《左传》曰:'四升为豆。'"　　从口:此"口"为笔画,象豆圆口形,非人"所以言食"之"口"。"豆"为整体象形字。

二十二、豐(lǐ)　　部

"豐:行礼之器也。从豆,象形。凡豐之属皆从豐。读与禮同。"

行礼之器:行祭礼时用的器具。　　从豆,象形:此字象豆中盛玉形。

读与禮同:"禮"字从豐得声,"豐"本字"禮"之初文。

［讲解］

12. 形体缋益

"豊"本为象形字,因为行祭礼之器故加"示"而成"禮"字,这个过程即文字形体缋益。这种现象带有普遍性。如"匡"指竹制的方形筐,加"竹"而成"筐"字;"然"字从火、从犬、从肉会燃烤狗肉之意,后又加"火"而成"燃"字。发生形体缋益现象,有多方面的原因。

13. "礼仪"的文化源

汉语词汇系统中含有"礼"这个词根的词、短语如"行礼、敬礼、礼仪、礼节、礼貌、礼尚往来、礼不下庶人"等都导源于古代的祭祀。"豊"(禮)本指祭祀,是敬鬼神行为,移以言人,敬尊统治者、尊者,与伦理、宗法、政治制度挂上钩,儒家的"三礼"(《周礼》、《仪礼》、《礼记》)是专门讲礼的,是最集中的反映。《左传·成公十三年》:"国之大事,在祀与戎。"《礼记·表记》:"殷人尊神,率民以事神,先鬼而后礼。""戎"指战争之事,守卫领土、征服方国当然看成头等大事,但"祀"似乎比"戎"更重要。祭祀活动的真正目的不仅仅是祈福、避祸,更重要的是统一思想、维护统治秩序。我国的宗法制度导源于殷商时期而盛于周代,对后来的社会历史产生了很深远的影响。

二十三、豊 部

"豊:豆之丰满者也。从豆,象形。一曰《乡饮酒》有丰侯者。凡豊之属皆从豊。𧯎,古文豊。"

丰满:多而满其器。　　丰侯:丰,国名。侯,诸侯国。

［讲解］

14. 词义范围转移

"丰满"一词本谓物数多而满载,后世多用以形容女性体态,这种现象即词义范围转移。词义引申运动,往往导致词义范围上的变化,或扩大,或缩小,或转移。如"天"本指人之头顶,苍天在上,故引申而指天,并占据基本义地位。"荤"本指葱、蒜类的"臭菜",后世指有腥膻气味的鱼肉。在古今词义演变中,这种现象普遍存在。

二十四、豈(xī)　部

"豈:古陶器也。从豆,虍声。凡豈之属皆从豈。"

古陶器:此部率"虖、盫"二字,前者指敞口的大土釜,后者谓贮物的陶器,正可相证。　　从豆:"豈"所从的"豆"应为陶豆。

二十五、虍(hū)　部

"虍:虎文也。象形。凡虍之属皆从虍。"

虎文:"彪"则为虎文。以"虍"所率八字参之,虎文义亦不显。清孔广居《说文疑疑》以为"虍"为"虎"之省文,可从。

二十六、虎　　部

"虎:山兽之君。从虍,虎足象人足。象形。凡虎之属皆从虎。𪊨,古文虎。𧆌,亦古文虎。"

山兽之君:山中野兽的君王。　　从虍:"虎"为整体象形,不必析而说之。

[讲解]

15. 喻训

君王本为人伦之称,以之指兽,为比喻。用比喻方法来训释词义,即喻训,属义训范畴。喻训中的比喻亦有明、暗二小类,有喻词者为明喻,无喻词者为暗喻(本条即是)。许氏书中,喻训之例,时可见之。如《阜部》:"陼,如渚者陼丘,水中高者也。"《糸部》:"绢,缯如麦稍色也。"《隹部》:"雄,鸟父也。""雌,鸟母也。"

二十七、虤(yán) 部

"虤:虎怒也。从二虎。凡虤之属皆从虤。"

虎怒:盖即二虎相争之意,虎怒则相争。本部"譬"训"两虎争声","赟"训"从虤对争贝",可相证。段注云:"此与'狀,两犬相啮也'同意。"

二十八、皿 部

"皿:饭食之用器也。象形。与豆同意。凡皿之属皆从皿。读若猛。"

饭食之用器:当为总名。后世称"器皿"。 象形:段注云"上象其能容,中象其体,下象其底也。"

二十九、凵(qū) 部

"凵:凵盧,饭器,以柳为之。象形。凡凵之属皆从凵。筁,凵或从竹,去声。"

凵盧:"盧"字在《皿部》,亦训"饭器",然则"凵盧"为同义联合式合成词。段注:"单呼曰盧,絫呼曰凵盧也。"

以柳为之:用柳条编制成,此正为异于"盧"者。

三十、去 部

"去:人相违也。从大,凵声。凡去之属皆从去。"

人相违:离开,故相违。《诗·大雅·生民》:"鸟乃去矣,后稷呱矣。"其"去"皆离开义,即本义。 从大,凵声:非。甲文"去"从大、从口,金文或加"辵"作"迤",至小篆始讹为"靣"。

三十一、血   部

"血:祭所荐牲血也。从皿,一象血形。凡血之属皆从血。"

祭所荐牲血:祭祀时献给鬼神的牺牲物的血。词义引申则其范围扩大而亦指人血。段注:"不言人血者,为其字从皿,人血不可入于皿。故言祭所荐牲血。然则人何以亦名血也? 以物之名加之人。古者茹毛饮血,用血报神,因制血字,而用加之人。"

三十二、丶(zhǔ)   部

"丶:有所绝止,丶而识之。凡丶之属皆从丶。"

丶而识之:古代断句符号,供识别。

三十三、丹   部

"丹:巴越之赤石也。象采丹井,一象丹形。凡丹之属皆从丹。彤,古文丹。肜,亦古文丹。"

巴越:巴郡、南越。   象采丹井:指"丹"的基本形体轮廓。   一象丹形:指小篆"丹"字中间一笔象丹石之形。

三十四、青   部

"青:东方色也。木生火,从生、丹。丹青之信言象然。凡青之属皆从青。𡴍,古文青。"

东方色:东方属木,木色青,故云东方色。   木生火,从生、丹:在五行相生关系中,木生火,"青"为木色代表木,火色赤,所以"青"字的结构从生从丹会意,"丹"代表火色。"木生火"的说法有其生活依据,古人钻木可以取

火;木可燃,燃则生火。　　　丹青之信言象然:段注本"象"字作"必"。并注:
"俗言'信若丹青',谓其相生之理有必然也。援此以说从生、丹之意。"

[讲解]

16. 五行与五方、五色

道家以为,世界是由五种元素组成,这五种元素称为五行,即金、木、水、
火、土。五行与五方——东、南、西、北、中以及五色——白、青、黑、赤、黄相
对应,亦与十天干相对应:东方甲乙木,其色青;南方丙丁火,其色赤;西方庚
辛金,其色白;北方壬癸水,其色黑;中央戊己土,其色黄。

17. 五行相生、相克

五行之间有相生关系:金生水,水生木,木生火,火生土,土生金。亦有
相克关系:金克木,木克土,土克水,水克火,火克金。阴阳五行学说是道家
的世界观,是对客观世界、万事万物的概括,是有现实生活依据的。我们可
以作一些推断。金生水:殷商、周代青铜冶炼技术已很发达,金属被熔解后
状似水。一说,凡有金属矿处往往即泉水之源。水生木:树木生长除土壤
外,水是重要条件。木生火:前面已提到。火生土:火燃物则化为尘土。土
生金:金属矿长在山上土里。金克木:金属刀具可以砍伐树木。木克土:耕
具即有木制者。土克水:筑土成堤可以挡水,所谓"水来土淹,兵来将挡"。
水克火:水可灭火。火克金:火可以熔解金属。对于我们古代的阴阳五行理
论,应该持批判继承态度,承认其合理内核。事实证明,祖国医学在辨证施
治过程中,运用阴阳五行的理论指导实践,是有效的。

三十五、井　　部

"井:八家一井,象构韩形,•,罋之象也。古者伯益初作井。凡井之属
皆从井。"

八家一井:讲的是殷周时代的井田制度。田亩中有阡陌,形似井,故称

"井田。"段注:"《风俗通》曰:古者二十亩为一井,因为市交易,故称市井。皆谓八家共一井也。《孟子》曰:方里而井,井九百亩。其中为公田。此古井田之制。"　　韩:木栏,一称"银床"。段玉裁说。　　甃:汲水瓶。许书《缶部》:"甃,汲缾也。"许慎在这一条中解释了"井"的两个意义。词的本义具有唯一性特点。高鸿缙《中国字例》以为水井为本义,井田义为假借义。我们认为井田义是比喻引申义。　　伯益:《世本》载伯益为尧之臣。

[讲解]

18. 比喻引申

语言中的词一经产生,就有特定的指称对象。有时另一事物与之有相似之处,此词可以移而指称这个事物。这种引申运动即比喻引申。"井"本指水井,移以指似井之田,即属此类。再如,"耳"本指人之耳,引申而指物之提耳,又指石头、树木上长的象耳朵形状的植物,所谓石耳、木耳。写诗的对偶句符合规范称"工",字写得规整称"工整",皆由"工"的技巧、讲求技巧义所引申。比喻引申是一种非逻辑性引申。

三十六、皀(bī)　部

"皀:穀之馨香也。象嘉穀在裹中之形。匕,所以扱之。或说,皀,一粒也。凡皀之属皆从皀。又读若香。"

馨香:段注本作"馨香",并注:"馨者,香之远闻者也。"

扱:收取。　　一粒:一颗。

三十七、鬯(chàng)　部

"鬯:以秬酿郁草,芬芳攸服,以降神也。从凵。凵,器也。中象米。匕,所以扱之。《易》曰:'不丧匕鬯。'凡鬯之属皆从鬯。"

秬:黑黍。　　酿郁草:与郁金香草放在一起酿。

芬芳攸服:段玉裁依《周礼注》、《毛诗郑笺》等云当作"芬芳条畅",其说可参。   凵:即"△。"   不丧匕鬯:不丢失勺子中的鬯酒。

三十八、食　　部

"食:一米也。从皀,△声。或说△皀也。凡食之属皆从食。"

一米:段注本作"△米",即集众米成食之意。甲、金文"食"字象有盖的圆形食具之形。   从皀,△声:非形声。小篆"食"字上部之"△"本象器盖形。

[讲解]

19. 古今字

这一条中提到的"△",后作"龠",简作"集",汉代经学家、小学家郑玄称这类文字为古今字。古今字的概念是从历时的角度提出来的。古今字即在先后不同时间里为记录同一语词所造的两个或更多个文字。其产生有多方面的原因,大致有以下四种情形。第一,造字方法不同,导致古今字产生。"△"与"龠"即属此类。前者属指事,后者为会意。再如"吕"与"膂",前者为象形,后者为形声。"亦"与"腋",前者为指事,后者为形声。第二,为了更明确地标词,在初文上累增构件,形成一对古今字。如"衰"本指蓑衣,后加构件"艸"而成"蓑"。"止"即脚,象形,后又加"足"而成"趾",原字为住止义所专。第三,为记录词的引申义特制本字,与原字构成一对古今字。如"坐"的本义为坐着,引申为所坐之处即座位,后即造"座"字。二字为古今字。"食"指吃,进食,引申为给别人吃,造"饲"字专表此义,"食、饲"遂成古今字。第四,为记录词的本义重造本字,与原字构成一对古今字。如"责"本指欠债,引申为责任,并占据基本义地位,本义反不显,又造"债"字表本义。"爰"为本为援引字,借为虚词的记录文字,故又造"援"字表本义。

三十九、亼　　部

"亼:三合也。从入、一。象三合之形。凡亼之属皆从亼。读若集。"

三合:所训为造意,其本义即聚集、集合。"合"字从亼、从口会意,若"亼"为三合则大悖情理。　　从入、一:非。当云从三一。

四十、會　　部

"會:合也。从亼,从曾省。曾,益也。凡會之属皆从會。阁,古文會如此。"

曾,益也:"曾"本训"词之舒",然有增益、增加之假借义,"增"字即为记录此义之本字。"益"字象器皿水满溢之形,为"溢"之初文。故"益"有增加义。凡利益、效益、收益、益处、有益等词,其义俱与增加义通。

四十一、倉　　部

"倉:穀藏也。倉黄取而藏之,故谓之倉。从食省,口象倉形。凡倉之属皆从倉。仺,奇字倉。"

穀藏:稻谷收藏处。　　倉黄取而藏之,故谓之倉:段注本"倉"字作"蒼",并注:"蒼黄者,匆遽之意。刈获贵速也。"按,此为推源,然不确。杨树达"藏粮谓之倉,藏尸谓之葬"说可参。

[讲解]

20. 奇字

指出某字的重文为奇字,许书尚有几例。《亡部》:"嬴,亡也。从亡,無声。无,奇字無,通于元者。王育说,天屈西北为无。"《萈部》:"萈,盛皃。从萈,从日。读若蘪;蘪一曰若存。昚,籀文萈从二子。一曰朁,即奇字朁。"(按,

《集韵·穆韵》:"畽,奇字作眣。")《水部》:"涿,流下滴也。从水,豕声。上谷有涿县。氝,奇字涿,从日、乙。"关于奇字的形成,许慎在《叙》中作过交代,说王莽执政时"颇改定古文",当时有"六书"即六种应用于基础教育的字体。《隋书·经籍志一》:"汉时以六体教学童,有古文、奇字、篆书、隶书、缪篆、虫鸟。"奇字是从古文中分化出来的一种字体,许慎称"奇字,即古文而异者也"。段玉裁在《说文解字注》"仝"字条即指出"仝"字"盖从古文巨"。"森"字条云:"谓古文奇字如此作也。今《六经》惟《易》用此字。""涿"字条则云:"古文奇字也。"唐代颜师古在《汉书注》中也提到奇字是"古文之异者"。奇字被称作"奇"是因为这种文字形体的产生显得太突兀,给人以离奇之感。从古文、籀文到小篆、隶书、楷书,形体演变是渐变,而从古文到奇字,是突变,是跳越式简化。王莽执政的起讫时间为公元 6 年至公元 20 年,奇字的起源当早于此。《汉书·扬雄传下》:"间请问其故,乃刘棻尝从雄学作奇字,雄不知情。"扬雄的生卒年为公元前 53 年至公元前 18 年。

四十二、入　部

"入:内也。象从上俱下也。凡入之属皆从入。"

内也:"内"为本部字,训"入",则为互训。"入"即进入内中,二词之义相通。"入"的上古音为日组缉部,"内"的上古音为泥组物部。日可归泥,缉物二部通转。本条被释词与解释词语义、语音俱有亲缘关系,然则即以同源词相训。

四十三、缶(fǒu)　部

"缶:瓦器。所以盛酒浆。秦人鼓之以节歌。象形。凡缶之属皆从缶。"

瓦器:陶器。"瓦"为"土器已烧之总名",知古者陶器或称"瓦",或称"缶"。　　鼓:敲击。段玉裁云《韵会》所引许书此字作"击"。　　节:节制,即打拍。

四十四、矢　　部

"矢：弓弩矢也。从入，象镝栝羽之形。古者夷牟初作矢。凡矢之属皆从矢。"

弓弩矢：弓弩上的箭。　　镝：箭头。　　栝：箭尾扣弦部位。

四十五、高　　部

"高：崇也。象台观高之形。从冂，口与仓、舍同意。凡高之属皆从高。"

崇：此解释词之字从山，本谓山高，所谓"崇山峻岭"，引申之则泛指高。"崇"、"高"同义，故有"崇高"之同义联合式双音词。然则本条许氏以同义词相训。　　象台观高之形：象台、观高高的样子。台即楼台。观也是一种建筑物，登其上可远观，故称"观"。　　从冂，口与仓、舍同意："冂"只是小篆"高"字中的笔画，与表示坰界义的"冂"不是一回事。甲骨文"高"字象有窗的高建筑物形，构件"口"即表示窗。粮仓、屋舍亦皆有窗，故许氏"口与仓、舍同意"说可从。

四十六、冂(jiōng)　　部

"冂：邑外谓之郊，郊外谓之野，野外谓之林，林外谓之冂。象远界也。凡冂之属皆从冂。同，古文冂从口，象国邑。坰，同或从土。"

邑外谓之郊：国都的外面叫郊区。段注云："与《鲁颂》毛传同。邑，国也。距国百里曰郊。野，郊外也。平土有丛木曰林。皆许说也。"　　象远界：象远处的界划。

［讲解］

21. 递训

为了揭示被释词的词义内容,训诂学家系联两个以上的相关语词,依次传递式地一一训释,这在训诂学上称为递训,属义训范畴。本条即属递训。许书类似之例,如:《辛部》:"童,男有罪曰奴,奴曰童,女曰妾。"《玉部》:"璋,剡上为圭,半圭为璋。"

四十七、𠅂(guō) 部

"𠅂:度也,民所度居也。从回,象城𠅂之重,两亭相对也。或但从口。凡𠅂之属皆从𠅂。"

度也,民所度居也:此为声训,旨在推源。"度"有居义,"度居"为同义连文。 两亭相对:甲文形体或象四亭相对。"𠅂"即外城,后世以"郭"为之。轮廓、棺槨、城郭等词相比,知"𠅂"有外层、外表义,许氏的推源分析未得肯綮。

四十八、京 部

"京:人所为绝高丘也。从高省,丨象高形。凡京之属皆从京。"

人所为绝高丘:人筑的最高的丘。许慎以自然天成的高丘为"邱","京"与"邱"相对待。许氏此说,似无依据。段注:"《释丘》曰:'绝高谓之京,非人为之丘。'郭云:'为之者,人力所作也。'"按,"京"有高义、大义,王者所居之城邑称"京都",或郭沫若《两周金文辞大系考释》"京象宫观臺屋之形"说可从。

［讲解］

22. 对待字

两个语词指称的是同一类事物,而其义相反或相对,如"天地"、"男女"、

"夫妻"、"山水"等,传统训诂学称这类词为对待字。今天看来,"对待字"的说法有着明显的语文学色彩。语文学以文字为本位,以字为词,字与词不甚分别。

四十九、亯(xiǎng)　部

"亯:献也。从高省,曰象进孰物形。《孝经》曰:'祭则鬼亯之。'凡亯之属皆从亯。𠅣,篆文亯。"

献:进献。"亯"字后世作"享"。祭祀时将物进献给鬼神,鬼神即享受之。今皖歙方言犹称祭祀物品年糕、猪肉块等为"贡献",名词,非一般意义上作动词之"贡献",盖亦古语。　　从高省,曰象进孰物形:指"亯"字上部是"高"字的省略,下部"曰"表示进献孰(熟)物。甲、金文"亯"字象宗庙形,宗庙则为祭祀之处,以之指祭祀之事。

[讲解]

23.因果引申

一个词的本义派生出一个引申义,两个义项之间的关系若为因果关系,则其引申为因果引申。"亯"的进献、享受二义的关系即属因果关系。因果引申是一种逻辑引申,在汉语词汇发展过程普遍存在着。如:"亡"的本义是逃亡,逃之则无,故又有"无"义。"没"的本义为潜入水中、淹没,没入水中则从视野中消失,故又有"无"义,今语有"没有"一词,即源于此。"见"指无意中看见,引申为出现,亦为因果引申,只不过以果溯因。有所现,方有所见。

五十、𣆟(hòu)　部

"𣆟:厚也。从反亯。凡𣆟之属皆从𣆟。"

厚:"𣆟、厚"为古今字,后世厚薄字皆作"厚"。许书"厚"字在本部,以其字从厂,训"山陵之厚"。　　从反亯:谓"𣆟"字反置"亯"字之形体而成。其构造意图,段玉裁以为即"厚己"之意。注云:"倒亯者,不奉人而自奉,孠之意也。"

五十一、畗(fú)　部

"畗:满也。从高省,象高厚之形。凡畗之属皆从畗。读若伏。"

满:"畗"有满义不诬,此说当本于扬雄《方言》。段注:"《方言》:'㛖、偪,满也。凡以器盛而满谓之㛖。'注言'涌出也'。'腹满曰偪'注言'勅偪也'。按《广雅》'㛖、愊,满也'本此。而《玉篇》云'腹满谓之涌,肠满谓之畗',与今本《方言》异。玄应书'畗塞'注曰'普逼切',引《方言》'畗,满也'。是则希冯、玄应所据《方言》皆作'畗'也。"今按,"富"字从宀畗声,谓富有、富饶,声符所载亦"满"义,"富"即家中满藏之意。　　从高省,象高厚之形:许氏所据之篆体已讹变,甲、金文"畗"象长颈圆底器形。

[讲解]

24. 声符读音的分化

"畗"字后世作"畐"。"富、福、幅"均从畐声,双声而兼叠韵,唯声调有别。"逼"亦畐声字,今音与前三字相异。"被、波、披"均为皮声字而三字之音各异,"功、江、扛"均从工得声而三字之今音皆不同。这种现象即声符字的读音发生分化现象。音以载义,亦以别义,这是一个朴素的语言学原理。几个形声字声符相同而形符不同,它们在书面上有了相区别的特征;但在口头语言上如果都发声符字的原音则很容易混淆,所以也相应地对声符字的原音作调整。在一般情况下,同一声符的不同读音,都是由其本音有规则地变化而来的。

五十二、靣(lǐn)　部

"靣:穀所振入。宗庙粢盛,仓黄靣而取之,故谓之靣。从入,回象屋形,中有户牖。凡亩之属皆从亩。廪,亩或从广、从禾。"

穀所振入:收藏穀物的地方。"振"有收义。段注:"《中庸》注曰:'振,犹收也'。"　　粢盛:祭祀时放在祭器中的穀物。盛,盛装。粢,字亦作"䅪",较有软性的穀物。

仓黄亩而取之:仓黄即匆忙,《仓部》已述。亩,小心。

廪:段注:"《周礼》注曰'米藏曰廪'。"

五十三、啬(sè)　部

"啬:爱濇也。从来,从亩。来者,亩而藏之。故田夫谓之啬夫。凡啬之属皆从啬。晉,古文啬从田。"

爱濇:吝啬。"爱"本有爱惜、吝啬之衍义,过分爱惜即吝啬。"濇"或作"澀",谓不滑,此与今语"舍不得、不爽快"义同。　　从来,从亩:这两个构件分别表示麦子和粮仓,"啬"的本义当为收藏谷物,后起字作"穑"。许慎训"爱濇",旨在推源。　　故田夫谓之啬夫:此"啬"无吝啬,只表收藏谷物义。

五十四、来　　部

"来:周所受瑞麦来麰。一来二缝,象芒束之形。天所来也,故为行来之来。《诗》曰:'诒我来麰。'凡来之属皆从来。"

周所受瑞麦来麰:即许氏所引《诗·周颂》所指之事。段注:"《周颂》'诒我来麰。'笺云:'武王渡孟津,白鱼跃入王舟,出涘以燎。后五日,火流为乌,五至,以谷俱来。'"来、麰均指小麦,优于大麦,故称瑞麦。　　一来二缝:"缝"为"锋"的借字。麦穗直立如剑锋,故称锋。　　故为行来之来:许氏认为麦子叫"来",由彼往此也叫"来",二者的关系是词义引申关系,其实"来"作趋向动词的书面符号,是假借。两个词之间只有同音关系。

五十五、麦　　部

"麦:芒谷。秋种厚薶,故谓之麦。麦,金也。金王而生,火王而死。

从來,有穗者,从夊。凡麥之属皆从麥。"

芒谷:带刺的谷物。草木之束称"芒"。　秋种厚薶,故谓之麥:此为推源,然似未得肯綮。中国南方多于秋季霜降节种小麦,今皖歙南乡尚有"霜降霜降,麦籽出瓦"之农谚。"薶",通"埋"。所谓"厚薶"即深埋。种麦时,先挖深沟,然后撒麦种、盖土。种黄豆、玉米等皆浅埋。

麦,金也:麦子成熟时呈金黄色,依此以金为麦在五行上的属性。金王而生,火王而死:"王"为"旺"之借字。五行中的金旺于秋季,麦子在秋天种下去开始生长。火旺于夏季,小麦于第二年的夏季收割,所谓"小满无青麦,芒种夹青割",故称"火王而死"。　从夊:"夊"表行走义。其实"麥"为象形字,初形与"來"同。"來"字为借义(行来义)所夺,故以"麥"指小麦。

[讲解]

25. 五行的旺季

道家以为金、木、水、火、土,各有旺季。金旺于秋,木旺于春,水旺于冬,火旺于夏,土旺于四时。

五十六、夊(suī)　部

"夊:行迟曳夊夊,象人两胫有所躧也。凡夊之属皆从夊。"

行迟曳夊夊:行走迟缓摇曳的样子。段注:"《玉篇》曰《诗》云'雄狐夊夊'。今作绥。"　有所躧:段注:"行迟者,如有所扡曳然。"

五十七、舛(chuǎn)　部

"舛:对卧也。从夊、牛相背。凡舛之属皆从舛。踳,扬雄说,舛从足、春。"

对卧:文献中未见其实用例。其本义当即乖戾,所谓"命运多舛","舛"即此义。　从夊、牛相背:夊、牛均象脚形,一正一反,以表相背不一之意。

五十八、舜   部

"舜:草也。楚谓之葍,秦谓之蔓。蔓地连华。象形。从舛,舛亦声。凡舜之属皆从舜。𦼬,古文舜。"

蔓地连华:在地上蔓延,花也连成一片。"华"同"花"。

五十九、韋   部

"韋:相背也。从舛,口声。兽皮之韦,可以束枉戾相韦背,故借以为皮韦。凡韋之属皆从韋。𩏣,古文韋。"

相背:所训为"违"之义。"韋"为"违"与"围"之初文。甲文"韋"象四脚围着口走之形,脚与脚相违背,故分化出"违"和"围"。   可以束枉戾相韋背:可绑住弯曲相违物。其实,假借只是"依声托事",如果语义上同条共贯,那就是词义引申。

六十、弟   部

"弟:韦束之次弟也。从古字之象。凡弟之属皆从弟。𢐨,古文弟从古文韦省,丿声。"

韦束之次弟:本义即次第,借韦束形象表达之。"弟"为次第义之本字,后世乃以"第"为之,而以"弟"为兄弟字。兄弟义为"弟"之引申义。

六十一、夂(zhī) 部

"夂:从后至也。象人两胫后有致之者。凡夂之属皆从夂。读若黹。"

从后至:所训仅为形体造意。所率五字"从后至"之义亦不显。

六十二、久(jiǔ)　部

"久:从后灸之,象人两胫后有距也。《周礼》曰:'久诸墙以观其桡。'凡久之属皆从久。"

从后灸之:从后面抵住、迫近。段玉裁氏以为解释词"灸"本指灼灸,有"迫箸"之义。此说符合许慎原意,许氏所引《周礼》之"久"亦支撑、抵住义。然则"久"字实为"灸"之初文。　　距:通拒,抵拒。

六十三、桀　　部

"桀:磔也。从舛在木上也。凡桀之属皆从桀。"

"磔:此以子释母。解释字即在本部,许训"辜也"。"磔"为古代刑名,谓张其尸体。许氏以为"桀"象人两脚分张于木上,故以"磔"训"桀"。"桀"字形体示人登于木上意,本义即高、杰出。

《说文解字》第六篇

二十五部：木部　東部　林部　才部　叒部　之部　帀部　出部
　　　　　朩部　生部　乇部　𠂹部　㐆部　華部　禾部　秜部
　　　　　巢部　桼部　束部　㯻部　囗部　員部　貝部　邑部
　　　　　𨛜部

一、木　　部

"木：冒也。冒地而生。东方之行。从屮，下象其根。凡木之属皆从木。"

冒："木"的本义即树木，极浅显，许氏不释本义而以声训推其源。"冒"即冒蒙之义，下文"冒地而生"即蒙地而生之意。解释字在《月部》，云："冒，冡而前也。从月，从目。"按，"冡"字后世作"蒙"。构件"月"指便帽，"目"表示帽蒙其首而露其目，帽在目以上。"帽"为后起字。"帽"的得名之由在乎蒙覆。而认为"木"的得名之由是树木蒙地而生，说服力似乎不强。　　从屮，下象其根："木"字象树的基本轮廓，所谓整体象形。王筠《说文释例》："木固全体象形字也。|象榦，上扬者枝叶，下注者根株，只统言象形可矣，分疏则谬。"

二、東　　部

"東：动也。从木。官溥说，从日在木中。凡東之属皆从東。"

动：此以声训推源。先秦两汉小学家、经学家多以"动"训"東"，以東方为"动方"，如《汉书·律历志》、《白虎通》、《释名》等皆持此说。大抵亦道家之言，盖谓木旺于春季，应在東方，春天万物发动。又，皖歙人称春水满泽为"春水动"，秋季地气下行故干燥，春季地气上行水溢故潮湿而亦称之为

"动"。然则"東"作方位名词之记录文字,为假借,"从木"及"从日在木中"说皆不确。高鸿缙《中国字例》:"東,近人徐中舒、丁山均以为橐之初文,是也。《埤仓》:有底曰囊,无底曰橐。字原象两端无底,以绳束之之形。后世借为东西之东,久假不归,乃另造橐字,许氏引官溥说从日在木中,不可据。日在木中,晨固可谓東,晚则必将西也。东西南北方向之名皆是借字。"

三、林　　部

"林:平土有丛木曰林。从二木。凡林之属皆从林。"

平土有丛木曰林:这个说法是有依据的。段注:"《周礼》'林衡'注曰:'竹木生平地曰林。'《小雅》'依彼平林'传曰:'平林,林木之在平地者也。'"然则以字之条例当云"丛木曰林"。　　从二木:即同体会意。

四、才　　部

"才:草木之初也。从丨上贯一,将生枝叶,一,地也。凡才之属皆从才。"

草木之初:"才"与"屮"当由同一语根所衍生。音、形、义皆相近而有微别。段注:"凡草木之字,才者,初生而枝叶未见也;屮者,生而有茎有枝也。"其音则为同一音节之分化。在语言中,"才"为时间副词,修饰动词。此外,"人才"、"才能"等词之义亦与此同条共贯。段氏称"生人之初而万善毕具焉,故人之能曰才,言人之所蕴也。"其说可从。所谓"才能",即人有某种能力而尚未显露。

五、叒(ruò)　部

"叒:日初出东方汤谷,所登榑桑,叒木也。象形。凡叒之属皆从叒。𡕨,籀文。"

汤谷:地名,相传为日出之处。有的文献异文作"旸谷"。　　榑桑:一作"扶桑",古人以为日所居之神木。　　叒木:即榑桑。

六、之　部

"之:出也。象艸过屮,枝茎益大,有所之。一者,地也。凡之之属皆从之。"

出:生长出来。以文字形体讹变,许训失误。"之"之本义为往。　象艸过屮:甲文"之"象止(脚)立于地形,示前往意。罗振玉《增订殷虚书契考释》:"之,从止在一上,人所之也。"《尔雅·释诂上》:"之,往也。"《孟子·滕文公上》:"滕文公为世子,将之楚,过宋而见孟子。"

七、帀(zā)　部

"帀:周也。从反之而帀也。凡帀之属皆从帀。周盛说。"

周:环绕一周,周遍。"帀"的后起字作"匝"。　从反之而帀:小篆"之、帀"二字之形体相反,反置"之"字即成"帀"字。

八、出　部

"出:进也。象草木益滋,上出达也。凡出之属皆从出。"

进:上进,往上长。然不明字之初形,此训失之。　象草木益滋:非。甲、金文"出"从止、从凵,示从洞穴中走出之意。清孙诒让《名原》:"古文出字取足行出之义,不象草木上出形。"按"出"的本义即如《集韵·至韵》所训:"自内而外也。"

[讲解]

1. 反训

作者以"进"训"出",尽管他的本意是取"进"的上进、长进义,但这两个词的基本义毕竟是相反的,训诂学上称这种体例为反训。许书《乙部》:"亂,治也。从乙;乙,治之也。从矞。"亦属同类例。"乱"和"治"是两个意义相反的形容词,古称政局清明之世为"治世",而称天下混乱之时为"乱世"。学界有的学者认为反训是不合理的,也有人持相反意见,认为反训是有一定理据的。如"乱",正因为乱,故治之。构件"矞"训"理",又训"治"。语言中的确有两个反义词同源或同一个词两个义项相反对的现象。晋代郭璞在《尔雅注》中提出过"反覆旁通"说,讲的就是这个道理。

九、米(pò)　部

"米:草木盛米米然。象形,八声。凡米之属皆从米。读若辈。"

米米然:"米"为形容词,故可以 AA 式重叠,即古人所谓重言譬况字。然,……的样子。被释字作者云八声,徐铉等注普活切,则为唇音字。凡"峀"、"茂"等形容草木茂盛的词以及"蓬勃"一词,其字亦皆为唇音字。

十、生　　部

"生:进也。象草木生出土上。凡生之属皆从生。"

进:上进,往上长进。所训为形体造意。其本义当即生长出来。　　象草木生出土上:小篆"生"字下部为"土",上部象草形,故云"象草木生土上"。甲文"生"字从中,从一,示草生于地意。

十一、乇(zhé)　部

"乇:草叶也。从垂穗,上贯一,下有根。象形。凡乇之属皆从乇。"

草叶:"乇"与"中"音义皆相近。　　　从垂穗:草叶本无穗,谓小篆"乇"字上部象草叶下垂形,如穗。

十二、烾(chuí) 部

"烾:草木華叶烾。象形。凡烾之属皆从烾。𣐑,古文。"

草木華叶烾:草木的花和叶子下垂。"華"即花。"烾"字后世作"垂"。

十三、琴(huā) 部

"草木華也。从烾,亏声。凡琴之属皆从琴。荂,琴或从艸,从夸。"

草木華:草木的花。其字后世作"花"。　　亏声:即"于声"。重文"荂"从夸得声,"夸"字从于得声。　　或从艸,从夸:当从艸,夸声。"琴"为喉音字,"夸"为牙音字,发音部位相邻。又,从艸、从夸,无所取意。

十四、華 部

"華:荣也。从艸,从琴。凡華之属皆从華。"

荣:古代"華"、"荣"、"英"、"秀"皆指花。《尔雅·释草》称木本之花为"華",草本之花为"榮",荣而实者(结果实的)谓之"秀",荣而不实谓之"英"。今按,上述四词构词理据不一。"華"有华丽、精华之义。花为艳丽之物,亦为物之精华,开花结子繁殖后代,花为植物生命精华所在。"榮"本桐木之名,指花,为假借字。其结构从木,熒省声。"熒"则有亮光、亮丽义,故有"光荣"之近义联合式合成词。"英"则谓精英,人之精英称"英雄",其义同条共贯。"華"与"英"义最相近,故有"精华"、"精英"之同义词。"秀",其字从禾,谓谷类植物抽穗开花,实寓精华义,盖"精华、精英"与"优秀"义皆相通。

十五、禾(jī) 部

"禾:木之曲头,止不能上也。凡禾之属皆从禾。"

木之曲头,止不能上:本部:"稽,多小意而止也。从禾,从支,只声。一曰木也。"谓树木屈曲止而不伸、不长;"一曰木"则指体态屈曲之枳构。此皆可证"禾"之义。

[讲解]

2. 部首"禾、禾"的合流

在现行的楷书系统中,从禾之字如"稽、穊、檑、樟、稌"等皆入《禾部》,部首"禾"与"禾"合流。造成"禾"的形体造意的流失。

十六、稽　　部

"稽:留止也。从禾,从尤,旨声。凡稽之属皆从稽。"

留止:本部"樟"训"特止","稌"训"稌穊而止",可相证。词汇系统有"稽留"一词,当为同义联合式合成词。

十七、巢　　部

"巢:鸟在木上曰巢,在穴曰窠。从木,象形。凡巢之属皆从巢。"

在穴曰窠:在洞穴做的窝叫"窠"。故其字从穴。　　从木,象形:"巢"的形体由三部分组成,上象三鸟立于巢,中象巢,下象木。为附加式象形。

十八、桼　　部

"桼:木汁。可以髹物。象形。桼如水滴而下。凡桼之属皆从桼。"

木汁:指漆树的汁,非凡木之汁。　　髹:涂漆。原来作动词用此字,作名词指称漆汁则用"桼",后世统用"漆"字。　　桼如水滴而下:漆汁非自然流下。凡取漆,先刺树破其皮,插以竹片,漆汁顺竹片流下。

十九、束　　部

"束：縛也。从口、木。凡束之属皆从束。"

縛："束、縛"同义，故有"束縛"之合成词。　　从口、木：甲文"束"字象束囊形，不从木；囊形圆，字形讹变为"口"。

二十、橐(gǔn)　部

"橐：囊也。从束，圂声。凡橐之属皆从橐。"

橐：大捆。段注："《广韵》曰：'橐，大束。'"

二十一、囗(wéi)　部

"囗：回也。象回帀之形。凡囗之属皆从囗。"

回：即回帀、环绕。本部字"圈"指养牲畜的一围之地，"圉"指狱，"圃"指菜园，皆可相证。以"回"释"囗"为声训，"囗"即"圈"之初文。

二十二、員　　部

"員：物数也。从貝，口声。凡員之属皆从員。𪔅，籀文从鼎。"

物数：物的数量。"員"有物数义不诬，如"一員大将"、"成員"、"官員"等皆此义，然非本义，其本义即形圆。"員"字从貝，形体已讹变。甲、金文"員"字皆从○、从鼎，与许氏所引之籀文"員"相近。"員"即"圆"的初文，"圆"是抽象性语义，借鼎口以示其意。高鸿缙《中国字例》："○为意象字，本即方圆之圆之初文，见商周金文录遗第十五号鼎文，状词，后加鼎为意符作𪔅，言鼎之口正为圆形也。后又省从貝作。……又借为物数，名词。于是后人又于員外加口为意符作圆，以还其原。"

二十三、贝　　部

"贝：海介虫也。居陆名焱,在水名蛹。象形。古者货贝而宝龟,周而有泉,至秦废贝行钱。凡贝之属皆从贝。"

海介虫：海里有甲壳的虫。"介"为界限字初文,此为"甲"之借。龟壳称"龟甲",兵士之防护衣如壳称"铠甲"。　　货贝而宝龟：以贝壳为货币,认为龟甲是最宝贵的。"宝",意动用法。段注："谓以介为货也。《小雅》：'既见君子,锡我百朋。'笺云：'古者货贝,五贝为朋。'《周易》亦言十朋之龟,故许以贝与龟类言之。《食货志》：'王莽贝货五品：大贝、壮贝、幺贝、小贝皆二枚为一朋,不成贝不得为朋;龟货四品：元龟当大贝十朋,公龟当壮贝十朋,侯龟当幺贝十朋,子龟当小贝十朋。'"　　周而有泉：到周代又用"泉"作货币。段玉裁认为称"泉"取水泉流行周遍之意。　　至秦废贝行钱：指周代货币贝、泉并用,至秦代只用金属货币,"泉"和"钱"同,指金属货币。

二十四、邑　　部

"邑：國也。从囗,先王之制,尊卑有大小,从卩。凡邑之属皆从邑。"

國：封国,诸侯国。　　从囗："囗"表示一围之地。　　先王之制,尊卑有大小：指周代诸侯的地位不同而封国的大小也不同。段注："尊卑谓公、侯、伯、子、男也。大小谓方五百里、方四百里、方三百里、方二百里、方百里也。"　　从卩：构件"卩"象跪着的人形。"邑"字从囗、从人会意。

[讲解]

3.　一词多义

汉语词汇系统中的词,无论是单音节的还是双音节的,多数是多义词。"邑"的解释词"國"也是个多义词,它的基本义是国家,此外还有京都、地方义。"國"字的初文作"或"(囗为后加构件),由一正一反的两个"戈"字组成,表示以武力占据的地方,后来分化出"域"字,指一片地域。所占之地加上行政管理即成为"國",此为国家义。"國"又指京都,杜甫《春望》诗:"國破山河在,城春草木深"之"國"即此。称之为"京都",是因为"京"有大义,"都"则指有祖先宗庙的城邑。"國"又有地方、地域义。王维"红豆生南國"、毛泽东《沁园春·雪》"北國风光,千里冰封,万里雪飘"之"國"皆此义。

二十五、𨛜(xiàng) 部

"𨛜:邻道也。从邑,从𨛜。凡𨛜之属皆从𨛜。阙。"

邻道:段玉裁以为"道"字当作"邑"。此字由正反两"邑"字组成,段说可参。训"邻道",似无所取意。

[讲解]

4. 阙

作者在解释文中称"阙",也是许书的一大体例。"阙"是许慎严谨、谦虚的治学态度的反映。他在《叙》中说:"其于所不知,盖阙如也。"谓对于不懂的东西不强生训解,故书中多有称"阙"之例。据张舜徽先生《说文解字约注》统计,许书称"阙"者凡46处。清代王筠将许书中的"阙"分为三类。第一类,"字形失传",即一个字形中某个构件的结构不明。如"旁,从二,阙。方声。"除声符构件和"二"这个部分以外,结构不明。再如"夏,从夊,阙。""單,从吅、甲,吅亦声。阙。"第二类,"字形较著而不可解者",即文字形体的构件看得明白,但形义关系不清楚。如"祀,捣击也。从巴、帚。阙。""砦,窬也。阙。""夋,从又、从灾。阙。"第三类,"叠文与本文无异者"。即一个构件重叠为用,但意图不明,看不出形与义之间的关联。如"烎,赞从此。阙。""丣,冔从此。阙。"王筠指出,许书中有一些"阙"并非原文,乃后人妄增。他的说法很值得参考。段玉裁对"阙"的见解有所不同,他认为有些"阙"指不明字音。如许书"𨛜"字条即注:"阙者谓其音未闻也。"又"旁"字条注:"凡言阙者,或谓形,或谓音,或谓义。"

第七讲

《说文解字》第七篇

五十六部：日部　旦部　倝部　㫃部　冥部　晶部　月部　有部

　　　　　朙部　囧部　夕部　多部　毌部　马部　𣐺部　卤部

　　　　　齊部　朿部　片部　鼎部　克部　录部　禾部　秝部

　　　　　黍部　香部　米部　毇部　臼部　凶部　朩部　林部

　　　　　麻部　尗部　耑部　韭部　瓜部　瓠部　宀部　宮部

　　　　　呂部　穴部　㝱部　广部　厂部　丌部　𠂹部　𠆢部

　　　　　网部　西部　巾部　市部　帛部　白部　㡀部　黹部

一、日　部

　　"日：实也。太阳之精不亏。从口、一。象形。凡日之属皆从日。☉，古文，象形。"

　　实：充实，下文"太阳之精不亏"义同。此为声训，为推源。太阳的精华始终是充实的，这是它的显著特征，所以叫做"日"。这个说法很普遍。段注："《月令》正义引《元命包》云：'日之为言实也。'《释名》曰：'日，实也，光明盛实也。'"　　从口、一："日"为整体象形，不当析言从口、一。

二、旦　部

　　"旦：明也。从日见一上。一，地也。凡旦之属皆从旦。"

　　明：天明，即早晨。非一般意义上的"明亮"意。　　见，出现。此为"旦"的小篆形体之结构。甲文"旦"字从日、丁声。于省吾《殷契骈枝》："契文旦字当系从日，丁声，丁、旦，双声并端母。高鸿缙《颂器考释》："旦从日，丁声，丁旦今犹双声。"

三、倝(gàn)　部

"倝:日始出,光倝倝也。从旦,认声。凡倝之属皆从倝。𠦝,阙。"

倝倝:重言譬况字,作"光"的修饰,谓光芒闪烁。　　　阙:谓"倝"的重文"𠦝"未审为何种字体。段玉裁以为此为籀文"倝"字。

四、㫃(yǎn)　部

"㫃:旌旗之游,㫃蹇之皃。从屮,曲而下,垂㫃,相出入也。读若偃。古人名㫃,字子游。凡㫃之属皆从㫃。𭅺,古文㫃字,象形。及象旌旗之游。"

旌旗之游:旌旗的飘带。在风中飘荡如在水中游,故称"游"。　　　㫃蹇之皃:飘动的样子。"皃"即"貌"。段注:"王逸《九歌》注云:'偃蹇,舞皃。'"按"偃蹇"即"㫃蹇。"　　　从屮:指小篆"㫃"字左边上部分如"屮",并非草木初生之"屮"。　　　及象旌旗之游:意谓古文"㫃"字中"及"这个构件表示旌旗的飘带。但今大徐本《说文解字》中小篆"㫃"字与古文"㫃"字形体相近,均无"及"之构件。段玉裁从小徐本此句作"象旌旗之游及㫃之形"。

[讲解]

1. 古人的姓、名、字

在这一条中作者提到"古人名㫃,字子游"是为了证明"㫃"就是在风中飘动如同在水中游动的旗游。这里面包含着一个原理:古人的名和字在意义上往往相同或相近,这也是今天治汉语史的学者研究古代同义词的一条重要线索。今语犹有"你叫什么名字?"的说法,但在书面语上,如填写各种表格多有"姓名"一栏。其实姓、名、字是表示人称的三样东西,古人有姓、有名还有字,今天的人一般没有字,"名字"是古语的遗痕。姓、名、字各有不同的作用。姓是表示自己出身于什么宗族的,汉代班固《白虎通义》说姓是起

"纪世别类"作用的。《通鉴·外纪》:"姓者统其祖考之自出。"名是用来自称的,长辈对小辈亦可称其名,但对同辈人、长辈人直呼其名是不礼貌的。字是供别人称呼的。在较多的情况下,名和字作为两个词,其义往往相同、相近或相通。如孔子有个学生叫颜渊,字子回。"渊"为深水,有旋涡者,"回"则有回旋义。至于"子"在名字中并非实意词,先秦时代的人名中带"子"字的很多。"子"为男子尊称,用在名字中的"子"意义已虚化,成为一种习惯。宋代民族英雄岳飞字鹏举,举则飞,二者意义相通。人们在取名和字的时候,有时也考虑姓的意义因素,取了名和字以后,使姓、名、字三个词都有意义上的联系。如戴笠,字雨农,戴着斗笠的人即雨中的农民。

五、冥　　部

"冥:幽也。从日,从六,冖声。日数十。十六日而月始亏幽也。凡冥之属皆从冥。"

幽:幽暗。　　　日数十:指一个月三旬,一旬十日,十天干之数尽而循环。　　　十六日而月始亏幽:每月的十五月最圆,从十六日开始,月亮慢慢亏缺幽暗。段注:"日之数十,昭五年《左传》文谓甲至癸也。历十日复加六日而月始亏,是冥之意,故从日、六。"

六、晶　　部

"晶:精光也。从三日。凡晶之属皆从晶。"

精光:犹今语"亮晶晶"。　　　从三日:"日"非太阳。"晶"是从"曑"字中分化出来的。"晶"象天星之形,加标音符号"生"成"曑"字,省而作"星",指称天上之星;其象形部分"晶"又另为一字表精光义。

七、月　　部

"月:阙也。大阴之精。象形。凡月之属皆从月。"

阙:亏缺。此为声训、推源。谓月亮亏缺时多圆时少,每月初一为"月芽",至十五月圆,十六日又渐缺。以故称"月"。"阙"为"缺"字之借。"阙"本指一种建筑物,缺其下如门,可供人行走。"缺"字从缶,本谓器缺,引申之则指凡物之缺,故为缺乏字。

大阴之精:太阴的精华。先秦文献"大、太"常有通用之例。古人以为日为阳、月为阴。

[讲解]

2. 物的得名之由

许慎以"阙"训"月",又以"实"训"日",书中此类训释尚有不少,目的都是为了说明物的得名之由,反映了探讨语源的愿望。汉代与许慎齐名的郑玄有个弟子叫刘熙,写过一本中国语源学史上第一部语源学专著,名为《释名》。此书是专门探讨物的得名之由的。作者在书的《序》中说:"夫名之于实,各有义类,百姓日称而不知其所以之意,故撰天地、阴阳、四时、邦国、都鄙、车服、丧纪下及庶民应用之器,论叙指归,谓之《释名》。"由于研究方法上的局限,所作训释常有牵强,故后世学者对此书的评价不是太高。但应该承认,如果对此书被释词、解释词的音和义加以检验,有些条文是可以信从的。如《释宫室》:"楣,眉也,近前各两,若面之有眉也。"《释天》:"光,晃也,晃晃然也。"《释形体》:"皮,被也,被覆体也。"元代训诂学家朱震亨认为药物的得名往往有来由,他在《本草衍义补遗》中说:"本草药之名,多有意义,或以色,或以形,或以气,或以质,或以味,或以时,是也。"明代李时珍的《本草纲目》有专门的"释名"栏,解释药物得名之由。他认为药物的气味、形态、功效、颜色、产地、生长季节等往往成为命名依据。站在今天科学语源学的角度上看,分析物的得名之由,就是分析词的音义关联。汉语词汇系统中的单音词,音和义的结合有三种情况。第一,原生词如"人",音和义的结合是约定俗成的。第二,同源派生词的音义来源于原生的源词。如"镜"指金属镜即铜镜,它的音义来源于"监"。"监"指在盛了水的器皿中照自己的影子。要特别指出的是,汉语语源的分化当在文字产生之前即汉藏语未分化时期。

"中"、"艸"均指初生草,"才"指草木初生,这两个词起源很早。记录这一对同源词的文字也都是早期文字。第三,拟音词的音来源于客观事物的声音。如鸭子称"鸭",是因为鸭子的鸣叫声如"甲"。

八、有　　部

"有:不宜有也。《春秋传》曰:'日月有食之。'从月,又声。凡有之属皆从有。"

不宜有:不应该有。指下文所说的月蚀现象。"有"字金文形体从又、从肉会意,造意为持有,其本义即作存现动词之"有"。因形体讹变,"肉"似"月",许慎未睹初形,故其训释不确。　　从月,又声:"有"为会意字,非形声字。

九、朙　　部

"朙:照也。从月,从囧。凡朙之属皆从朙。,古文朙从日。"

照:明亮。解释词"照"在许书《火部》,训"明"。段注引《诗·大雅·皇矣》毛传:"照临四方曰明。"　　从月,从囧:"囧"为窗,谓月光自窗照入。明亮莫过于日月,故此字后世从古文作"明"。

十、囧(jiǒng)　　部

"囧:窗牖丽廔闿明。象形。凡囧之属皆从囧。读若犷。贾侍中说,读与明同。"

丽廔闿明:"丽廔"为联绵词,形容窗格交错而透光状,今皖歙方言有"亮眼亮廔"一词,正此义,可相证。"闿明",敞亮。段注:"丽廔双声,读如离娄,谓交疏玲珑也。闿明谓开明也。"

十一、夕 部

"夕:莫也。从月半见。凡夕之属皆从夕。"

莫:"暮"的初文,指傍晚。　从月半见:现出半个月亮。"见"读"现",本为"现"之初文。

十二、多 部

"多:重也。从重夕。夕者,相绎也,故为多。重夕为多,重日为疊。凡多之属皆从多。𡖇,古文多。"

重:重叠,重复。所训为造意。　从重夕:谓"多"字由二"夕"相重叠而成。　夕者,相绎也:"夕"为夜晚,连接两昼,循环往复以至无穷,如丝之抽绎。以"绎"训"夕",亦为声训。　重日为疊:"叠"字本作"疊"。

十三、毌（guàn） 部

"毌:穿物持之也。从一横贯,象宝货之形。凡毌之属皆从毌。读若冠。"

穿物持之:即穿贝持之。"毌"为"贯"之初文。本部:"貫,钱贝之贯。"从一横贯,象宝货之形:段玉裁改为"从一横毌,毌象宝货之形。"可从。

十四、丏（hàn） 部

"丏:嘾也。草木之华未发,函然。象形。凡丏之属皆从丏。读若含。"

嘾:深含。此解释词在许书《口部》,训"含深也"。又,"嘾"从覃声,与"潭"同,"潭"谓深水,亦有深义,可互证。　函然:含着的样子。"函"即"函"字,指箭袋,然则有裹含之义。

十五、枣(hàn) 部

"枣:木垂华实。从木、弓,弓亦声。凡枣之属皆从枣。"

华实:花和果实。

十六、卤(tiáo) 部

"卤:草木实垂卤卤然。象形。凡卤之属皆从卤。读若调。晶,籀文三卤为卤。"

卤卤然:下坠的样子。

[讲解]

3. 籀文好重叠

"卤"字籀文作"晶",许书所收录的其他籀文也多有构件重叠之例,清代王筠认为这是籀文的一个显著特点,称之为"籀文好重叠"。这些叠文并不都是同体会意字。略举数例:"誓"籀文作"誓";"败"字籀文作"敗";"乃"字籀文作"仍";"次"字籀文作"次"。

十七、齊 部

"齊:禾麦吐穗上平也。象形。凡亝之属皆从亝。"

禾麦吐穗上平:所训为形体造意,其本义即整齐。"整齐"为抽象性语义,借禾麦吐穗上平之形以示之,此为汉字一大通例。段玉裁氏以许训为本义,而称"引伸为凡齐等之义",亦失之,且为《说文解字注》之通病——段氏常以文字形体造意为本义,而以本义为引申义。 亝:"齊"的或体。

十八、束(ci)　部

"束:木芒也。象形。凡束之属皆从束。读若刺。"

木芒:树的刺,其字后世作"刺"。麦亦有芒,称"麦芒",草亦有芒,其字作"茦"。段注引《方言》:"凡草木刺人,北燕、朝鲜之间谓之茦,或谓之壮,自关而东或谓之梗,或谓之劌,自关而西谓之刺,江、湘之间谓之棘。"按荆棘字作"棘",正为"束"之同体会意。

[讲解]

4. 读若后起本字

在这一条中,许慎用被释字"束"的后起本字"刺"来注释其音读,这实际上也是一个通例。如《厸部》:"厸,读若集";《豊部》:"豊,读与禮同"等皆是。清代王筠论说许书"读若"问题,分"读若"为六类:读若直指、读若本义、读同、读若引经、读若引谚、声读同字,而未及读若后起本字,今补述于此。

十九、片　　部

"片:判木也。从半木。凡片之属皆从片。"

判木:劈开的木头。　　从半木:甲、金文及小篆"片"字均象"木"字的半个。甲文书无定体,"片"字或象"木"的左半,或象其右半。小篆系统具有文字形体定型化、规范化作用,"片"字均象右半之"木"。

二十、鼎　　部

"鼎:三足两耳,和五味之宝器也。昔禹收九牧之金,铸鼎荆山之下,入山林川泽,螭魅蝄蜽,莫能逢之,以协承天休。《易》卦:巽木於下者为鼎,象析木以炊也。籀文以鼎为贞字。凡鼎之属皆从鼎。"

五味:指咸、甘、苦、辛、酸。　　九牧:"牧"是一州之长,汉代尚有此体制。　　螭魅蝄蜽:此四字后世均从鬼作"魑魅魍魉",指怪物。　　协承天休:"协",相协,即人与天相和谐。"承",指人接受。"休",好运。　　巽木于下者为鼎:指的是鼎卦,意即木入其下的是鼎卦。　　象析木以炊:"鼎"字下部是一正一反的两个"片"字,"片"是析木即劈开的木头。

[讲解]

5."问鼎、鼎革"的文化源

禹铸九鼎,代表九州,因此鼎成为权力的象征。"问鼎"一词字面的意思是"问鼎的轻重大小",实际上指的是政治权力之争。"鼎革"则指改朝换代。"革"有改义,"鼎革"即鼎改属他人。

二十一、克　　部

"克:肩也。象屋下刻木之形。凡克之属皆从克。𠧝,古文克。𣥐,亦古文克。"

肩:肩负,胜任。段注:"肩谓任,任事以肩,故任谓之肩,亦谓之克。《释诂》云:'肩,克也。'又曰:'肩,胜也。'郑笺云:'仔肩,任也。'许云:'胜,任也。'……凡物压于上谓之克。"　　象屋下刻木之形:非。小篆"克"字之形已讹变。朱芳圃《殷周文字释丛》:"克,字上象胄形。"按甲、金文"克"字象人戴胄形,示肩负意,故"克"有能够、胜、胜任义,且为基本义。

二十二、录　　部

"录:刻木录录也。象形。凡录之属皆从录。"

录录:清晰、历历可数。段注:"小徐曰:'录录犹历历也,一一可数之皃。'按,'剥'下云:'录,刻割也。'丽廔嵌空之皃。"今按,"录录"一词有此义不诬,然非"录"之本义。"录"当为"辘"之初文,徐中舒《甲骨文字典》、李孝

定《甲骨文字集释》皆持此说。观甲、金文及小篆"录"字之形,知徐、李说
可从。

二十三、禾　　部

"禾:嘉谷也。二月始生,八月而孰,得时之中,故谓之禾。禾,木也。
木王而生,金王而死。从木,从𠂹省。𠂹,象其穗。凡禾之属皆从禾。"

嘉谷:好的谷。本部:"谷,續也。百谷之总名。"段玉裁氏以为"嘉谷"指
小米。　　禾,木也:谓禾与草木同类。

二十四、秝(lì)　　部

"秝:稀疏适也。从二禾。凡秝之属皆从秝。读若歴。"

稀疏适:段注本作"稀疏适秝",并云依江声、王念孙说补"秝"字。又注
云:"《玉篇》曰:'稀疏厤厤然。'盖凡言歴歴可数、歴录束文者皆当作秝,歴行
而秝废矣。"　　从二禾:以二禾之有间隙示稀疏意,此非同体会意。

[讲解]

6. 以形表意的局限性

"秝"字的书面形式与同体会意没有区别,很容易使人误解为言禾之多,
这充分反映出以形表意的局限性。"个"与"竹"亦为同类例子。"个"指笋,
"竹"则指竹子,而非众多的笋。古老的汉字尤其是前三书文字能够以其形
体结构直观地反映词义内容信息,固然是一个优点,但同时也有局限。正因
为以形表意存在局限性,后来的文字都走向形声化。

二十五、黍　　部

"黍:禾属而黏者也。以大暑而种,故谓之黍。从禾,雨省声。孔子

曰:'黍可为酒,禾入水也。'凡黍之属皆从黍。"

黏:后世亦作"粘"。黍即软性、粘性的糯稻。　　从禾,雨省声:甲文初形为象形字,或有"水"或无"水",非"雨"字之省。　　禾入水:谓"黍"字由"禾、入、水"三个构件组成。

二十六、䅺　部

"䅺:芳也。从黍,从甘。《春秋传》曰:'黍稷馨䅺。'凡䅺之属皆从䅺。"

芳:芬芳,芳香。"䅺"字简作"香"。香、芳同义,故可组成"芳香"之同义联合式合成词。　　从黍,从甘:可食之美味称"甘",可闻之美味亦称"甘"。

二十七、米　部

"米:粟实也。象禾实之形。凡米之属皆从米。"

粟实:禾黍的籽实。解释词"粟"在《卤部》,训"嘉谷实也"。

二十八、毇(huǐ)　部

"毇:米一斛舂为八斗也。从臬,从殳。凡毇之属皆从毇。"

米一斛舂爲八斗:段注本改作"糲米一斛舂为九斗",但湖北云梦出土秦简表明《说文解字》不误,段玉裁系错改。斛为量词,十斗为斛。　　从臬,从殳:构件"臬"亦为会意字,从臼、从米,许书《米部》训"舂糗也"。"殳"表示舂米之行为动作。故"毇"为会意字,谓舂米。

二十九、臼　部

"臼:舂也。古者掘地为臼,其后穿木石。象形。中,米也。凡臼之属皆从臼。"

春也:段注本作"春臼也",可从。　　穿木石:穿木为木臼,穿石为石臼。　　中,米也:指"臼"字当中的笔画代表米。

三十、凶　部

"凶:恶也。象地穿交陷其中也。凡凶之属皆从凶。"

恶:不吉,险恶。"凶"有"恶"义,故有"凶恶"之双音词。唯义有微别,"凶恶"谓不善,不善、不吉二义实亦相通。

三十一、朮(pìn)　部

"朮:分枲茎皮也。从屮,八象枲之皮茎也。凡朮之属皆从朮。读若髌。"

分枲茎皮:分即分析、分解,剥去。枲,麻。本部:"枲,麻也。"茎皮,茎上之皮,即秆上的皮。

三十二、朮(pài)　部

"朮:葩之总名也。朮之为言微也。微纤为功。象形。凡朮之属皆从朮。"

葩之总名:麻的总称。段注本作"葩之总名",并注:"《艸部》曰:'葩,枲实也。'虈,或葩字也。葩本谓麻实,因以为苴麻之名。"　　朮之为言微:"朮"等于说"微",此为声训,推寻"朮"的得名之由。　　微纤为功:段注:"丝起于糸,麻缕起于朮。"

[讲解]

7. 训诂辞例

古代的训诂学家在解释语言过程中,逐渐形成一套训诂术语,这些训诂

术语也叫训诂辞例。本条中的"之为言"即属训诂辞例。"之为言"相当于
"犹言",用今天的话说就是"等于说"。许慎在书中用得较多的训诂辞例是
"曰"、"谓之"。如:《示部》:"祠,春祭曰祠,品物少,多文辞也。"《辛部》:"童,
男有罪曰奴,奴曰童,女曰妾。"《竹部》:"籁,三孔龠也。大者谓之笙,其中谓
之籁,小者谓之箹。"《衣部》:"衰,草雨衣也。秦谓之萆。"此外,用得较普遍
的是"为"。"为"即"某为某"。如:《玉部》:"璋,剡上为圭,半圭为璋。"《又
部》:"友,同志为友。"《女部》:"姨,妻之女弟同出为姨。"

三十三、麻 部

"麻:与林同。人所治,在屋下。从广,从林。凡麻之属皆从麻。"

与林同:"麻"和"林"指称的物相同。 人所治,在屋下:"麻"字下部是
"林",人治理的东西;"广"指房屋,故云"在屋下"。此亦为形体结构分析。

三十四、尗(shū) 部

"尗:豆也。象尗豆生之形也。凡尗之属皆从尗。"

豆:豆角类植物。"尗"字亦作"菽"、"椒"。段注:"尗、豆,古今语,亦古
今字。此以汉时语释古语也。《战国策》:'韩地五谷所生,非麦而豆。'……
《史记》'豆'作'菽'。"

[讲解]

8. 以今语释古语

以今语即汉代的通行语释古语,亦为许慎训诂的一大通例。《舟部》:
"舟,船也。"段注:"古人言舟,汉人言船。"按"舟"为独木舟,最原始者,仅为
交通工具。"船"则为运输工具,形制复杂。又《宀部》:"宫,室也。"与《尔雅》
所训同。《尔雅·释宫》:"宫谓之室。"唐陆德明释文:"古者贵贱同称宫,秦
汉以来惟王者居称宫焉。"又许书《大部》"奢"、"奕"皆训"大",盖采扬雄说,

《方言》卷一此二词皆训大,并云"皆古今语也"。

三十五、耑(duān)　部

"耑:物初生之题也。上象生形,下象其根也。凡耑之属皆从耑。"

题:字从页,指额。许书《页部》:"题,额也。"植物初生上端如人之额,故亦称"题"。"耑"字即"端"之初文,"耑"即顶端。　　上象生形:谓"耑"字上部象植物生长抽拔之形。

三十六、韭　　部

"韭:菜名。一种而久者,故谓之韭。象形,在一之上;一,地也。此与耑同意。凡韭之属皆从韭。"

一种而久者,故谓之韭:此为声训、推源。此说可从。韭为多年生草本植物,经久者。时间经久,在物为旧。龟年最久,"龟"古音与"旧"近。故许慎"龟"字训"旧"。"韭、久、龟、旧"四词之音义可相参、互证。

[讲解]

9. 以大名释小名

"菜"字从采、从艸会意,指植物菜,为总称,为大名。以"菜"训"韭",则为以大名释小名,即以种概念解释类概念。此亦为许书通例。《木部》收字421个,其编排先实而后虚,此部首列指称诸木之字,"楷、樿、椆"等26字皆训"木也",亦为以大名释小名。《艸部》收字445个,其中44字皆训"草也",理亦同。

10."一"常为大地之象

许慎在这一条中说:"一,地也。此与耑同意。"意即"韭"字下部的"一"指的是大地,"耑"字上象物生形,下象根,中部的"一"也指地。在汉字系统中,"一"有三种含意。第一,数之"一",即作为数词"一"的记录符号。第二,非完整字形(上述数词记录字之"一"为字形),而只是一个笔画,如"丕、吏、元"所含之"一"皆是。第三,指大地。除上述"韭、峕"而外,尚有"立、生、之、至"等。"立"字从大(人)、从一,象人立于地面之形。"生"字从屮、从一,象草生出于地形。"之"字从止、从一,象人足在地上形,将行之意;"至"字从矢、从一,象矢至地面形。

三十七、瓜　　部

"瓜:㼎也。象形。凡瓜之属皆从瓜。"

㼎:谓瓜实累累而本不胜末。本部:"㼎,本不胜末,微弱也。"段玉裁氏以为不当以"㼎"训"瓜",故改为"瓜,蓏也"。并注:"蓏,大徐本作㼎,误。《艸部》曰:'在木曰果,在地曰蓏。'瓜者,滕生布于地者也。"可从。

三十八、瓟(hù)　　部

"瓟:匏也。从瓜,夸声。凡瓟之属皆从瓟。"

匏:盖即所谓"细葫芦",形似葫芦而细小。

[讲解]

11. 直训

在这一条中,"从瓜,夸声"只能说明"瓟"是瓜类,而不能说明"瓟"为什么是"匏"。以"匏"训"瓟",表现为逻辑学上的直言判断,在训诂学上称之为直训。许书所收,前三书文字之和仅一千余。对这些文字,许氏以形训并往往辅之以其他方法来训释其意义,效果良佳。但书中形声字占总数的百分之八十多,少数条文如《示部》的"祠、神、祇"等有推源分析,而多数条文只称"从某,某声"。这说明直训在《说文解字》全书的训诂中占了很大的比重。直训是不交代依据即不作形义关联、音义关联分析的训诂方式,有的学者在谈到《说文解字》的直训,以其《一部》"元,始也"为例,其实这是对直训的误解。《尔雅·释诂》:"元,始也。"这是不凭借条件的直言判断,是直训。许慎虽然亦训"元"为"始",但有形义关联分析"从一、从兀",此为形训,非直训。直训属于义训范畴,在中国小学史上,直训被看成最正宗的训诂方式。古人训诂,随文释义,"点到即止"。晚近以来,在西方现代语言学思想影响下,有些语言学家认为我国的训诂学是不科学的。我们认为,训诂过程中不交代理据的确是个缺陷,但不能因此而全盘否定古代的训诂。从客观效果上看,古代的训诂多数是正确、可信的;从逻辑上说,不交代训释依据并不等于没有依据,古代的训诂学家往往都是稔熟经史的饱学之士。在现实生活中,直言判断也常存在,不能说这些判断都是错的。

三十九、宀(mián)　部

"宀:交覆深屋也。象形。凡宀之属皆从宀。"

交覆深屋:段注:"古者屋四注,东西与南北皆交覆也。有堂有室是为深屋。"按,许氏所训为造意,所表义类即房屋。

四十、宫　　部

"宫:室也。从宀,躳省声。凡宫之属皆从宫。"

室:房室。　　从宀,躳省声:非。"宫"字是上古穴居的遗迹。甲文"宫"字或从宀,或无"宀",象串穴之形。

[讲解]

12. 古今词义的异同

从历时的角度来看,汉语词汇的发展史,是"通"和"变"两股潮流交织在一起的。所谓"通",即古今一致、相贯通,正因为"通",词汇系统中有所谓基本词汇。也正因为"通",我们能解读数千年前的文献。但必须承认,词义也有"变"的一面,其原因是多方面的、颇为复杂的。"宫"本指人居之穴,又泛指房屋,至秦汉时特指王者之居。这种词义变化是社会历史生活的变迁造成的。人称代词系统中的"朕、奴、妾、仆"也是较典型的例子。"朕"本来只用作一般的自称,战国时代的屈原尚自称为"朕"。后来"朕"为皇帝自称时所专用。"奴、妾、仆"本来都是商周时代的奴隶名称。在后世封建社会中,女性以其社会地卑低而自称"奴、妾","仆"则为男性谦称,今日语中尚保留这种自称。此外,上面提到的"朕"用作自称,尚保留在今天浙江境内的一些方言中。

四十一、吕　　部

"吕:脊骨也。象形。昔太岳为禹心吕之臣,故封吕侯。凡吕之属皆从吕。𦣻,篆文吕从肉、从旅。"

脊骨:背脊骨。医学上称脊椎。　　太岳:官职名。　　心吕之臣:犹心腹之臣。　　篆文吕从肉、从旅:当云从肉,旅声。

［讲解］

13. 声 转 字 误

今语中有"里脊肉"一词,指猪脊骨两侧之肉,其"里"字本当作"吕",以其音相近误作"里"并以讹传讹。汉代郑玄称这种现象为"声转字误",本来是针对儒经讲的。秦火之后,汉代经学家凭记忆重写儒经,有的文字音节已有变化,根据已变化的音节用另一文字记录下来,就造成声转字误现象。郑玄在校诂过程中常指出某字声转字误。其实在古典文献中,声转字误现象普遍存在着。唐代的何休、清代的戴震、魏源在这个方面都有研究,分析过《春秋公羊传》、《论语》、《老子》等文献中的实例。有些姓氏的标识字甚至于是由声转字误途径产生的,宋代郑樵对此作过专门研究,他在《通志·氏族略》中考证过 25 组实例,如陈氏——田氏,共氏——洪氏,雷氏——卢氏。

四十二、穴　　部

"穴:土室也。从宀,八声。凡穴之属皆从穴。"

从宀,八声:"穴"为象形字,非形声字。《广韵》载"穴"字之音胡决切,其上古音为匣纽质部,"八"字博拔切,其上古音为帮纽质部。二字诚叠韵,然舌根音(大牙音)与唇音不可通。清朱骏声通训定声:"穴,象嵌空之形,非八字。"得之。林义光《文源》:"穴、八不同音,象穴形。"

四十三、寢　　部

"寢:寐而有觉也。从宀,从爿,夢声。《周礼》:'以日月星辰占六寢之吉凶:一曰正寢,二曰噩寢,三曰思寢,四曰悟寢,五曰喜寢,六曰惧寢。'凡寢之属皆从寢。"

寐而有觉:睡着了但有知觉。"寝"指就寝,"寐"指进入睡眠状态。
正寢:一般的、正常的梦。段注引郑玄《周礼》注:"无所感动,平安自梦也。"

噩寢:惊愕的梦,其字亦作"噩梦"。　　思寢:俗称"心记梦",日有所思不去心则夜有所梦。　　悟寢:未寝醒悟时有所见而做的梦。　　喜寢:因喜悦而做的梦。　　惧寢:因恐惧而做的梦。

[讲解]

14. 文字形体一简再简

今梦寐字作"梦",初作"寢",后由"夢"兼并了"寢",再简作"梦"(甲文"梦"字无"宀",加宀为繁化,是另一回事)。在汉字系统中,有少数简体字是经历了两次甚至更多次简化过程而形成的,这就是一简再简现象,"梦"字即一例。他如"学"字初作"斆",简作"學",再简而成"学"。"饮"字初作"歙",构件"舌"原为表意偏旁,后变为声符"今"而作"歙",又简作"飲",再简而成"饮"。

四十四、疒(nè)　部

"疒:倚也。人有疾病,象倚箸之形。凡疒之属皆从疒。"

倚:靠着。所训为造意,其本义即疾病。甲文"疒"字象人卧于木板出汗形,示疾病意。卜辞中用作"疾"字。作部首,其义类亦为疾病。

四十五、冖(mì)　部

"冖:覆也。从一下垂也。凡冖之属皆从冖。"

覆:覆盖。本部"冠"指帽,覆首之物;"冟"训"奠爵酒",即置酒于地,上覆以巾之意。　从一下垂:谓"一"字两端下垂即"冖",然未云"一"为何物。段注:"《广韵》引《文字音义》云:'以巾覆,从一下垂。'"盖可补许说。

四十六、冃(mǎo)　部

"冃:重覆也。从冖、一。凡冃之属皆从冃。读若艸苺苺。"

重覆:重叠地覆盖。段注:"下一覆也,上又加冖,是为重覆。"按,本部"冢"亦训"覆","青"训"帱帐之象",皆可证"冃"的重覆义。

四十七、冃(mào)　部

"冃:小兒、蛮夷头衣也。从冂;二,其饰也。凡冃之属皆从冃。"

小兒、蛮夷头衣:小孩及边远少数民族的人戴的便帽。古人以山东、山西、河南、河北一带为"中原之国",而称四周为"东夷、南蛮、西戎、北狄"。

二,其饰也:谓"冃"字中之"二"代表便帽上的装饰物。

四十八、㒳(liǎng)　部

"㒳:再也。从冂,阙。《易》曰:'参天㒳地。'凡㒳之属皆从㒳。"

再:第二次。"可一不可再"、"一而再,再而三"之"再"皆此义。 从一,阙:谓"冓"字除"一"以外的部分构形不明。 参天两地:"参"通"三"。三为奇数,为天,为阳;二为偶数,为地,为阴。故"二"训"地之数","三"训"天、地、人之道",凡人道、地道从属于天道。

四十九、网 部

"网:庖牺所结绳,以渔。从冂,下象网交文。凡网之属皆从网。𦋐,网或从亡。𦌴,网或从糸。𠔾,古文网。𦉰,籀文网。"

庖牺:即伏羲。 以渔:用来捕鱼。实则或亦捕兽。 从冂,下象网交文:"网"为整体象形。 𦋐,网或从亡:当云或从网,亡声。此为象形字加声符。

[讲解]

15. 构件移位

"网"有"網"之或体,即移动"𦋐"之构件而成。这种现象即构件移位。形声格局的合体字,常有构件移位现象。如"郡"一作"䢵";"詞"为左右结构,亦可作上下结构;"群"又作"羣","润"也作"润"。在秦汉小篆系统成熟之前的各种古文字形体系统中,"书无定体"的特点很显著。小篆系统通行后,起了形体固定化作用。

五十、襾(yà) 部

"襾:覆也。从冂,上下覆之。凡襾之属皆从襾。读若亚。"

覆:覆盖。"覆"即在本部,训"覂也","覂"亦本部字,训"反覆也"。

五十一、巾 部

"巾:佩巾也。从冂,丨象糸也。凡巾之属皆从巾。"

佩巾:佩带在身上拭物的巾。　　从冂:"冂"指象巾形的笔画,非象远界之"冂"。　　丨象糸:"巾"字中间的"丨"象系巾的绳子。

五十二、市(fú)　部

"市:韠也。上古衣蔽前而已,市以象之。天子朱市,诸侯赤市,大夫葱衡。从巾,象连带之形。凡市之属皆从市。韨,篆文市从韦,从犮。"

韠:蔽膝。"韠"有遮蔽之义。段注:"《韦部》曰:'韠,韨也。'二字相转注也。郑曰:'韠之言蔽也,韨之言亦蔽也。'"　　葱衡:青颜色的玉衡(玉的佩带)。　　篆文市从韦,从犮:当云犮声。"韠、韨"二字产生有先后,此即转注,重复性、再生性造字。二者为异体,转注所产生的,大量的是异体字,有一些是近义词的记录文字。

五十三、帛　　部

"帛:缯也。从巾,白声。凡帛之属皆从帛。"

缯:"帛"当指白色的丝缯。段注:"《聘礼》、《大宗伯》注皆云:'帛,今之璧色缯也。'"　　从巾,白声:当云从巾,从白,白亦声。

五十四、白　　部

"白:西方色也。阴用事,物色白。从入合二,二,阴数。凡白之属皆从白。𦣻,古文白。"

西方色:西方属金,其色白(参第五讲讲解16"五行与五方、五色")。祖国医学以心、肝、脾、肺、肾五脏与五行、五色相配,肺属金,故白色药如白木耳、白芨、百合入肺经。　　阴用事,物色白:暗中用事物色易显白。　　从入合二:此形体分析不确。郭沫若以为"白"象大拇指形,似未得肯綮。商承祚以为"白"象日始出地面形,可参。

五十五、㡀(bì)　部

"㡀:败衣也。从巾,象衣败之形。凡㡀之属皆从㡀。"

败衣:破掉的衣服。　　象衣败之形:小篆"㡀"字正为褴褛之象。

五十六、黹(zhǐ)　部

"黹:箴缕所紩衣。从㡀,丵省。凡黹之属皆从黹。"

箴缕所紩衣:用针和线缝制的衣服。段注:"箴当作鍼。箴所以缀衣,鍼所以缝也。紩,缝也。缕,线也。丝亦可爲线矣。以鍼贯缕紩衣曰黹。"

丵省:"丵"指丛生草,此以喻缕之多。亦段氏说。

第八讲

《说文解字》第八篇

三十七部：人部　　七部　　匕部　　从部　　比部　　北部　　丘部　　仫部

　　　　　　壬部　　重部　　卧部　　身部　　月部　　衣部　　裘部　　老部

　　　　　　毛部　　毳部　　尸部　　尺部　　尾部　　履部　　舟部　　方部

　　　　　　儿部　　兄部　　先部　　兂部　　皃部　　先部　　秃部　　見部

　　　　　　覞部　　欠部　　歃部　　次部　　无部

一、人　　部

"人:天地之性最贵者也。此籀文。象臂胫之形。凡人之属皆从人。"

天地之性最贵者:天地间生性最宝贵的。　　　象臂胫之形:实象侧立人形。

二、七(huà)　　部

"七:变也。从到人。凡七之属皆从七。"

变:变化。变化字后世作"化",此字在本部,训"教行也",即教化义。"七、化"原本有别。　　从到人:谓倒置"人"字之形体而成。

三、匕(bǐ)　　部

"匕:相与比叙也。从反人。匕,亦所以用比取饭。一名柶。凡匕之属皆从匕。"

比叙:比附、比较,次第。段注:"比者,密也;叙者,次第也。"　　从反人:谓"匕"字反置"人"字形体而成。小篆"人、匕"二字形体正相反。　　亦所以用比取饭:段玉裁以为"用"字为衍文,王筠句读亦称"用比"二字当删。其说可从。此义当为另一义。

四、从 部

"从:相听也。从二人。凡从之属皆从从。"

相听:听从。"相"非"互相"义,乃单指一方。

[讲解]

1. 形体缯益卒归本字

汉字有形体缯益而卒归本字之例。许慎以为"从"为听从,同部又有"從"字,训"随从也。从辵、从,从亦声。"许书"从"字朱骏声通训定声:"《无极山碑》:'从上至体',经传皆以'從'为之。"徐灏《说文解字注笺》亦云"从、從"古今字,则后者为缯益字。今凡听从、随从、跟从、相从诸词,其字皆作"从",即用其本字。再如,"网"为象形字,加声符作"罔",又加形符作"網",而今反作"网",亦同类。

五、比 部

"比:密也。二人为从,反从为比。凡比之属皆从比。夶,古文比。"

密:此为声训、推源。其本义即比附、并列。相比附、并列则密切,故被释词、解释词之义亦相通。 反从为比:谓小篆"比"字反置"从"字形体而成。甲、金文书无定体,"从"、"比"二字或同形。

六、北 部

"北:乖也。从二人相背。凡北之属皆从北。"

乖:相违背。"北"即违背字初文,后乃加"肉"作"背"。上古文献中有

"败北"一词,谓战败而双方背道而驰。 从二人相背:"北"字由一正一反的两个"人"字构成,所谓从反文会意,本书第二讲之讲解 11 已述。

七、丘 部

"丘:土之高也,非人所为也。从北,从一;一,地也。人居在丘南,故从北。中邦之居,在崐峛东南。一曰四方高、中央下为丘。象形。凡丘之属皆从丘。𡎉,古文从土。"

非人所为:自然生成。朱骏声通训定声:"《尔雅·释丘》'非人为之丘'注:'地自然也。'" 从北,从一:古文、小篆"丘"字形体皆已讹变,甲、金文"丘"字象地上两丘相对之形。故下文"故从北"说无据。 中邦:中国。

八、㐺(yín) 部

"㐺:众立也。从三人。凡㐺之属皆从㐺。读若钦釜。"

众立:谓众人并立。所训为形体造意。其本义当为众多,其字即"㐺"之初文。段注云:"《玉篇》作'㐺也'。"《正字通·人部》:"㐺,㐺本字。"按许书"㐺"字即在本部,训"多也。从㐺目,㐺意。"甲、金文"㐺"从日,本指日下操作之农奴,引申为群众、众多义;其众多义当以"㐺"为本字。

九、𡈼(tǐng) 部

"𡈼:善也。从人、士;士,事也。一曰象出地,挺生也。凡𡈼之属皆从𡈼。"

善:良好。 从人、士:谓小篆"𡈼"字从人、从士会意,实则形体已讹变。 事:任事。有修养、有学识能办事的人即"士"。 挺生:参之甲文形体,知此为本义。

十、重　部

"重：厚也。从壬，東声。凡重之属皆从重。"

厚：厚则重，故有"厚重"之双音词。被释词与解释词之义相通。段注："厚斯重矣。"

十一、卧　部

"卧：休也。从人、臣，取其伏也。凡卧之属皆从卧。"

从人、臣，取其伏：谓"卧"字从人、从臣会意，取"臣"的伏地意，人伏即休息。实际上是对"臣"的误解，"臣"本指竖目的俘虏、奴隶，而许慎误以为君臣之臣。

十二、身　部

"身：躳也。象人之身。从人，厂声。凡身之属皆从身。"

躳：身躯。"躳"即吕脊之所达。上古文献中"身"有此义不诬，然非本义。其本义当为怀孕。董作宾《小屯·殷虚文字乙编》6691："丙申卜，㱿贞：妇好身，弗以妇葬。"《诗·大雅·大明》："大任有身，生此文王。"毛传："身，重也。"郑玄笺："重，谓怀孕也。"孔颖达疏："以身中复有一身，故言重。"从人，厂声："身"象人腹隆起有身孕形，非形声字。

十三、𨈭(yī)　部

"𨈭：归也。从反身。凡𨈭之属皆从𨈭。"

归：归依。徐铉等注："徐锴曰：'古人所谓反身修道曰归也。'"朱骏声《通训定声》："释氏书有皈依字，皈字疑当从反身作𨈭，即𨈭之俗也。"　从反身：谓小篆"𨈭"字反置"身"字形体而成。

十四、衣　部

"衣:依也。上曰衣,下曰裳。象覆二人之形。凡衣之属皆从衣。"

依:此为声训,所谓以子释母。段注:"依者,倚也。衣者,人所倚以蔽体也。"　　上曰衣,下曰裳:衣与裳本为对待字,亦为析言;"衣裳"泛指衣物,则为浑言。　　象覆二人之形:此说不确。甲、金文"衣"字皆象上衣形。

十五、裘　部

"裘:皮衣也。从衣,求声。一曰象形,与衰同意。凡裘之属皆从裘。求,古文省衣。"

皮衣:以皮为衣。段氏云"裘之制毛在外,故象毛文"。

从衣,求声:当云从衣、从求、求亦声。"衣"为后加形符,而"求"本为象形字。　　与衰同意:段注云"皆从衣而象其形也"。"衰"谓草雨衣,其字后世亦加形符而作"蓑"。

十六、老　部

"老:考也。七十曰老。从人、毛、匕,言须发变白也。凡老之属皆从老。"

考:许书"考"字训"老",则为互训。金文"老、考"本一字。　　从人、毛、匕:甲、金文"老"字象长发老人倚杖形。

十七、毛　部

"毛:眉发之属及兽毛也。象形。凡毛之属皆从毛。"

眉发之属及兽毛:动物包括高级动物人的毛状物的总称。段注:"眉者,目上毛也;发者,首上毛也。……及兽毛者,贵人贱畜也。"

十八、毳(cuì)　部

"毳：兽细毛也。从三毛。凡毳之属皆从毳。"

兽细毛：兽之嫩毛细而多，故其字从三毛会意；"毳"之名则寓脆嫩、脆弱之义。

[讲解]

2. 同源词

以"毳"指鸟兽的细毛，古籍中屡见其例。《周礼·天官·掌皮》："共其毳毛为氈，以待邦事。"郑玄注："毳毛，毛细缛者。"汉刘向《说苑·尊贤》："背上之毛，腹下之毳，无尺寸之数，去之满把，飞不能为之益卑。"由"毳"的音义，我们联想到常用词"脆"。《广韵》"毳、脆"二字俱载其音为此芮切，其上古音清纽双声，月部叠韵。"脆"，脆弱。《老子》第六十四章："其安易持，其未兆易谋，其脆易破。"《国语·晋语六》："德刑不立，奸宄并至，臣脆弱，不能忍俟也。"考许慎书无"脆"字而有"膬"字，"脆"为"膬"之转注字，"膬"字从毳得声。许书《肉部》："膬，耎易破也。从肉，毳声。"《玉篇·肉部》："膬，同脆。"《管子·霸言》："释实而攻虚，释坚而攻膬，释难而攻易。"《新唐书·韦彤传》："可嗜之馔，美脆甘旨。"综言之，"毳"与"脆"的音、义两方面俱有亲缘关系，可认定为同源词。"脆"一作"膬"则证明"毳"与"脆"的关系是母子关系即源词与同源派生词关系。同源词，是由同一个语源所衍生的词，其特征在语义上表现为相同（同中有异）、相通、相反或相对；在语音上则表现为相同、相通（有差异但具有通转关系）。

十九、尸　　部

"尸：陈也。象卧之形。凡尸之属皆从尸。"

陈：谓人卧而横陈。"尸"所表示的义类为身体。如"尻"指臀部，"尾"指尾巴,"居"谓下蹲。　　象卧之形:非。容庚《金文编》谓金文"尸"字"象屈膝之形",甲文形体亦相近。小篆形体有异,然亦非卧形。

[讲解]

3."尸、屍"的合流

今尸体字作"尸",古"尸"字只表身体义,别有"屍"字表尸体义。"屍"即死去的身体。在文字简化过程中取其笔画少者"尸"以代"屍"。

二十、尺　部

"尺:十寸也。人手却十分动脉为寸口。十寸为尺。尺,所以指尺规矩事也。从尸,从乙;乙,所识也。周制:寸、尺、咫、寻、常、仞诸度量,皆以人之体为法。凡尺之属皆从尺。"

十寸:此为"尺"的基本义,然非本义。其本义即人手之尺部,"尺"即寸、关、尺之尺。详见本书第三讲寸部。　　所以指尺规矩事:段注:"指尺当作指庤,声之误也。指庤犹标目也。用规矩之事,非尺不足以为程度。尺居中,下可咳寸分,上可包丈引也。"　　所识:作标识的东西。

二十一、尾　部

"尾:微也。从到毛在尸后。古人或饰系尾,西南夷亦然。凡尾之属皆从尾。"

微:微小,细微。尾部细微,故训"微"。尾犹树梢,树梢称"杪",亦寓小义。此为声训、推源。　　从到毛在尸后:"到"为"倒"之借字。此谓"尾"字的结构为会意,"尸"表示人体,"毛"的形体与本讲第十七部之"毛"相颠倒。

西南夷亦然:段注:"《后汉书·西南夷列传》曰:'槃瓠之后,好五色衣服,制裁皆有尾形。'"

二十二、履　　部

"履:足所依也。从尸,从彳,从夂,舟象履形。一曰尸声。凡履之属皆从履。𦦏,古文履从页、从足。"

足所依:人脚的依托物。"履"即鞋。　　舟象履形:指小篆"履"字的形体中有"舟"这个构件,因船与鞋形相似,故以"舟"象征鞋子。

二十三、舟　　部

"舟:船也。古者共鼓、货狄刳木为舟,剡木为楫,以济不通。象形。凡舟之属皆从舟。"

船:段玉裁称此为汉时语,然则许氏以今语释古语。　　共鼓、货狄:段注:"黄帝、尧、舜间人。"　　刳:挖。　　剡:削。　　楫:桨。　　济:渡。

二十四、方　　部

"方:併船也。象两舟省、总头形。凡方之属皆从方。汸,方或从水。"

併船:相并的两只船。两船相并则其形方,故物形似之者亦称"方"。汉字系统中别有"匚"字,但指称物形之方,概用"方"字。　　象两舟省、总头形:段注:"下象两舟并为一,上象两船头总于一处也。"

二十五、儿(rén)　部

"儿:仁人也。古文奇字人也。象形。孔子曰:在人下,故诘屈。凡儿之属皆从儿。"

仁人:有爱心的人,仁慈的人。段注本此条无"仁人也"三字。　　在人下,故诘屈:段玉裁氏依《玉篇》改为"人在下"。可从。上下结构的含有"人"这个构件的字,"人"即作"儿"(非"儿"字),如"兄、兑、兀"等皆是。

二十六、兄　部

"兄：长也。从儿，从口。凡兄之属皆从兄。"

长：朱骏声通训定声："本训当为滋益之词。"段氏说略同。以为"长"即滋长义。然此义与其形体结构不相符。高鸿缙《中国字例》："兄，按此乃祝字之初文，从人，从口会意。其作兄者，乃以儿（古跪字）从口会意。均并列，名词。祝官先述人求福之祝辞，次述神降福之嘏辞，为长于言辞之人也。后借为兄长之兄，乃加示旁为意符作祝。"董作宾《殷虚文字甲编》801："兄于父甲。"

二十七、兂(zēn)　部

"兂：首笄也。从人，匕象簪形。凡兂之属皆从兂。簮，俗兂从竹，从朁。"

首笄：头上戴的簪子。

[讲解]

4. 俗字

对俗字的研究，应该是文字学的一个组成部分。在中国文字学史上，俗字研究始于汉代。卫宏撰有《古文官书》一卷，将俗字当作重文收入书中。对俗字作专门研究，唯服虔，有《通俗文》一卷，惜已亡佚。所谓"通俗文"即通俗字。许慎也是较早研究俗字的学者，他在书中对俗字有较多的辨析。如：《水部》："灡，水濡而干也。……灘，俗灡从隹。"《蚰部》："蟁，啮人飞虫也。……蚊，俗蟁从虫、从文。"《印部》："归，按也。从反印。抑，俗从手。"《仌部》："冰，水坚也。……凝，俗冰从疑。"《欠部》："歙，欶歙也。……嗽，俗歙从口、从就。"《鼎部》："鼏，鼎之圆掩上者。……镃，俗鼏，从金、从兹。"《言部》："譀，诞也。……諕，俗譀从忘。"《马部》："函，舌也。……肣，俗函从肉、今。"《未部》:"秾,配盐幽未也。……豉,俗秾从豆。"《血部》:"衊,肿血也。……膿,俗衊从肉、農声。"《肉部》:"肩,髆也。……肩,俗肩从户。"《角部》:"觵,兕牛角可以饮者也。……觥,俗觵从光。"俗字历来为正统文人所轻视,但实际上俗字是有价值的。所谓俗字,本与正字相对而言。从文化学角度来看,二者的关系属于俗文化与雅文化的关系,本来就是相互影响、相互渗透、相互转化的。文字的俗与正,没有绝对的不可逾越的界限。清王筠《说文释例》:"一时有一时之俗,许君所谓俗,秦篆之俗也,而秦篆之俗籀文之俗,籀文又即古文之俗也。"事实证明,在文字应用过程中,许多俗字都取代了正字,如许慎所分析的"簮、凝、蚊、肩、膿、豉、觥",逐渐地都变成了正字,用段玉裁的话说就是"俗行而正废矣"。

二十八、皃(mào)　部

"皃:颂仪也。从人,白象人面形。凡皃之属皆从皃。䫉,皃或从页,豹省声。貌,籀文皃从豹省。"

颂仪:容貌仪表。段注:"颂者,今之容字。必言仪者,谓颂之仪度可皃象也。凡容言其内,皃言其外。引伸之,凡得其状曰皃。"按,"颂"字从页公声,谓仪容,或体作"額",从页容声,其仪容义益显。许书《页部》:"颂,皃也。从页,公声。額,籀文。"　　从人,白象人面形:"白"为象形笔画,非黑白之白。此字为附加式象形。以"白"象人之容貌,恐其意不显,复加"人"以显之。　　貌,籀文皃从豹省:当云从皃,豹省声。在象形字上添加声符,而声符字形体有所省略,同"䫉"。

二十九、兀(gǔ)　部

"兀:廱蔽也。从人,象左右皆蔽形。凡兀之属皆从兀。读若瞽。"

廱蔽:壅塞遮蔽。段注:"廱当作邕,俗作壅。"按,本部"兜"指头盔,可证"兀"之义。许氏云:"兜,兜鍪,首铠也。从兀,从皃省。皃象人头也。"

三十、先　　部

"先:前进也。从儿,从之。凡先之属皆从先。"

前进:往前行进。"先"有前进义,故"先"与"进"可构成双音节合成词"先进"。　　从之:"之"象人脚形,作动词即"前往"。

三十一、秃　　部

"秃:无发也。从人,上象禾粟之形,取其声。凡秃之属皆从秃。王育说:苍颉出见秃人伏禾中,因以制字。未知其审。"

上象禾粟之形,取其声:朱骏声《通训定声》:"按此字当从秀,而断其下,指事。禾割穗则秃也。"段注:"按粟当作秀,以避讳改之也。采下云:禾成秀也。然则秀、采为转注。象禾秀之形者,谓禾秀之颖屈曲下垂,茎屈处圆转光润如折钗股,秃者全无发,首光润似之,故曰象禾秀之形。秀与秃古音皆在三部,故云秃取秀之声为声也。……今人秃顶亦曰秀顶,是古遗语。"按,此字的结构,疑取禾秀之比喻义,谓头发稀疏如禾秀。头发未必全无方称"秃"。　　王育说:段氏以为此为结上语,下文非许书原文。

[讲解]

5. 语转

尽管在"秃"字的结构问题上见解有分歧,但"秃"的本义和基本义为"无发"是可以肯定的。人头无发叫"秃",也叫"童"。唐韩愈《进学解》:"头童齿豁,竟死何裨。"又,山无草木亦称"童"。汉刘熙《释名·释长幼》:"山无草木亦曰童。"《荀子·王制》:"斩伐养长不失其时,故山林不童而百姓有余材也。"杨倞注:"山无草木曰童。"又,牛羊无角亦称"童"。《易·大畜》:"童牛之牿。"虞翻注:"无角之牛也。"《诗·大雅·抑》:"彼童而角,实虹小子。"毛传:"童,羊之无角者也。"按,"童"字从辛,指罪人、奴隶,其山无草木、牛羊无角义为其声韵独立承载的语源义，其字则为假借。古人又在假借字基础上添加形符而制"犝、羫"二字取代假借字。《正字通·牛部》云："犝，旧注音同，牛无角。按，小牛无角曰童牛，小羊无角曰童羖，皆取童稚义。通作童。"其说未得肯綮。无角牛、羊称"犝"、称"羫"，其牛羊未必为小者，山无草木称"童"则更难解。"童"声盖有空义。"羫、犝"之转注字作"牂、牨"，从同得声，与"筒"同，"筒"为竹筒，中空之物，其字本亦作"箶"，声符字"甬"为钟，中空而可触击以发声之乐器。从甬得声、从同得声之字所记录语词而有空义者甚夥。清汪中《述学·释童》："童之为言秃也，语转而异。"这是一个正确的认识。一个音节有规律地分化、演变为两个音节，附诸两个文字，这就是语转。语转所产生的有时是同源词，如"艸"和"才"，分别表示草木植物和才长出，义相通，两个音节是同一个音节的转化。有时一个词的音节只是因时间迁移而发生语转，两个音节承载的是同一个语义。如古时买酒叫"沽"，今吴方言称"拷"（姑借此字记之）。其文字或为本字或为借字不一。"艸"与"才"均为本字，"秃"与"童"分别为本字、借字。语转的说法最早是由西汉扬雄在研究方言时提出来的，后来成为小学家们研究文字、语词的一种方法，所以中国语源学史上有语转说一大流派。必须指出的是，清代有的学者确有滥说语转之弊。

三十二、见　　部

　　"見：视也。从儿，从目。凡見之属皆从見。"

　　视：此解释词之字在本部，训"瞻"。然则与被释词之义有微别。"看、视、瞻"都指有意识地看，"見"谓无意中见到、看到。

三十三、覞(yào)　部

　　"覞：并视也。从二見。凡覞之属皆从覞。"

　　并视：并见。北周卫元嵩《元包经·太阳》："覞于丑，同于垠。"苏源明传："覞于丑，观夫众也。"

三十四、欠　　部

"欠:张口气悟也。象气从人上出之形。凡欠之属皆从欠。"

张口气悟:张开嘴巴气散开,即哈欠。段注:"悟,觉也。引伸为解散之意。《口部》嚏下曰:'悟,解气也。'"今按,"悟"本有解义,顿悟即理解。又,"欠"作构件用,表示与嘴巴有关,与"口"同,非哈欠义,亦非亏欠义。

三十五、歙(yǐn)　部

"歙:歠也。从欠,酓声。凡歙之属皆从歙。烈,古文歙从今、水。翼,古文歙从今、食。"

歠:此字在本部,训"歙",然则为互训。"歙"即"饮"字。朱骏声《通训定声》:"今隶作饮。《易·需》:'君子以饮食宴乐。'虞注:'水流入口为饮。'"

从欠,酓声:甲文形体从舌、从酉、从欠,"舌"讹为"今"。段注:"酓从酉,今声。"

三十六、次(xián)　部

"次:慕欲口液也。从欠,从水。凡次之属皆从次。霺,次或从侃。㳄,籀文次。"

慕欲口液:因羡慕想吃东西而流口水。　　从水:谓口液。　　次,籀文次:此所谓籀文好重叠。

三十七、旡(jì)　部

"旡:饮食气屰不得息曰旡。从反欠。凡旡之属皆从旡。㒫,古文旡。"

屰:同"逆"。不得息,段注云:"咽中息不利。"按即气不顺之意。祖国医学认为人体在健康状况下气、液皆下行,气上行则即气逆。又,一呼一吸为息,息即气息。   从反欠:谓小篆"旡"字反置"欠"之形体而成,古文"旡"与之相近。

第九讲

《说文解字》第九篇

四十六部：頁部　百部　面部　丏部　首部　䭫部　須部　彡部

文部　彣部　文部　髟部　后部　司部　卮部　卩部　印部

色部　卯部　辟部　勹部　包部　茍部　鬼部　甶部

厶部　嵬部　山部　屾部　屵部　广部　厂部　丸部

危部　石部　長部　勿部　冄部　而部　豕部　㣇部

彑部　豚部　豸部　舄部　易部　象部

一、頁(xié)　部

"頁:头也。从百,从人。古文䭫首如此。凡頁之属皆从頁。百者,䭫
首字也。"

从百:"百"即"首",象形字。　　䭫首:亦作"稽首,叩头触地"。"頓"字
在本部,指頓首,亦即稽首。

二、百(shǒu)　部

"百:头也。象形。凡百之属皆从百。"

头:"百、首"均指头,亦均为象形字,相异者,"百"象头部轮廓,"首"象头
兼头发形。

三、面　部

"面:颜前也。从百,象人面形。凡面之属皆从面。"

颜前:《頁部》"颜"字训"眉目之间也",段注本作"眉之间也",然则"颜
前"即脸面。段注:"颜前者,谓自此而前则为目、为鼻、为目下、为颊之间。"

四、丏(miǎn) 部

"丏:不见也。象壅蔽之形。凡丏之属皆从丏。"

不见:不显现。段注:"《周礼》郑司农注云:'容者,乏也,待获者所蔽。'按乏与丏篆文相似,义取蔽矢,岂《礼》经本作丏与?"朱骏声《通训定声》:"或曰从乏而勾其画,指事。乏获者所以蔽身也。"

五、首 部

"首:百同。古文百也。巛象发,谓之鬓,鬓即巛也。凡首之属皆从首。"

巛象发:谓古文字"首"上部笔画"巛"象发形。段玉裁以为即山川字,不可从。 鬓:字从彡,许书《彡部》训"鬓发",有微别,"巛"即头发。

六、県(jiāo) 部

"県:到首也。贾侍中说,此断首到县県字。凡県之属皆从県。"

到首:倒挂的首级。"到"为"倒"之借字。 到县:倒悬。段注:"《广韵》引《汉书》曰:'三族令先黥劓,斩左右趾,県首,菹其骨。'按今《汉书·刑法志》作枭。"按,本部有"縣"字,训"系也。从系持県。"倒悬首级成为"悬挂"一词的文化源。"悬"为后起字。许书"縣"字徐铉等注:"此本是縣挂之縣,借为州縣之縣,今俗加心别作懸,义无所取。"其说可从,唯"义无所取"说可商。"縣"谓物悬挂,"悬"指悬念,心中记挂,后以"縣"字为借义(州县义)所夺,故以"懸"为悬挂字,简作"悬"。

[讲解]

1. 从倒某

"県"字乃倒置"首"字形体而成。许书通例,此类字称"从倒某",偶或称

"从反某"。如《予部》:"幻,相诈惑也。从反予。"(按小篆"予"、"幻"二字形体正相颠倒;从反某一般指反置某一个字的形体。)《七部》:"七,从到人。"《去部》:"去,从到子。""冥"字条未称从倒某,盖以首训"到首也",又引贾逵说,形体结构已明确。倒置一个现成文字的形体而成新字,是再生性造字,其方法为改造式造字法。

七、须　　部

"须:面毛也。从頁,从乡。凡须之属皆从须。"

面毛:脸上的毛,今语称"胡须"。"胡"字从肉,本指兽颔下垂肉,移以言人,人之此处有须,故称"胡须"。

八、乡(shān)　部

"乡:毛饰画文也。象形。凡乡之属皆从乡。"

毛饰画文:段注:"《巾部》曰:'饰者,叔也。'饰画者,叔而画之。……须发皆毛属也。"按,"乡"可指毛发类、色彩、花纹。如"参"指浓密的头发,"顜"指面颊上的须,"髟"指头发长,"彩"指多种颜色,"彪"是老虎身上彩色毛,"影"则指明暗相间斑驳状。

九、彣(wén)　部

"彣:彣也。从乡,从文。凡彣之属皆从彣。"

彣:《有部》此字训"有文章也"。按,"文章"即"彣彰",皆花纹义;至文字积而成篇亦称"文章",为比喻义。

十、文　　部

"文:错画也。象交文。凡文之属皆从文。"

错画:交错描画。谓小篆"文"笔画相交错而成纹。按,"文"本为纹身之"纹"。《庄子·逍遥游》:"越人断发文身。"《礼记·王制》:"东方曰夷,被发文身。"　　象交文:此以小篆形体言之。甲、金文"文"象人胸前有画纹形。

[讲解]

2. 比喻义

语言的书面符号叫"文字",为比喻义。比喻义是从词的本义中通过比喻引申方式派生出来的,是一种常见的词汇语义类型。"文字"是语言书面符号的统称,为浑言;析言之则为文、为字。"文"本指人在身体上画图案,引申而指早期文字。汉字以指事、象形为最原始、最古老,而数量以象形字为多,象形字颇似图画,故文字学家有书画同源说。"文"和"字"本来是两个概念。"文"指独体文,即象形字和原始指事字。"字"则指合体字,由独体文所孳乳。"字"本指生孩子。许慎书《宀部》:"字,乳也。从子在宀下,子亦声。"段注:"人及鸟生子曰乳。"《广雅·释诂一》:"字,生也。"生育则人口蕃衍增多,独体文与独体文相组合而成合体字似之,故亦称"字"。对此,许慎在《说文解字·叙》中已作过论述:"仓颉之初作书,盖依类象形,故谓之文;其后形声相益,即谓之字。字者,言孳乳而浸多也。"

十一、髟(biāo)　部

"**髟:長发猋猋。从長,从彡。凡髟之属皆从髟。**"

猋猋:当作"髟髟",发长貌。段注:"猋与髟叠韵。猋猋当依《玉篇》作髟髟。《通俗文》曰:'发垂曰髟'。潘岳《秋兴赋》:'斑鬓髟以承弁。'"今按,段说可从,今大徐本原文作"猋猋"者无据。许书通例,凡被释字以 AA 式重叠而成词缀,其文字形式相同。如:《九部》:"九,鸟之短羽飞九九也。"《倝部》:"倝,日始出光倝倝也。"《豸部》:"豸,兽长脊行豸豸然,欲有所司杀形。"《录部》:"录,刻木录录也。"

［讲解］

3. 词缀

　　词缀是相对于词根而言的。词根和词缀是两种构词成分。词根是实词素，词根与词根相组合即为合成词。词缀是虚词素，附着于词根表示一定的语法意义或词汇意义。词根与词缀相结合即成为派生词。词缀据其所处位置的不同，可分为前缀、后缀、中缀。"老虎"、"杯子"中的"老"和"子"分别为前缀、后缀；"糊里糊涂"、"来得及"的"里"和"得"为中缀。词缀有单音节者，亦有双音节者，其双音节者即表现为 AA 重叠形式。必须指出的是，不少学者认为词缀只有语法意义而没有词汇意义，通过对《说文解字》一书的系统考察即可知这是一种误解或者说是以偏概全（"老虎"的"老"和"杯子"的"子"的确没有词汇意义）。其实许多常用词如"暖烘烘"、"醉薰薰"，词缀具有词汇意义，是显而易见的，词根与词缀二者呈同义或近义关系。有些词缀如"干巴巴"的"巴巴"，承载的语义是隐性语义，显得比较隐晦。"巴"字单用无"干"义，但"巴"声可表"干"义，故"羓"指羊肉干。语转则为"脯"。因此，"干"与"巴巴"亦呈同义关系。换言之，词缀问题还值得作进一步研究，至少要作合理的类型划分，绝不能将上述"老"和"子"与"烘烘"、"巴巴"当作一类。

十二、后　　部

　　"后：继体君也。象人之形。施令以告四方，故厂之。从一、口，发号者，君后也。凡后之属皆从后。"

　　继体君：通过正常途径和程序继承王位的君王，与"继弑君"相对而言。继弑君指杀害在位君王而获得王位的君王。　　故厂之："厂"谓牵引。

［讲解］

4. "后、後"合流

　　今"皇后、母后、前后"等词之记录文字皆作"后"。古代"后、後"原本二字。"皇后、母后"字作"后",而"前后"之"后"本作"後"。"後"字从彳,许书《彳部》训"迟也",迟即落后之意。

十三、司　　部

"司:臣司事于外者。从反后。凡司之属皆从司。"

臣司事于外者:在朝廷外办事的大臣。　　从反后:小篆"司"字反置"后"字形体而成。

[讲解]

5. 动宾式合成词

合成词是由词根与词相组合而形成的词,而词根与词根的组合有多种方式,其中之一即动宾式——一个动词带一个宾语。"司"有主管、承担之义,它是一个构词能力很强的词根。《汉语大词典》第三卷"司"字条共收录了 163 个含有"司"这个词根的词,绝大多数是动宾式合成词。如:司人、司天、司化、司花、司马等。许多人们所熟识的专有名词如司徒、司空、司令、司机、司炉、司仪、司农等,也是由动词"司"加宾语组成的。

十四、卮(zhī)　部

"卮:圜器也。一名觛。所以节饮食。象人、卩在其下也。《易》曰:'君子节饮食。'凡卮之属皆从卮。"

圆器:圆形酒器。段注:"《内则注》曰:'卮、匜,酒浆器。'"　　一名觛:许书《角部》:"觛者,小卮也。"然则有大小之殊。字从角,谓以动物角为之。"卮"字一作"巵"。　　所以节饮食:用来节制饮食的东西。"所",代词。象人、卩在其下:谓"卮"字上部象人,"卩"在其下示节制意。

［讲解］

6. 偏义复词、连类而及

厄(觚)是酒器,许慎却说"所以节饮食",实际上他所要表达的意思是"所以节饮"。"饮食"这个复词在这个语境中,说话者只取其中一个词素的意义,训诂学上称这种词为偏义复词。偏义复词在古典文献中普遍存在着。如:《易·系辞》:"润之以风雨。"《礼记·玉藻》:"凶年,大夫不得造车马。"《墨子·非攻上》:"今有一人,入人园圃,窃其桃李。"这三个例句中,"风雨"、"车马"、"园圃"为偏义复词,偏取"雨"、"车"、"园"之义。明末清初顾炎武在他的《日知录》第二十七卷"通鉴注"条对偏义复词问题作了一些分析,他提到的实例有:得失、爱憎、成败、利害、缓急、同异、赢缩、祸福。清人俞樾《古书疑义举例》卷二有"因此以及彼例",分析了"老幼、车马"两个实例。要注意的是,偏义复词不是词汇中的一般类型,它们只属于联合式复合词,只不过用法特殊。换言之,不能凭空指某词为偏义复词,而要在具体语境中视某个复合词的实际用法而定。如许慎书《厄部》"厄"字条两次出现"饮食"这个词,第一个"饮食"是偏义复词,第二个"饮食"却不是。关于偏义复词的成因,顾炎武认为"古人之辞,宽缓不迫故也"。俞樾认为是"因此以及彼"。训诂学家一般都采取俞说,表述为"连类而及。"如"饮"和"食","车"和"马"等都是相关的物类或事类,在语用过程中,实指了某一个类同时牵进了另一个相关的类。站在现代语言学的角度上看,偏义复词的形成主要有两方面的原因。其一,词素与词素已有了固定的组合关系。联合式复合词是由两个词素组成的,这两个词素原本是两个单音词,相结合形成联合式复合词后,单音词转化为词素。两个词素有了固定的搭配、组合关系以后,在语言机制运转过程中,产生了"相伴而行"的惯性。其二,为了满足音步、音节方面的需要。有声语言是讲究音步的,不仅韵文如此,散文亦如此。试将许慎"厄,……所以节饮食"改为"所以节饮",就会觉得很别扭、不自在,"节"后面用一个双音词,就显得自然、和谐。

十五、卩(jié)　部

"卩:瑞信也。守国者用玉卩,守都鄙者用角卩,使山邦者用虎卩,土邦者用人卩,泽邦者用龙卩,门关者用符卩,货贿用玺卩,道路用旌卩。象相合之形。凡卩之属皆从卩。"

瑞信:信物,凭证。　国:诸侯国。　玉卩:玉制之节。　都鄙:都城和边界。　角卩:用动物角制成的节。　山邦:山地邦国。　土邦:与山邦相对而言,指平土邦国。　人卩:刻有人形的符节。　泽邦:水域中的邦国。　龙卩:铸有龙象的节。　门关者:守门、守关者。　符卩:竹制的节。　货贿:指管理实物、货币和交易。　玺卩:如玺印之节。　旌卩:段注云"今使者所拥节是也",指以羽毛作装饰的符节。象相合之形:甲文象人跪形。罗振玉《增订殷虚书契考释》云"卩"字"亦人字,象跽形,命、令等字从之。"

[讲解]

7. 复文

许慎以"瑞信"训"卩","瑞信"是两个同义词。"瑞",字从玉,指玉制的信物。许慎书《玉部》:"瑞,以玉为信也。"《玉篇·玉部》:"瑞,信节也,诸侯之珪也。"《周礼·春官·大宗伯》:"以玉作六瑞,以等邦国:王执镇圭,公执桓圭,侯执信圭,伯执躬圭,子执穀璧,男执蒲璧。"《尚书·舜典》:"辑五瑞,既月乃日,觐四岳群牧,班瑞于群后。"陆德明释文:"瑞,信也。""信"则有信物义,无烦赘述。"瑞"和"信"连用,训诂学上称之为"复文",又称"复语"、"连文同义"、"同义连文",用今天的话来说就是同义词叠用。复文有两个单音节同义词叠用之例,也有三个单音节同义词叠用者。本师蒋礼鸿先生、任铭善先生合著《古汉语通论》引《左传·襄公三十一年》:"缮完葺墙,以待宾客。"及《楚辞·离骚》:"览相观于四极兮,周流乎天余乃下。"复文也有双音词叠用者,有时两个词之间嵌入连词。如《楚辞·离骚》:"心犹豫而狐疑兮,欲自适而不可。"同义形容词叠用,以汉赋为最多。

8."符合"的文化源

"符"本指竹制的符节,分而可复合,此即"符合"、"相符"等词的文化源。
许书《竹部》:"符,信也。汉制以竹,长六寸,分而相合。"《玉篇·竹部》:"符,
符节也,分为两边,各持其一,合之为信。"《战国策·秦策三》:"穰侯使者,操
王之重,决裂诸侯,剖符于天下,征敌伐国,莫敢不听。"鲍彪注:"符,信也,谓
军符。"

十六、印　　部

"印:执政所持信也。从爪,从卩。凡印之属皆从印。"
信:信物,指官玺。所训为引申义,其本义为按;"印"字即"抑"之初文。
王襄《簠室殷契类纂》:"印,古抑字。许说按也,从反印。此象一手按人之
形。"罗振玉《增订殷虚书契考释》:"印之本训既为按抑,后世执政以印施治,
乃假按印之印字为之。反印为抑,殆出晚季,所以别于印信字也。"今按,用
印章亦以手按之,故"印"亦可作动词,按印称"印",不为假借,乃引申。
从卩:"卩"象人跪形。

十七、色　　部

"色:颜气也。从人,从卩。凡色之属皆从色。𢑛,古文。"
颜气:容颜的气色,即脸色。　　从卩:朱骏声《通训定声》:"根心生色,
若合符卩也。"

十八、卯(qīng)　　部

"卯:事之制也。从卩、㔾。凡卯之属皆从卯。𨳉。"
制:制度。段注本被释字形体作"卯",并注:"卩、㔾,今人读节奏。合乎

节奏乃为能制事者也。"　　阙:段氏云"此阙谓阙其音也。其义其形既憭矣,而读若某则未闻也。"

十九、辟　　部

"辟:法也。从卩,从辛,节制其辠也;从口,用法者也。凡辟之属皆从辟。"

法:法制。　　从卩,从辛,节制其辠:"卩"表示节制;"辛"与"辠"同,表"辠"义。节制其辠即减少犯罪行为。

二十、勹(bāo)　　部

"勹:裹也。象人曲形,有所包裹。凡勹之属皆从勹。"

裹:"勹"、"裹"同义,故有"包裹"之同义联合式合成词。"勹"后作"包"(见下文)。

[讲解]

9."勹、包、胞"辨

"勹"为象形字,表包裹义。"包"字从勹、从巳(胎儿),表胎胞义,虚化引申为包裹义,并取代"勹"字。"胞"字乃在"包"字上添加形符而成的表示胎胞义的后起本字。

二十一、包　　部

"包:象人裹妊,巳在中,象子未成形。元气起于子,子,人所生也。男左行三十,女右行二十,俱立于巳,为夫妇。裹妊于巳,巳为子,十月而生。男起巳至寅,女起巳至申。故男年始寅,女年始申也。凡包之属皆从包。"

裹:许书《衣部》训"藏也",人怀孕如之。　　元气起于子:农历十一月为子月,阳气动,万物滋。　　男左行三十：
段注："男自子左数次丑、次寅、次卯为左行,
顺行凡三十得巳。女自子右数次亥、次戌、
次酉为右行,逆行凡二十亦得巳。至此会
合。故《周礼》令男三十而娶,女二十而嫁,
是为夫妇也。"这里提到的以"子"为中心,左
行、右行,参十二地支分布图：

　　男起巳至寅,女起巳至申:段注："男子
自巳数左行十得寅,故人十月而生于寅,男子数从寅起。女自巳数右行十得
申,亦十月而生于申。故女子数从申起。"　　故男年始寅,女年始申:段注：
"今曰者卜命,男命起寅,女命起申,此古法也。"按,此指排小运。

二十二、苟(jì)　部

　　"苟:自急敕也。从羊省,从包省,从口;口犹慎言也;从羊,羊与義善
美同意。凡苟之属皆从苟。䇂,古文羊不省。"

　　敕:诚,警诫。段注："敕者,诚也。此字不见经典,惟《释诂》'虘骏肃亟
遄速也'释文云:'亟字又作苟,同。居力反。'"　　古文羊不省:谓"苟"字的
古文形体上部"羊"这个部分不省略。

二十三、鬼　　部

　　"鬼:人所归为鬼。从人,象鬼头。鬼阴气贼害,从厶。凡鬼之属皆从
鬼。䰠,古文从示。"

　　人所归为鬼:此亦为声训、推源。《尔雅·释言》亦云"鬼之为言归也"。
　　从人,象鬼头:"鬼"字从"人",上象鬼头。鬼头大,今詈言尚有"见大头
鬼"的说法。鬼本来就是虚拟的,人们想象鬼可怖必头大。姜亮夫先生以为
人死后之骨殖以头为大,故其字大其头以象之,亦可备一说。　　鬼阴气贼
害,从厶:"鬼"字还有一个构件"厶",许书《厶部》训"奸邪",与"贼害"(伤害)

义相通。

二十四、甶(fú)　部

"甶：鬼头也。象形。凡甶之属皆从甶。"

鬼头：本部有"畏"字，训"恶也。从甶，虎省。鬼头而虎爪，可畏也。"虎爪锐利，故可畏；鬼头则以其大不类人头而可畏。

二十五、厶(sī)　部

"厶：姦衺也。韩非曰：'苍颉作字，自营为厶。'凡厶之属皆从厶。"

姦衺：犹言奸刁、自私。　　自营为厶：语出《韩非子·五蠹》，今本《韩非子》作"古者苍颉之作书也，自环者谓之厶，背厶谓之公。"按，所谓"自环"，以"厶"之形体参之，即出发点与终点首尾相接，出发点为己，环绕之复归于己之意。"背厶谓之公"亦以形体示"公、厶"两相反意，"公"字从厶、从八，"八"本训"别"，即相违义。

[讲解]

10. 弃本字而用借字

古往今来，文字应用有弃其本字而用借字之例。如，今自私字作"私"，此字从禾，本为禾名。许慎书《禾部》："私，禾也。从禾，厶声。北道名禾主人曰私主人。"段注："盖禾有名私者也。"然则自私字作"私"为假借。再如，制造字作"造"，亦为借字。"造"字从辵，其本义为前往、到。《广雅·释言》："造，诣也。"《小尔雅·广诂》："造，适也。"《周礼·地官·司门》："凡四方之宾客造焉，则以告。"《尚书·盘庚中》："诞告用亶其有众，咸造勿亵在王庭。"伪孔传："造，至也。"制造义原有本字，作"艁"，又作"竈"。许慎书收有"艁"字，以为"造"之重文，实则"造、艁"记录的是两个语词，不过同音罢了。汉扬雄《方言》卷九："艁舟谓之浮梁。""艁"字金文作"竈"，高鸿缙《颂器考释》：

"窟,制造之本字,亦作艁,从宀,从舟,告声。言屋或舟均人所制造也。后世通以造访之造代之,久而成习,而窟与艁均废。"此外,文字合流情况如斗争字作"斗",严格地说也是用借字,但我们这里所说的弃本字而用借字不包括文字合流。

二十六、嵬(wéi) 部

"嵬:高不平也。从山,鬼声。凡嵬之属皆从嵬。"

高不平:即崔巍之义。其高义当为鬼声所载。"魁"亦鬼声字,《广雅·释诂一》训"大",人身材高大称"魁梧"、"魁岸"、"魁昂",可相证。

二十七、山 部

"山:宣也。宣气散,生万物,有石而高。象形。凡山之属皆从山。"

宣:宣散,下文"宣气散",意同。"宣"有发散、渲泄义,故《广韵·仙韵》"宣"字训"散",渲泄字作"渲",亦从宣气。"宣"的宣散、渲泄为宣声所载之语源义。"宣"字从宀,本指天子大室,与上述语义不相涉。以"宣"训"山",亦为声训而推其源。

二十八、屾(shēn) 部

"屾:二山也。凡屾之属皆从屾。"

二山:所训为形体造意,文献中无实用例。此部所辖仅"嵆"字,许云:"会稽山。一曰九江当嵆也。民以辛壬癸甲之日嫁娶。从屾,余声。《虞书》曰:'予娶嵆山。'""屾"作构件用,亦非"二山"义,仅指山而已。《正字通·山部》:"屾,即山之重文,音义不殊。"按,《广韵》"山"字所间切,"屾"字所臻切,音有微别,然为同一音节之分化。

［讲解］

11. 叠文同异

一个独体字相重叠而成另一字,独体字与叠文的音义有同者,亦有异者。王筠在《说文释例·叠文同异》中对此作出结论:"凡三叠成文者,未有不与本字异音异义者矣。其叠二成文,则音义异者固多,而同者亦有之。"

二十九、屵(è)　部

"屵:岸高也。从山、厂,厂亦声。凡屵之属皆从屵。"

岸高:石厓崇高。"屵"为"岸"之初文,本部:"岸,水厓而高者。"　从山、厂:"厂"象石厓形。

三十、广(yǎn)　部

"广:因广为屋,象对剌高屋之形。凡广之属皆从广。读若俨然之俨。"

因广为屋:依山崖而构之屋。段注本此句作"因厂为屋",可从。　对剌:"高屋"的修饰语。王筠句读推断"对剌"似为联绵词,然文献中未之见。段注本改为"对剌",并注:"谓对面高屋森耸上剌也,首画象岩上有屋。"

［讲解］

12. "广、廣"合流

今"广大"、"广泛"、"宽广"等词,其字皆作"广"。古者本有"廣"字。许书《广部》:"廣,殿之大屋也。从广,黄声。"王筠《句读》:"无四壁而上有大覆盖,是曰廣。"虚化引申舍弃其具体性义素而为广大、宽广义。

三十一、厂(hǎn)　部

"厂:山石之厓岩,人可居。象形。凡厂之属皆从厂。_斥,籀文从干。"

厓岩:石崖,石岩。"厓"后作"崖"。　　斥,籀文从干:此即在象形字上添加声符。

[讲解]

13.　"厂、厰"合流

今工厂、厂矿字作"厂",古时另有"厰"字,为"廠"之俗体。《中华大字典·厂部》:"厰,廠俗字。""廠"本指无墙壁的棚舍,"廠"之名本寓敞开义。《广韵·漾韵》:"廠,露舍。"《集韵·养韵》:"廠,屋无壁也。"北魏贾思勰《齐民要术·养羊》:"架北墙为廠。"至明代始指工厂,大抵厂房之制近棚舍。《明史·食货志六》:"后添设饶州通判,专管御器廠烧造。是时营建是繁,近京及苏州皆有砖廠。"

三十二、丸　　部

"丸:圜,倾侧而转者。从反仄。凡丸之属皆从丸。"

圜,倾侧而转者:圆形,倒向一边而转动的东西。　　从反仄:小篆"仄"、"丸"形体相反。

三十三、危　　部

"危:在高而惧也。从厃,自卪止之。凡危之属皆从危。"

在高而惧:人在高处有危险故恐惧。"危"的基本义为危险,然亦有高义,"危栏"、"正襟危坐"之"危"皆高义。　　从厃:许书《厃部》:"厃,仰也。从人在厂上。"("仰"谓仰望)"厃"当为"危"之声符,亦声字。　　自卪止之:

指行动谨慎。段注本作"人在厓上,自卪止之"。云依《韵会》补其四字。

三十四、石   部

"石:山石也。在厂之下,口,象形。凡石之属皆从石。"

在厂之下,口,象形:石未必在厂之下。"石"为附加式象形。"口"本圆形,象石,恐其意不显,复加"厂"之构件。

三十五、長   部

"長:久远也。从兀,从匕。兀者,高远意也。久则变化。亾声。厂者,倒亾也。凡長之属皆从長。た,古文長。兑,亦古文長。"

从兀,从匕:小篆"長"字形体已讹变。甲文"長"象人有长发形。   兀者,高远意:许书《人部》"兀"字本训"高而上平"。   久则变化:指前面提到的"匕"表示变化。

[讲解]

14. 非字者不出于说解

本条中"厂者,倒亾也"一语是否许书原文,颇可疑。许书通例,凡云从倒某者,皆成字,唯"厂"非字。王筠认为:非字者不出于说解,意即许慎在作文字形体结构分析时,对于不成字的构件是不说解的,原因是怕引起读者误会,以非字为字。他对这一点作了很充分的论证:"果下云:象果形在木上。谓田也,似井田字,故不出。""牟下云:象其声气从口出。谓厶也,嫌于音私之厶,故不出。""亢下云:象颈脉形。谓几也,似几席字,故不出。"王筠氏还推断,许书中对不成字构件进行说解的内容非原文:"番下云:田象其掌。田非字,盖后增。果字下不云田象果形,可证。""支下云:屮象决形。案屮即楚危切之屮也,然云象形,则非字也,不当出。"他还进一步推断,对不成字构件"校者恐人不知所谓,侧注于旁以醒人目,而昧者传写,辄以入正文也"。

三十六、勿　部

"勿：州里所建旗。象其柄，有三游。杂帛，幅半异。所以趣民，故遽称勿勿。凡勿之属皆从勿。㫃，勿或从㫃。"

州里所建旗：指大夫、士所建旗帜。　　有三游：有三条旗游，即飘带。

杂帛，幅半异：杂色帛，半赤半白。"幅"指旗面。　　趣：通"趋"，麇集。

故遽称勿勿：所以急速叫勿勿。实则语源不一。

三十七、冄(rǎn)　部

"冄：毛冄冄也。象形。凡冄之属皆从冄。"

冄冄：柔软下垂貌。段注："冄冄者，柔弱下垂之貌。《须部》之𩑔取下垂意，《女部》之姌取弱意。"按，今语"冄"如"太阳冄冄上升"表缓慢义，柔软、柔弱、缓慢，义皆相通。

三十八、而　部

"而：颊毛也。象毛之形。《周礼》曰：'作其鳞之而。'凡而之属皆从而。"

颊毛：脸颊上的胡须。古代刑法，剃除颊须而不剃头发叫"耐"，其字在本部，训"罪不至髡也。从而，从彡。"此庶可证"而"之义。　　作其鳞之而：语出《周礼·考工记·梓人》："必深其爪，出其目，作其鳞之而。"郑玄注："之而，颊颔也。"清戴震补注："颊侧上出者曰之，下垂者曰而，须鬣属也。"

三十九、豕　部

"豕：彘也。竭其尾，故谓之豕。象毛足而后有尾。读与豨同。按，今世字误以为豕为彘、以彘为豕，何以明之？为啄、琢从豕，蠡从彘，皆取其声，以是明之。凡豕之属皆从豕。𢑓，古文。"

彘:《方言》卷八:“猪,北燕、朝鲜之间谓之豭,关东西或谓之彘,或谓之豕。”按,今上海方言犹称豕为“彘”,“豕、猪、彘”,其音皆相通转。　竭其尾,故谓之豕:段注:“《立部》曰:‘竭者,负举也。’豕怒而竖其尾则谓之豕。”

象毛足而后有尾:段玉裁以为“毛”字当作“头”,转写之误。　按:按语三十三字,徐铉、段玉裁皆以为非许书原文。

四十、㣇(yì)部

“㣇:脩豪兽。一曰河内名豕也。从彑,下象毛足。凡㣇之属皆从㣇。读若弟。,籀文。,古文。”

脩豪兽:长毛兽。“脩”通“修”,“豪”同“毫”。　河内名豕:河内郡称豕为㣇。　从彑:“彑”为猪头。

四十一、彑(jì)部

“彑:豕之头。象其锐而上见也。凡彑之属皆从彑。读若罽。”

象其锐而上见:“彑”字上部象猪嘴,形尖锐。

四十二、豚　部

“豚:小豕也。从彖省,象形。从又持肉,以给祠祀。凡豚之属皆从豚。,篆文从肉、豕。”

从彖省:《彑部》“彖”训“豕”。　从又持肉,以给祠祀:用手拿着肉,以供宗祠祭祀之用。这是对被释字字头形体而言的。在这一条中,小篆形体作为重文列在文末,被释字字头作,可能是籀文,因为没有明显的古文特征。

四十三、豸(zhì)部

“豸:兽长脊,行豸豸然,欲有所司杀形。凡豸之属皆从豸。”

豸豸然:长脊兽捕捉猎物时突然伸长身体的样子。段注:“凡兽欲有所伺杀,则行步详审,其脊若加长。豸豸然,长皃。"　　　司:通"伺",守候,等候。

四十四、岜(si)　部

"岜:如野牛而青。象形。与禽、离头同。凡岜之属皆从岜。🐍,古文从几。"

如野牛而青:《尔雅·释兽》:"兕,似牛。""兕"即许慎所引古文"岜"字。

与禽、离头同:"禽"字许训"走兽总名","离"字则训"山神兽",以字形观之,"岜"与"离"头较相似。

四十五、易　　部

"易:蜥易、蝘蜓、守宫也。象形。祕书说:日月为易,象阴阳也。一曰从勿。凡易之属皆从易。"

蜥易:亦作"蜥蜴",即所谓四脚蛇,似蛇而短,有四脚。　　蝘蜓、守宫:即壁虎,喜食蚊。伏于壁,故得"壁虎"之名。　　日月为易,象阴阳:谓"易"字上为"日",下为"月",日为阳,月为阴,日月交替即昼夜交替,故"易"有变化之义,《易经》之"易"即变化义。今语"交易"、"贸易"等词,此义犹存。

[讲解]

15. 偏旁同化

蜥易字本作"易",偏旁同化乃作"蜴"。"蜴"字许书未录。西汉扬雄《方言》中已有之。卷十:"脉蜴,欺谩之语也。"郭璞注:"中国相轻易蚩弄之言也。"疑此字从虫,犹南蛮字亦从虫,北狄字从犬。然则"蜴"本非蜥蜴字。在文字应用过程中,记录双音节词的两个文字有时互相影响,书写者将它们写成偏旁相同的形式,这种现象称之为偏旁同化。显然,"蜥蜴"的"蜴"是因为"蜥"字从虫而作"蜴"。再如,儿之妻称"息妇"。"息"字从自(指鼻子)从心,指一呼一吸,气息。气息不断,故有滋生义,所谓"利息",即本钱所生之钱,亦此义。"息妇"即孳生后代之妇,傍旁同化乃作"媳妇"。他如:凤皇——凤凰,峨眉——峨嵋,华骝——骅骝,尸鸠——鸤鸠,巴蕉——芭蕉,丰茸——芊茸,火伴——伙伴。

16. 祕书

许慎在本条中提到的祕书,段玉裁解释说"谓纬说"。按即谶纬图箓之书。"谶"本指预言吉凶的图箓,相传孔子死前有谶书遗人。纬书即汉代依托儒经宣扬符箓瑞应占验之书。主要的儒经都有相应的纬书,清人马国翰《玉函山房辑佚书》辑有纬书四十种。汉代的经学、小学代表人物许慎、郑玄对祕书都有研究,许慎在许多文字的解释上,都受祕书影响。《后汉书·郑玄传》:"(郑玄)遂博稽六艺,粗览传记,时觊祕书纬术之奥。""祕书"的得名,以其书神秘。"祕"字从示,本为神秘字。至宫禁秘藏之书亦称"祕书",为另一义。

四十六、象　　部

"象:长鼻牙,南越大兽,三年一乳,象耳、牙、四足之形。凡象之属皆从象。"

南越:百越地区的南方。越本为春秋十四列国之一,建都会稽(今浙江绍兴)。后来越族人散居于江、浙、闽、粤等地。因此称之为"百越"。　　三年一乳:三年生育一次。

[讲解]

17. 据形系联,以类相从

许慎对540个部首的编排,体现了两个基本原则。第一,据形系联。即以部首形体的相似性为依据,将若干部首编在一起。如第一卷"一、上、示、三、王、玉"等部首相为伍,第八卷"人、匕、匕、从、比、北"等部首相邻。第二,以类相从。即部首指称的事类、物类相同、相近,则将这些部首编在一起。如本卷自"豕"至"象"八个部首均指动物,再如第六卷中的"宋、生、乇、邪、㯺、華"六个部首,其义均与植物有关。

第十讲

《说文解字》第十篇

四十部：馬部　廌部　鹿部　麤部　㲋部　兔部　萈部　犬部
㹜部　鼠部　能部　熊部　火部　炎部　黑部　囱部
焱部　炙部　赤部　大部　亦部　夨部　夭部　交部
尣部　壺部　壹部　㚔部　奢部　亢部　夲部　夰部
大部　夫部　立部　竝部　囟部　思部　心部　惢部

一、馬　　部

“馬：怒也，武也。象馬头髦尾四足之形。凡馬之属皆从马。，古文。，籀文馬与影同，有毛。”

怒：气盛，形容词。“心花怒放”、“怒涛”之“怒”，亦此义。　　武：指马可用于战。段注：“《释名》曰：‘大司马。马，武也，大揔武事也。’”按，“揔”即总括。“马”训武、训怒，皆为声训。　　籀文马与影同：今大徐本古文“马”与籀文“马”毫无二致，故段玉裁改籀文“马”为。

二、廌(zhì)　部

“廌：解廌兽也，似山牛，一角。古者决讼，令触不直。象形，从豸省。凡廌之属皆从廌。”

解廌兽：以其能解讼，故称“解廌”。其字后作“獬”，“解廌”一作“獬豸”。

古者决讼，令触不直：古时候断案，让解廌触碰理亏的一方。段注：“《神异经》曰：‘东北荒中有兽，见人斗则触不直，闻人论则咋不正，名曰獬豸。’《论衡》曰：‘獬豸者，一角之羊，性识有罪，皋陶治狱，有罪者令羊触之。’”按，今刑法字作“法”，源于汉隶，其字古本作“灋”，许书本部云：“刑也。平之如水，从水；廌，所以触不直者，去之，从去。法，今文省。”

三、鹿　　部

"鹿:兽也。象头角四足之形。鸟、鹿足相似,从匕。凡鹿之属皆从鹿。"

从匕:段注:"鸟从匕,鹿从比。"按,鸟二脚,鹿四脚。

四、麤(cū)　部

"麤:行超远也。从三鹿。凡麤之属皆从麤。"

行超远:段注:"鹿善惊跃。"按,文献中未见其实用例。古籍中用如粗细之"粗",为假借。　　从三鹿:甲文形体或从二鹿。

五、㲋(chuò)　部

"㲋:兽也。似兔,青色而大。象形。头与兔同,足与鹿同。凡㲋之属皆从㲋。奐,篆文。"

兽:文献中"㲋"字作"奐",本为"㲋"之俗体。《山海经·中山经》:"纶山其兽多闾麈麢奐。"郭璞注:"奐似兔而鹿脚,青色。"郝懿行笺疏:"奐,俗字。当为㲋。"《玉篇·犬部》:"奐,亦作㲋。"

六、兔　　部

"兔:兽名。象踞,后其尾形。兔头与㲋头同。凡兔之属皆从兔。"

踞:蹲着。许书《足部》:"踞,蹲也。"

七、莧(huán)　部

"莧:山羊细角者。从兔足,苜声。凡莧之属皆从莧。读若丸。寬字从此。"

从兔足,苜声:以小篆"莧"字形体观之,为象形字,段玉裁氏信从许说,亦未得。徐铉等注:"臣铉等曰:苜,徒结切,非声。疑象形。"

八、犬　部

"犬:狗之有县蹏者也。象形。孔子曰:'视犬之字如画狗也。'凡犬之属皆从犬。"

狗之有县蹏者:意即悬着蹄子的狗叫"犬"。说似无据,疑为望形生训。犬为犬类大名,狗,其小者。王力先生《同源字典·同源字论》:"小犬为狗,小熊、小虎为豿,小马为驹,小羊为羔。"得之。

九、犾(yín)　部

"犾:两犬相啮也。从二犬。凡犾之属皆从犾。"

啮:咬。所训为形体造意,犬性独,二犬相逢则相咬,俗言"狗咬狗"。此字未见其文献实用例。

十、鼠　部

"鼠:穴蟲之总名也。象形。凡鼠之属皆从鼠。"

穴蟲之总名:穴居蟲兽的总称。以"宁"、"貯"之音义参之,知"鼠"得名之由为藏于洞穴。换言之,"鼠"字音节在古代可表贮藏义,也可指藏在洞穴中的动物。"鼠"字《广韵》舒吕切,其上古音为书纽鱼部。"宁"字《广韵》直吕切,其上古音为定纽鱼部。"貯"字本从宁声,然其音有微别,《广韵》丁吕切,其上古音为端纽鱼部。三字叠韵,定端旁组,定、端与书(审三)为准旁组。"宁"(非安宁字)象橱柜形,藏物之物。许书《宀部》此字训"辨积物",即分格藏物意。后起本字加"贝"作"貯"。许书《贝部》:"貯,积也。从贝,宁声。"徐锴《系传》:"当言宁亦声,少亦字也。会意。"《玉篇·贝部》:"貯,藏也。"《吕氏春秋·乐成》："我有田畴,而子产赋之;我有衣冠,而子产贮之。"宋陆游《冬夜读书》："茆屋三四间,充栋贮经史。"综言之,"鼠"和"贮"在语音和语义两个方面都有亲缘关系,可以认定为同源词,而它们的同源关系则可揭示"鼠"的命名依据。

[讲解]

1. 古人"虫"的概念

许慎把鼠叫做"穴蟲",显然与今人"虫"的概念不一样。许书《蟲部》:"蟲,有足谓之蟲,无足谓之豸。"显然,"蟲"指小爬虫,其文字形体反映了多而聚集之意。又,《虫部》:"虫,一名蝮,博三寸,首大如擘指。象其卧形。物之微细,或行,或毛,或蠃,或介,或鳞,以虫为象。"藉知"虫"本指毒蛇,其字亦作"虺",引申而指各种动物。许书此条"或行"下加"或飞"二字。"行"指以腿行走的动物。"飞"指有羽毛的飞行动物,即飞禽。羽毛形扁,今皖歙方言有"扁毛畜牲"之詈语;亦当指蚊、蛾类小飞虫。"毛"谓毛虫。"蠃"同"裸",人既无毛,又无甲、鳞,故称"蠃虫"。"介"通"甲",龟类有甲壳的动物。"鳞"指鱼类有鳞片的动物。此外,蛇亦称"长虫",老虎亦称"大虫"。

2. 名 物 训 诂

训诂,即解释古代的语言,其专门之学即训诂学。当训诂对象为名词时,这种训诂在传统上称为名物训诂,因为名词是指称物的。名物训诂在整个训诂学中占很大的比重。中国乃至世界辞书史上最早的辞书《尔雅》,质言之,是一部名物训诂之作。《四库全书总目提要》谓此书"采诸书训诂名物之同异以广其闻,实自为一书,不附经义"。其书共十九篇,首三篇《释诂》、《释言》、《释训》解释一般语词,具有语文辞书性质。其余十六篇《释亲》、《释宫》、《释器》、《释乐》、《释天》、《释地》、《释丘》、《释山》、《释水》、《释草》、《释木》、《释虫》、《释鱼》、《释鸟》、《释兽》、《释畜》,皆为名物训诂。此书行世,历代有人作专门研究,故有所谓"雅学",续作亦层出不穷。《汉书·艺文志》载,有无名氏《小尔雅》一篇,魏代张揖有《广雅》,宋代陆佃有《埤雅》,罗愿有

《尔雅翼》,明代朱谋㙔有《骈雅》,方以智有《通雅》,清代吴玉搢有《别雅》,朱骏声有《说雅》,程先甲有《选雅》,洪亮吉有《比雅》,夏味堂有《拾雅》,史梦兰有《叠雅》,刘灿有《支雅》。可谓成果累累,蔚然可观。汉代刘熙的《释名》,旨在推寻物的得名之由,为语源学著作,同时也是名物训诂之作,此书二十七篇的篇目即足以证明这一点。其篇目为:《释天》、《释地》、《释山》、《释水》、《释丘》、《释道》、《释州国》、《释形体》、《释长幼》、《释亲》、《释言语》、《释饮食》、《释采色》、《释首饰》、《释衣服》、《释宫室》、《释床帐》、《释书契》、《释典艺》、《释器用》、《释乐器》、《释兵》、《释车》、《释船》、《释疾病》、《释丧制》。必须指出的是,《说文解字》虽然不是名物训诂的专书,但含有不少名物训诂成分。因为此书尽最大努力地收录了前代文字,自然,《尔雅》里所解释的词,许慎不可能不猎涉。《尔雅》有《释山》、《释水》、《释草》、《释木》、《释虫》、《释鱼》、《释鸟》等部,《说文解字》相应地有《山部》、《水部》、《艸部》、《木部》、《虫部》、《鱼部》、《隹部》、《鸟部》,唯其体例不同而已。

十一、能 部

"能:熊属。足似鹿。从肉,㠯声。能兽坚中,故称贤能;而强壮,称能杰也。凡能之属皆从能。"

熊属:熊类动物。段注:"《左传》、《国语》皆云晋侯梦黄能入于寝门,韦昭注:'能似熊'。" 从肉,㠯声:金文"能"为象形字,小篆形体已讹变。能兽坚中,故称贤能:谓能兽体格坚实所以叫贤能,实则误以假借为引申。"能"的贤能、能杰义当为"能"字音节所载之别义。贤能、能杰谓能任事。考"能"字《广韵》奴来切,其上古音为泥纽之部;"任"字《广韵》如林切,其上古音为日纽侵部。日本可归泥,析为二,亦为准双声,之侵通转。

十二、熊 部

"熊:兽。似豕,山居,冬蛰。从能,炎省声。凡熊之属皆从熊。"

兽:"熊"与"能"当为分别文。"能"本指熊属,其字为借义(贤能、能杰义)所夺,故以"熊"字指熊。　　从能,炎省声:清吴大澂《古籀补》、林义光《文源》皆谓象形。疑此字之结构为从火,能声,其本义即火势猛,所谓熊熊烈火,而以指称熊兽,为借字。

十三、火　　部

"火:燬也。南方之上,炎而上。象形。凡火之属皆从火。"

燬:此为方言词,本条亦以方言释雅言。其字,则"燬"为"火"之转注字。

炎而上:火之性,水之性则润而下,正相反,所谓水火不相容。

十四、炎　　部

"炎:火光上也。从重火。凡炎之属皆从炎。"

火光上:《朱子语类·孟子七》:"如水之润下,火之炎上。"　　重火:重叠的两个"火"。

十五、黑　　部

"黑:火所熏之色也。从炎上出囱,囱,古窗字。凡黑之属皆从黑。"

火所熏之色:此为喻训。　　囱,古窗字:此即转注。前者为象形,原生性造字;后者为形声,再生性、重复性造字。

十六、囱　　部

"囱:在墙曰牖,在屋曰囱。象形。凡囱之属皆从囱。窗,或从穴。⑪,古文。"

在屋曰囱:在屋体上的叫做囱,屋体除四壁外,唯有屋顶,故"囱"的本义即所谓"天窗"。

十七、焱(yàn) 部

“焱:火华也。从三炎。凡焱之属皆从焱。”

火华:即火花,火焰。 从三火:段注:“凡物盛则三之。”按,同体会意之字,强化其构件之义。“焱”的构件理据与“森”同。

十八、炙 部

“炙:炮肉也。从肉在火上。凡炙之属皆从炙。𤐫,籀文。”

炮肉:以泥裹肉在火上烤。许书《火部》:“炮,毛炙肉也。从火,包声。”徐灏注笺:“炮本连毛裹烧之名,故用包为声。”按“炮”字的结构当为从火、从包、包亦声。《广韵·肴韵》:“炮,合毛炙物也。”《诗·小雅·瓠叶》:“有兔斯首,炮之燔之。”毛传:“毛曰炮。”

[讲解]

3. “炮、礮”合流

今炮弹字作“炮”,古者另有“礮”字,二者合流。“礮”在火药发明应用于战争前指石炮,即以机关发射石块。《玉篇·石部》:“礮,礮石。”《集韵·效韵》:“礮,机石也。”三国魏曹叡《善哉行·我徂》:“发砲若雷,吐气成雨。”按,“砲”即“礮”之俗体。《正字通·石部》:“礮,俗作砲。”《文选·潘岳〈闲居赋〉》:“礮石雷骇。”李善注:“礮石,今之抛石也。……《范蠡兵法》:‘飞石,重二十斤,为机发,行三百步。’”“礮”字亦作“礟”。《篇海类编·地理类·石部》:“礟,同礮。”清赵翼《闻金川奏凯诗以志喜》:“轰硐雷火连珠礟,掠浪虬梭独木船。”按,此“礟”字已指火药炮。

十九、赤 部

“赤:南方色也。从大,从火。凡赤之属皆从赤。烾,古文从炎、土。”

南方色:五方、五行、五色相对应,南方属火,火色赤红。　　　从大,从火:火大则显其色,故显赫字作"赫"。

二十、大　部

"大:天大,地大,人亦大。故大象人形。古文大也。凡大之属皆从大。"

故大象人形:"大"为抽象性语义,人形不足以示大意,故张其臂,示大意。　　　凡大之属皆从大:"大"所表示的义类有二,其一为大。本部收字十七个,其中十五个构件"大"皆表大义。其二为人。"夾,持也。从大侠二人。"其"大"仅表人义。又"夷,平也。从大,从弓。东方之人也。"按,"平"为"夷"之别义,本义即东方之人,所谓东夷,游牧民族,终日身负其弓,是其特征,故其从大、从弓会意。其"大"仅表人义。

二十一、亦　部

"亦:人之臂亦也。从大,象两亦之形。凡亦之属皆从亦。"

臂亦:臂腋。腋在臂下,故称"臂亦。""亦"为"腋"之初文,后作重复副词的记录符号(相当于今语的"也")并为此义所夺,故又制"腋"字。"腋"字从肉、夜声,而"夜"字从夕、亦省声。"腋"亦为"亦"之转注字。　　　从大,象两亦之形:此"大"仅表示人,无大义。"亦"为后起指事字,在象形字"大"上加注指点符号而成。许书中之指事字,唯"上、下"二字明指为指事,余皆表述为象形。

二十二、矢(zè)　部

"矢:倾头也。从大,象形。凡矢之属皆从矢。"

倾头:侧过头去,歪着头。《人部》"倾"字训"矢也"。按,此字未见其文献实用例,顾野王以为即"侧"字。《玉篇·矢部》:"矢,倾头也。今并作侧。"

从大:此"大"表示人。"矢"象人倾头形。

二十三、夭　部

"夭:屈也。从大,象形。凡夭之属皆从夭。"

屈:即曲。宋育仁《部首笺正》:"屈,犹曲也。今言诘屈。"按,本部"喬"字训"高而曲也。从夭,从高省"。其"夭"亦载曲义。　　从大:"大"指人,"夭"象人奔走两臂摆动曲而不直之形。林义光《文源》:"夭,奔走字篆从夭,……象两手摇曳形。"按,"走"字中之构件不取曲义,"夭"单用则表曲义。人早亡称"夭折"。汉刘熙《释名·释丧制》:"少壮而死曰夭,如取物中夭折也。"按,"夭折"之"夭"亦曲义,凡折物,先使曲而后断之。

二十四、交　部

"交:交胫也。从大,象交形。凡交之属皆从交。"

交胫:交叉着小腿。段注:"交胫谓之交,引申之为凡交之称。"按,许氏所训为形体造意,段氏亦以造意为本义,此为段氏书之通病。"交"的本义为交叉、交错,此为抽象性语义,凭借人胫交叉之象以显之,此为汉字通例。犹"逐"为追逐,而非追豕。豕善逃,常有追豕事,藉此造"逐"字表达追逐义。再者,词的本义,必须有文献实用例作佐证。早期文献未有以"交"表交胫义者。"交"的诸义项之源即交叉、交错。《孟子·滕文公上》:"猛兽之迹交驰于中国之道。"《齐民要术·园篱》:"交柯错叶,特以房笼。"《汉语大字典》卷一"交"字条谓"'交'即'骹'的初文,抽象为交叉义,后另加骨旁作'骹'。"说亦失之。许慎书"骹"字"胫",指小腿,为名词;"交"即交叉、交错,为动词、形容词。

二十五、尢(wāng)　部

"尢:𪳜,曲胫也。从大,象偏曲之形。凡尢之属皆从尢。𨁌,古文从㞷。"

尵:同"跛"。　　曲胫:腿弯曲。　　从大,象偏曲之曲:"大"指人,金文、小篆"尢"皆象人一腿屈曲形,此即许氏所云"偏曲"之意。今按,文字未造,语言已先之。在造"尢"字之前,"尢"字的音节已被约定用来表达弯曲义,"尢"和"彎"的同源关系可以证明这一点。"彎"即弯曲字,从弓,古人用弓弯曲的形象来表达弯曲义,"䜌"则为声符,口头语言中,弯读如䜌。考"尢"字徐铉等注乌光切,其上古音为影组阳部;"彎"字《广韵》乌关切,其上古音为影组元部。二字双声,阳元通转。然则二字之音本为同一音节之分化音。

尳,古文从㞷:"㞷"为声符,"枉"字之小篆形体作"棨",声符同。"棨"的本义亦为弯曲,许书《木部》训"衺曲"。盖"㞷"声与"尢"声近,义相同。

二十六、壴　　部

"壴:昆吾,圆器也。象形。从大,象其盖也。凡壴之属皆从壴。"

昆吾:谓壴之别名为昆吾。段注:"《缶部》曰:'古者昆吾作匋。壴者,昆吾始为之。"今按,"壴"当为"昆吾"之合音字。"壴"的上古音匣组鱼部,"昆"为见纽字,匣、见旁纽;"吾"为鱼部字,与"壴"叠韵。"壴"称"昆吾",犹"笔"称"不律",唯昆吾或真有其人,所作器,以其名命之。　　从大:此"大"为笔画,非字形,无"大"义、"人"义。

二十七、壹　　部

"壹:專壹也。从壴,吉声。凡壹之属皆从壹。"

專壹:谓专一不二。　　从壴:徐锴《系传》:"从壴取其不泄也。"　　吉声:楷书"壹"之构件"豆"为"吉"字之变。

[讲解]

4."专一"的文化源

"专一"一词,文字形式如许慎所述作"專壹"。"專"本指纺砖,可执而摇动,作圆周运动,转一圈即一个循环。"壹"字从壶,壶为密封不泄一体之物。此即"专一"一词的文化源。

二十八、夲(niè)　部

"夲:所以惊人也。从大,从羊。一曰大声也。凡夲之属皆从夲。一曰读若瓠。一曰俗语以盗不止为夲,夲读若笯。"

所以惊人:用来惊吓人的东西。　董作宾《殷历谱》云"象手械之刑,盖加于俘虏之刑具也。"　一曰大声也。一曰读若瓠:沈涛《古本考》:"譶为多言,夲为大声,义相近,而音读如瓠。"　俗语以盗不止为夲:文献中"夲"有此义。《左传·宣公十六年》:"善人在人,则国无幸民。谚曰:'民之多幸,国之不幸也。'"清承培元《说文引经证例》认为"则国无幸民"、"民之多幸"之"幸"为"夲"字之讹。

[讲解]

5. 俗语

许慎在其书中,时有对俗语的辨析,本条即其一例。他如:《亦部》:"夹,盗窃褱物也。从亦有所持。俗谓蔽人俾夹是也。弘农陕字从此。"《玉部》:"皇,大也。从自。自,始也。始皇者,三皇大君也。自读若鼻。今俗以始生子为鼻子。"《聿部》:"聿,笔饰也。从聿,从彡。俗语以书好为聿。"在汉语词汇研究史上,俗语的研究一直很薄弱。笔者所经眼,对俗语的引用、辨析,似以许慎为最早。

二十九、奢　　部

"奢:张也。从大,者声。凡奢之属皆从奢。奓,籀文。"

张:铺张,奢侈。沈涛《古本考》:"《御览》四百九十三《人事部》引:'奢,张也。反俭为奢。从大者,言夸大于人也。'盖古本尚有此十三字。"按,从大恐非"诗大于人"之意,而指铺张,俗言所谓"大手大脚"。又,此字本可入《大部》。 叕,籀文:此形体当为会意结构。凡事物以量计,可称"多",以幅度言,则称"大"。又"者"与"多"古音本相近,故作构件用,可互换。"爹"字一作"奢",庶可为证。

三十、亢(gāng)　部

"亢:人颈也。从大省,象颈脉形。凡亢之属皆从亢。頏,亢或从頁。"

人颈:亦指喉咙。段注:"《史·汉张耳列传》:'乃仰绝亢而死。'韦昭曰:'亢,咽也。'苏林云:'肮,颈大脉也,俗所谓胡脉。'《娄敬传》:'搤其亢。'张晏曰:'亢,喉咙也。'按《释鸟》曰:'亢,鸟咙。'此以人颈之称为鸟颈之称也。"按,指称喉咙,有后起本字"肮",亦为分别文。

三十一、夲(tāo)　部

"夲:进趣也。从大,从十。大、十,犹兼十人也。凡夲之属皆从夲。读若滔。"

进趣:迅速前进。"趣"字许书《走部》训"疾",即疾行义,与"趋"义相近。桂馥《义证》:"柳宗元《陆文通墓表》:后之学者,穷老尽气,左视右顾,莫得而夲。'音土刀切。人或误读为本末之本。"　读若滔:文献中亦借"滔"为"夲"。清王绍兰《说文段注订补·夲部》:"《管子·君臣下篇》:'心道进退,而形道滔赶。'此借'滔'为'夲'。……滔,谓进趣,赶,谓进趣之疾。故下文云'进退者主制,滔赶者主劳'也。《大雅·江汉篇》:'武夫滔滔。'谓武夫疾而进,犹此云滔赶矣,诗人因借'滔'为'夲',与《管子》同。许氏读夲若滔,亦同此意,声兼义也。"按,所谓"声兼义",指注音字可被假借为被释字,表达被释字所记录语词的意义。在一般情况下,"某读若集"中的被释字与注音字只有同音关系。故学者多将许慎的"读若"分为两类。又,文献中借"滔"为"夲"之例甚夥,此亦弃本字而用借字之典型。《庄子·田子方》:"夫子不言而信,不比而周,无器而民滔乎前,而不知所以然而已矣。"唐柳宗元《吊屈原文》:"矧先生之悃愊兮,滔大故而不贰。"

三十二、夽(gǎo)　部

"夽:放也。从大而八分也。凡夽之属皆从夽。"

放:徐锴《系传》云为分施、分散义,段玉裁以为即"逐",然皆未见其文献实用例。古籍中偶有以"夽"表"气"义之例,然其音非徐铉等所注之古老切,而音"昊"。

三十三、大(dà)　部

"大:籀文大,改古文。亦象人形。凡大之属皆从大。"

改古文:谓此籀文"大"字,改古文"大"字形体而成。从这个构件的应用情况来看,当合体字中含有此构件并处在上下结构的下部时,即作"夰"。如小篆"奕、獎、臭、奚、奕、奡、囊",此七字均在本部,这可能就是许慎在《大部》之外另立此部的原因。

三十四、夫　　部

"夫:丈夫也。从大,一以象簪也。周制以八寸为尺,十尺为丈。人长八尺,故曰丈夫。凡夫之属皆从夫。"

丈夫:成年男人。俗言所谓"男子汉,大丈夫"。男人成年则娶妻,故女性之配偶亦称"丈夫",其义本由此衍生。　　从大,一以象簪:"夫"字中的"大"表示人,"一"表示簪。簪是成年男子的象征物。古礼男人成年而戴冠,冠而后簪。

[讲解]

6. 体同音义异

有些合体字,它们的构件相同,但由于构件与构件的组合不同,它们各

自成为不同的文字。这种现象清代王筠称之为"体同音义异",他所说的
"体"即文字的构件。如"夫、天、立"三字均从大、从一,且"大"均指人,但构
件"一"表示的意义不同,分别指簪、头顶、大地。"从、比"二字均从二人,音
义亦相殊异。"本、末、朱"均从木、从一,而指点符号分别指树根部、树梢、红
色的树心。"易、吻"二字均从日、勿,前者指阴晴、昼夜变化,后者则谓天将
明未明。"忠、忡"二字均从心、中声,而"忠"指忠实,"忡"指心忧,所谓"忧心
忡忡"。"杳、杲"二字俱从日、从木会意,"杳"谓幽暗,"杲"指日出。

三十五、立　　部

"立:住也。从大立一之上。凡立之属皆从立。"

住:此解释词之本义为止。《广韵·遇韵》:"住,止也。"人立而止其行,
故训"住"。今居住字亦以此,实亦止义,谓止住某处不移。又,许书本条解
释文有"住"字,而 9 353 个被释字中无"住",亦为一疑。段玉裁氏径改"住
也"为"侸也"。"侸"即逗留,与"止"义通。

三十六、竝(bìng)　　部

"竝:併也。从二立。凡竝之属皆从竝。"

併:并列。《人部》"併"字训"竝",则为互训。段注:"郑(玄)注《礼经》古
文竝今文多作併,是二字音义皆同之故也。"

三十七、囟(xìn)　　部

"囟:头会,匘盖也。象形。凡囟之属皆从囟。𦜝,或从肉、宰。𥄉,古
文囟字。"

头会:头顶骨会拢处。人幼时,头顶部无骨,四周之骨渐长而会合。

匘:即"脑"字,今简作"脑"。其"匘",上象头发,下即指"头会",人生而此处
无骨,故有"囟门"之称。　　𦜝:段注:"盖俗字。"文献中此字指食所遗,与

"㿝"同,又指带骨肉酱。

三十八、思 部

"思:容也。从心,囟声。凡思之属皆从思。"

容:包容。人思考,可涉万事万物,无所不包容。朱骏声《通训定声》:"《书·洪范》:'思曰容。'言心之所虑,无所不包也。" 从心,囟声:非形声,而为会意,《韵会》作"从心,从囟"。段注:"《韵会》曰:'自囟至心如丝相贯不绝也。'然则会意,非形声。"朱骏声说略同。

三十九、心 部

"心:人心,土藏,在身之中。象形。博士说,以为火藏。凡心之属皆从心。"

土藏:在五行上属土的脏。"藏"字后作"臟",简作"脏"。朱骏声《通训定声》:"古《尚书》说土藏。" 以为火藏:段注:"土藏者,古文《尚书》说;火藏者,今文家说。"按,汉代经学博士皆今文经学家。又,祖国医学亦以心为火脏。脾乃为土脏。脾脏与胃腑相为表里,脾脏有疾则食欲不振,胃腑有病则胃纳欠佳。人摄取食物中的营养以供生命之需,以脾为土脏,即所谓"土生万物"之理。

[讲解]

7. 五脏与五行

传统医学受道家文化影响,以五脏与五行相配:心为火脏,肝为木脏,脾为土脏,肺为金脏,肾为水脏。五脏的属性,是辨证施治的重要依据。如失眠症的病因有多种,其中有心肾不交者,即肾水不能克制心火,故施治时以滋阴为原则。肾水足,则心之虚火自熄。

四十、惢(suǒ)　部

"惢：心疑也。从三心。凡惢之属皆从惢。读若《易》'旅琐琐'。"

从三心：今语犹有"多心"一词指怀疑。　　读若《易》"旅琐琐"：段注："《旅·初六爻》辞，惢读如此琐也。"按，许氏所引《易》文即旅人多疑之义，"琐"为"惢"字之借。"惢"表心疑义，古籍中有其实用例。《元包经·孟阴》："内有惢，下有事。"李江注："惢，疑也，谓进退不决。"

《说文解字》第十一篇

二十一部：水部　沝部　瀕部　〈部　巜部　川部　泉部　灥部

永部　辰部　谷部　仌部　雨部　雲部　魚部　鱟部

燕部　龍部　飛部　非部　卂部

一、水　　部

"水：準也。北方之行。象众水并流，中有微阳之气也。凡水之属皆从水。"

準：本部此字训"平"，谓水为平之标准。水性润而下，自高趋低，至平方息。俗言"人往高，水往低"。　　北方之行：在五方与五行的对立关系中，北方属水。　　象众水并流，中有微阳之气："水"象水流动形。

［讲解］

1."水准、水平"的文化源

水的特性，不平则流，以趋于平，这就是词汇系统中"水准"、"水平"等词的文化源。许慎以"准"训"水"，今语犹称山之高为海拔若干，海拔即大海的水平面，即以海水平面为标准。

二、沝(zhuǐ)　部

"沝：二水也。阙。凡沝之属皆从沝。"

二水：从文字应用情况看，"沝"从二水，无所取义，非同体会意字。王筠有言："籀文好重叠。"按，字形有自籀文至小篆而不变者。"沝"盖即此类。王筠句读："既释以二水也，而又云阙者，盖沝即水之异文，许君未得确据，故不质言之。……《集韵》曰'闽人谓水曰沝',则谓水、沝为两字。安康王玉树松亭曰:'邝氏《易》坎为水,水作沝。郭忠恕《佩觿集》:'音义一而体别:水为沝,火为焜。'是水与沝音义并同。'筠案:此说最精。凡叠二成文者,如棗、㸚、从、棘、兟、𢀖、屾、豩、䲆、斦等字,皆当与本字无异,惟沝之即水,故于此发之。"　阙:谓音缺。徐铉等注之壘切,为"水"字音节式轨切的变音。

三、濒　部

"濒:水厓。人所宾附,频蹙不前而止。从页,从涉。凡濒之属皆从濒。"

水厓:即水涯,水边。水边又称"滨"、"畔",如"海滨"、"湖畔","濒、滨、畔"音相近而义同。　宾附:走近。　频蹙:皱眉头。按,此为推源,然似不确。　从页,从涉:"濒"之义既为水厓,则其结构当为从水,频声。

四、𡿨(quǎn)　部

"𡿨:水小流也。《周礼》:'匠人为沟洫,相广五寸,二相为耦;一耦之伐,广尺、深尺,谓之𡿨。'倍𡿨谓之遂,倍遂曰沟,倍沟曰洫,倍洫曰巜。凡𡿨之属皆从𡿨。甽,古文𡿨从田、从川。畎,篆文𡿨从田、犬声。六畎为一畝。"

水小流:指田沟小水。　二相为耦:两倍于相即一尺宽叫耦。　伐:挖土。　遂:假借字。　巜:见本卷第五部。

五、巜(kuài)　部

"巜:水流浍浍也。方百里为巜,广二寻,深二仞。凡巜之属皆从巜。"

水流浍浍:小水流而断的样子。"巜"本为"浍"之初文。王筠句读:"巜,言水流也,承'𡿨,小水流也'而言。"林义光《文源》:"巜,象形。经传以浍为之。

方百里为巜:方百里指百里见方,今言"平方";为巜,挖水沟。　广二寻,深二仞:段注:"寻、仞,依许《寸部》、《人部》说皆八尺。"

六、川　　部

"川:贯穿通水流也。《虞书》曰:'濬〈〈〈川距'。言深〈〈〈之水会为川也。凡川之属皆从川。"

贯穿通水流:"川"与"山"相对,"川"为低洼可流水处。其字为象形,当中的笔画表示水。　　濬:深深地疏通。　　距:到。

七、泉　　部

"泉:水原也。象水流出成川形。凡泉之属皆从泉。"

水原:即水源。"原"为"源"之本字。泉为水源,故词汇系统有"源泉"一词。　　象水流出成川形:说不甚确。"泉"为地下之水,其字象水从泉穴流出下注之形。

八、灥(xún)　部

"灥:三泉也。阙。凡灥之属皆从灥。"

三泉:三股泉水。所训为形体造意,无文献实用例可证。段注:"凡积三为一者,皆谓其多也。"盖亦曲从许说,未得。　　阙:谓缺其音读。"灥"当为"泉"之异体,本无音读。徐铉等乃注详遵切。

九、永　　部

"永:长也。象水巠理之长。《诗》曰:'江之永矣。'凡永之属皆从永。"

长:此以同义词相训。"永"的本义为水流长,引申而指时间之长,"永远"、"永年"等词皆此义。"长"指头发长的年长之人,寓时长义,故引申之可指空间之长(即长短之长),亦可指时间之长,"长久"、"长远"等皆此义。

《诗》曰:"江之永矣":此为《周南·汉广》文,毛传:"永,长。"

十、瓜(pài)　部

"瓜:水之衺流别也。从反永。凡瓜之属皆从瓜。读若稗县。"

水之衺流别:河水斜出的支流。"衺"同"邪","邪"谓邪恶,故有不正、歪斜义,其歪斜义后世以"斜"字记之。"别"谓别出一支。"流别"即后世语"流派"。"瓜"本为"派"之初文,构件"水"系后加者。　　从反永:小篆"瓜"字反置"永"字形体而成。以故部首"永、瓜"相邻。许书通例:凡倒置某字形体而成新字者,反置某字形体而成新字者,重叠某字形体而另成一字者,必附于正字之后。如,"𥄭"从倒首,故在"首"部之后;"司"从反后,故在"后"部之后;"艸"从二屮,故在"屮"部之后。

十一、谷　　部

"谷:泉出通川为谷。从水半见,出于口。凡谷之属皆从谷。"

泉出通川为谷:泉水流出来的通道叫谷。　　见:"现"的初文,显现。口:指山的流水的出口,非人"所以言食"之口。"谷"即山谷。

[讲解]

2."谷、穀"合流

今稻谷字作"谷",古代另有"穀"字。许书《禾部》有此字,训"百穀之总名"。《玉篇·禾部》:"穀,五穀也。"《礼记·曲礼下》:"岁凶,年穀不登,君膳不祭肺,马不食穀。"《史记·留侯世家》:"留侯性多病,即道引不食穀。"按,此字从禾,㱿声,段玉裁氏谓为亦声字,"㱿"即"壳",谷皆有壳。许书、《玉篇》此字皆归《禾部》,本至确无疑,今《汉语大字典》、《汉语大词典》皆入《殳部》,从简、从俗而已,实有悖于字之条例。

十二、仌(bīng)　部

"仌:冻也。象水凝之形。凡仌之属皆从仌。"

冻:水冻则成冰,此被释词、解释词语义相通。"仌"即"冰"之初文。水冻为冰,故本部"冻"训"仌"。

十三、雨　　部

"雨:水从雲下也。一象天,冂象雲,水霝其间也。凡雨之属皆从雨。雨,古文。"

水从雲下:此为"雨"之本义。"雨"作构件用所表意义则与天文、大自然现象有关,如"電、雷、雾、雹"等。　　霝:此字在本部,训"雨零也",段注本作"雨零也",按即落下义。

十四、雲　　部

"雲:山川气也。从雨,云象雲回转形。凡雲之属皆从雲。云,古文省雨。云,亦古文雲。"

云象雲回转形:"云"指"雲"字下部构件。"雲"本为在象形字上添加形符构成者。甲文形体与许慎所称引之古文形相近。

十五、魚　　部

"魚:水蟲也。象形。鱼尾与燕尾相似。凡魚之属皆从魚。"

水蟲:魚为鳞,居水,故称水蟲。

十六、鱻(yú)　部

"鱻:二魚也。凡鱻之属皆从鱻。"

二鱼:所训为形体造意,"二鱼"无所取义,且无文献实用例可证。《龙龛手鉴·鱼部》:"鱻,《旧藏》作鱼。"《正字通·鱼部》:"鱻,《长笺》曰:鱼、鱻训异而声同,疑即鱼字复篆。"

十七、燕　部

"燕:玄鸟也。笒口,布翄,枝尾。象形。凡燕之属皆从燕。"

玄鸟:黑鸟。　笒口:象钳子一样的口。许书《竹部》:"笒,箝也。"后世钳以金属为之,故其字作"钳"。　布翄:张着翅膀。布,分布,张开。翄,"翅"的或体。　枝尾:尾巴分叉。形如木枝,故称枝尾。

十八、龍　部

"龍:鳞蟲之长。能幽,能明,能细,能巨,能短,能长。春分而登天,秋分而潜渊。从肉,飞之形。童省声。凡龍之属皆从龍。"

鳞蟲之长:鳞甲类动物的最尊者。犹虎称山兽之君。　能幽:幽指幽暗,这里作动词即隐蔽义。　能明:明即显现。　春分而登天,秋分而潜渊:故《易》有"飞龙在天"、"潜龙勿用"说。　从肉,飞之形。童省声:甲文为象形字。

[讲解]

3. 虚拟动物

我国号称"龙的故乡",其实许慎所描述的龙是不存在的,它是一种虚拟动物。《孔丛子·记问》:"天子布德,将致太平,则麟凤龟龙先为之呈祥。"后世"龙凤呈祥"一语即源于此。"麟"即麒麟,也是虚拟动物。《山海经》一书所记载的虚拟动物甚多,只不过没有龙、凤、麒麟那么为人们熟知罢了。古代传说中各种神奇动物,虽是虚拟的,却又是有生活、历史依据的。比如龙身体像蛇,却有马的毛,鹿的脚,狗的爪,鬣的尾,鱼的鳞和须,闻一多《伏羲考》一文指远古华夏氏族、部落不断征战、融合其他氏族、部落,原来的蛇图腾也融入其他图腾,最后变成龙图腾。至于凤凰,则是古代东方集团的图腾。许慎书《鸟部》:"凤,神鸟也。天老曰:凤之象也,鸿前麐后,蛇颈鱼尾,鹳颡鸳思,龙文龟背,燕颔鸡喙,五色备举,出于东方君子之国。"显然,凤的形象糅合了多种动物特征。郭沫若《青铜时代·先秦天道观的发展》一文指出,凤的原型即玄鸟。再如,许慎在书中提到的能帮人决讼的神兽"廌",其原型不过是羊罢了,段玉裁在其注中已引汉代王充的《论衡》论证了这一点。其实王充在他的著作的另一处也提到过这个问题,《是应》篇:"觟𧣾,一角之羊也,性知有罪。"可以推断,古人决讼,在证据不足时想作出正确判断就求助于生活中的常见动物羊,"令触不直",经过不自觉的艺术加工,羊就变成了"廌"的形象。

十九、飛　　部

"飛:鸟翥也。象形。凡飛之属皆从飛。"

鸟翥:鸟飞翔。许书《羽部》有解释词之记录字"翥",训"飞举也"。被释字今楷书作"飞",即取原字一部分代替原字,此为汉字形体演变的一大通例。"飛"作构件用,所表示的义类与"羽"同,故在合体字中常互换。如,"翼"谓鸟类翅翼,许书此字在本部,作"𦐊"。翻转之"翻"本谓鸟翻飞,楷书从羽,番声,古本作"䬡",从飛,番声。

凡飛之属皆从飛:许书此部首仅率一"𦐊"字,余未录,或当时未制。"雨雪霏霏"之"霏"本亦从飛作"霓",谓雨雪飘飞如鸟飞翔,为亦声字。

二十、非　　部

"非:违也。从飞下𣇈,取其相背。凡非之属皆从非。"

违:相违背。所训为形体造意。在语言中,"非"即否定副词,其语法功能与"不"同。在古代汉语中,"非"含有否定判断意味,如"白马非马",其"非"相当于今语的"不是"。　　从飞下𣇈:段注:"谓从飛省,而下其𣇈。"

二十一、卂(xùn)　部

"卂:疾飞也。从飞而羽不见。凡卂之属皆从卂。"

疾飞:迅速地飞。迅速字作"迅"从辵、从卂、卂亦声,正可相证。　　从飞而羽不见:指鸟类在迅速飞翔时翅膀不显现出来,"卂"字形体即示此意。许氏所云为观感,这与电风扇疾转时人看不清叶片同理。

第十二讲

《说文解字》第十二篇

三十六部：乚部　不部　至部　西部　卤部　鹽部　户部　門部
　　　　　　耳部　臣部　手部　𡴍部　女部　毋部　民部　丿部
　　　　　　厂部　乁部　氏部　氐部　戈部　戊部　我部　亅部
　　　　　　珡部　乚部　亡部　匸部　匚部　曲部　甾部　瓦部
　　　　　　弓部　弜部　弦部　系部

一、乚（yǐ）　部

"乚：玄鸟也。齐鲁谓之乚。取其鸣自呼。象形。凡乚之属皆从乚。
鳦，乚或从鸟。"

玄鸟：黑鸟，指燕子。燕色黑，故称玄鸟。段玉裁注本径作"燕燕，乚鸟
也。""乚"字又作"乞"，又与"乙"相混。　　取其鸣自呼：谓燕鸣叫声如"乚"，
故以"乚"称之。

[讲解]

1."乚、乙"合流

"乙"，《尔雅·释鱼》训"鱼肠"，郭沫若从其说，然未见其文献实用例。
"乙"又指鱼的腮骨，则尚可考。此字基本用法即天干第二位。以其音义皆
与"乚"相似，故二者合流，"乙"亦指玄鸟。《字汇·乙部》："乙，鸟燕也。"并
分析："《说文》燕乙之乙，甲乙之乙，字异音异。隶文既通作乙，而燕乙字亦
与甲乙字同音，故甲乙之乙亦云燕鸟。"《大戴礼记·夏小正》："来降燕乃睇。
燕，乙也。"宋梅尧臣《闻王景彝雪中禖祀还》诗："坛场祠乙鸟，桑柘响阴桑。"

2.拟音词

在这一条中，许慎说齐鲁地方称玄鸟为"乚"，是取其鸣自呼，这反映了

汉语构词的一大规律——拟音构词。关于动物其鸣自呼的说法,汉代以前早有之。仅成书于战国或更早时期的《山海经》一书,"其名自呼"、"其鸣自詨"、"其名自号"、"其名自叫"、"其名自訆"的说法就有二十五例。如《南山经》:"(南次二山)有鸟焉,其状如鸮而人手,其音如痹,其名曰鹐,其名自号也,见则其县多放士。"《西山经》:"(章莪之山)有鸟焉,其状如鹤,一足,赤文青质而白喙,名曰毕方,其鸣自叫也,见则其邑有讹火。"《北山经》:"(石者之山)有兽焉,其状如豹而文题白身,名曰孟极,是善伏,其鸣自呼。"今按,所谓其名自呼,实际上是人根据动物的鸣叫声来给动物取名,指称这类动物的名词即拟音词。人们比较熟识的"鸭"、"布谷"也属此类。拟音词还有另两个子类。其一,模拟人类惊呼、感叹等声音而构成的词,如"啊、哇、嘿、哟"等。其二,模拟物体发出的声音而构成的词,如《诗经》里"凿冰冲冲"的"冲冲"(读若东)、"咣"、"砰"等。以是观之,索绪尔"语言符号具有任意性"的论断是有以偏概全之嫌的。且不说拟音词不受这条规律的制约,从汉语的原生词和同源派生词情况看,他的说法也欠全面。原生词产生早,但数量少,同源派生词产生晚,数量多。

二、不　　部

"不:鸟飞上翔不下来也。从一,一犹天也。象形。凡不之属皆从不。"

鸟飞上翔不下来:此据"不"的小篆形体训其造意,然未得。王国维《观堂集林》:"不者,柎也。"按《玉篇·木部》"柎"字训"花蕚足"。《集韵·虞韵》:"柎,草木房为柎。"罗振玉、高鸿缙皆从王氏说,以为"不"即"柎"字初文,"不"字为借义所夺,乃制"柎"字。

三、至　　部

"至:鸟飞从高下至地也。从一,一犹地也。象形。不,上去;而至,下来也。凡至之属皆从至。至,古文至。"

鸟飞从高下至地:所训为形体造意。"至"的本义、基本义即"到"。"至"的小篆形体已讹变,罗振玉《雪堂金石文字跋尾》谓"至"象倒矢远来降地形,得之。

四、西 部

"西:鸟在巢上。象形。日在西方而鸟棲,故因以为东西之西。凡西之属皆从西。𣠄,西或从木妻。ᚧ,古文西。ᚧ,籀文西。"

鸟在巢上:即鸟栖息。《敦煌曲子词·西江月》:"棹歌惊起乱西禽,女伴各归南浦。"按,凡词义源流可以互证。"西"亦指人游息,则为直接引申义。《汉严发碑》:"西迟卫门。"《诗·陈风·衡门》作"棲迟"。其"棲"即许慎所引重文。"棲"亦为"栖"之转注字。"西"本栖息字,因"西"字为借义(方位之"西"义)所夺,故另制"栖"字,为分别文。 象形:此字以鸟巢表栖息义。

日在西方而鸟棲,故因以为东西之西:此误以假借为引申。

五、卤(lǔ) 部

"卤:西方鹹地也。从西省,象盐形。安定有卤县。东方谓之㡿,西方谓之卤。凡卤之属皆从卤。"

西方鹹地:此为"卤"的引申义,其本义当为盐。古者"盐、卤"析言,生盐称"卤",经加工的卤则称"盐"。《史记·货殖列传》:"山东食海盐,山西食盐卤。" 从西省:谓从古文"西"字而省其中间之笔画。实则"卤"字从西省,无所取义。戴侗《六书故》:"卤,内象盐,外象盛卤器,与卣同。"其说可从;亦藉知其本义为盐。 东方谓之㡿:许书《广部》"㡿"训"邸屋",承培元《说文引经证例》谓卤地多墰裂,故称㡿。然则"㡿"为"墰"字之借。

六、鹽 部

"鹽:鹹也。从卤,监声。古者宿沙初作煮海盐。凡盐之属皆从盐。"

鹹：鹹味物。此为声训。　　古者宿沙初作煮海盐：段注云"《困学纪闻》引鲁连子曰：古善渔者，宿沙瞿子。又曰宿沙瞿子善煮盐。许所说盖出《世本·作》篇。"

七、户　　部

"户：护也。半门曰户。象形。凡户之属皆从户。𢚩，古文户从木。"

护：保护。此言门户的作用。为声训。　　半门曰户："户"是单扇的门，"門"为双扇者，故称户为半门。

八、門　　部

"門：闻也。从二户。象形。凡門之属皆从門。"

闻：隔其门而可闻其声。段注："谓外可闻于内，内可闻于外也。"　　从二户："門"是双扇的门，由两个"户"组成，但不是同体会意，故下文指出此字为象形。

九、耳　　部

"耳：主聽也。象形。凡耳之属皆从耳。"

主聽：起听闻作用。解释词"聽"之记录文字在本部，许训"聆也。从耳、恵，壬声。"按，从耳，恵即谓耳之德性。"壬"为后加声符，甲、金文"聽"从口、从耳会意，耳可听他人口发之声。

[讲解]

3."聽、听"合流

今听闻字作"听"，与"聽"合流。"听"，本指笑貌。许书《口部》："听，笑貌。从口，斤声。"《史记·司马相如列传》："无是公听然而笑。"裴骃集解：

"听,笑貌也。"唐刘禹锡《说骥》:"睹之周体,咍然视,听然笑,既而抃随之。"今按,所谓笑貌,即口开貌,人笑则口开。喜悦字初文作"兑",从人、从口、从八,构件"八"表示口唇分开,庶可为证。又,"听"字的结构从口、斤声,声符字"斤"指斧,本与笑、口开义不相涉,"斤"字声韵则可表欣喜之义,故欣喜字作"欣",亦从斤声。许书《欠部》:"欣,笑喜也。从欠,斤声。"按,从欠、从口、从言之字,三构件所表义类多同,故许书《言部》又有"訢"字,亦训"喜也"。又,凡欣喜,发之于心,故又有从心、斤声之"忻"。许书《心部》有"忻"字,训"闿也",段注云"谓心之开发",按犹今语"开心",亦即欣喜义。《玉篇·心部》"忻"字径训"喜"。

十、臣(yí)　部

"臣:顄也。象形。凡臣之属皆从臣。𦣻,篆文臣。𦣽,籀文从首。"

顄:许书《頁部》此字训"颐",则为互训。段注:"口下为车,口上为辅,合口、车、辅三者为颐。"按,此字后世皆以"颐"为之。"颐"为篆文,"𦣽"为籀文,则"臣"为古文无疑。

十一、手　　部

"手:拳。象形。凡手之属皆从手。𠂹,古文手。"

拳:此训不甚确切,"手"即人之上肢手掌、手背部分,屈指握之方为"拳","拳"之名本寓卷曲义。类声字"卷、棬、惓"等所记录的语词俱有卷曲义,与"拳"同源,可相证。

十二、𡴌(guāi)　部

"𡴌:背吕也。象胁肋也。凡𡴌之属皆从𡴌。"

背吕:背脊。"吕"即吕脊。人的背部有吕脊骨部分即𡴌。许书"脊"字在本部,亦训"背吕",则其构件"肉"为后加者。　　象胁肋:段注:"胁者,两膀也;肋者,脅骨也。"

十三、女　　部

"女:妇人也。象形。王育说。凡女之属皆从女。"

妇人:对女性人的总称,为浑言;析言之,未嫁少女称"女",已嫁之女则
"妇"。　　　象形:象跪着的女人形。

[讲解]

4. 男尊女卑

汉字系统中的"女",无论是单用还是作构件用,均象女人跪跽于地之
形,这是古代男尊女卑的遗迹。西周时,奴隶社会发展到了高峰,原始社会
父权家长制,商代的立长立嫡制度至此形成了完整的宗法制度。与之相匹
配、相适应,约束女性的道德标准也随之而确立,所谓"三从四德"之制即源
于周季。《仪礼·丧服》:"妇人有三从之义,无专用之道,故未嫁从父,既嫁
从夫,夫死从子。"《周礼·天官·九嫔》:"掌妇学之法,以教九御妇德、妇言、
妇容、妇功。""三从"加上神权,即妇女身上的"四大绳索"。春秋战国时,奴
隶制瓦解了,但孔子的妇女观却被奉为金科玉律。《论语·阳货》:"唯女子
与小人为难养也。"自秦至清,妇女的社会地位降到了低谷。从语言文字角
度,表示卑微、低贱称呼的名词系统,表示不正当、邪恶行为的动词系统,表
示丑陋仪容、卑劣德性的形容词系统,其记录文字多从女。如:"奴、妾、婢、
奸、妖、姦"为贱称、谦称,其字均从女。"妒、嫉、姻、姤、媗、嫭、嫱、嫪、姉、妬、
嫚"皆指忌妒;"姍、婴、娸"均指诋毁、诽谤;"嫚、嫛、嬻"均指侮慢。"婪、嵐、
觉、婰、婪、㜮"俱有贪婪义;"娸、婢、敆、㛖、培、娾、婴、嬯、姞"俱有丑陋义。男
尊女卑,始自五千年前,即传说中的三皇五帝时期,亦即原始社会父系氏族
公社。在一万年以前的母系氏族公社时期,男人和女人的社会地位却是女
尊男卑。这在汉语汉字系统中也留下了一些遗迹。如《山海经》、《楚辞·天
问》、《穆天子传》等文献所载的西王母很可能是西戎部落母系氏族中较著名

的首领人物。早期的姓"姬、姜、嫘、姞、娥、娥、妁、姚、嬴、妘、嬬、娟、姒、娄"等,字皆从女。片面地认为人是女性所生,而在原始社会又希冀人口能够蕃衍,正是女尊男卑的思想认识基础。生殖崇拜亦由此产生。甲骨卜辞中所见的神祇名,有"东女",有学者读为"东母"。见于后世典籍的女神则更多,如女娲、嫦娥、嫘祖等。考古研究表明:一个母系氏族公社包含若干个女儿氏族,男从女居,即男方出嫁到女方。女人死后葬于本氏族公墓,男人死后无资格与妻合葬,而归葬于原来所属的氏族之墓地。凡子女夭折,只能与其母合葬。凡议事、集会、宗教等公共活动,由班辈较高的妇女主持。《古今图书集成·边裔典》卷四十一引《梁四公记》:"方域西北,无虑万里,有女国,以蛇为夫。男则为蛇,不噬人而穴处。女为臣妾官长而居宫室。俗无书契而信咒咀,直者无他,曲者立死,神道设教,人莫敢犯。"这个记载是典型的女尊男卑社会的曲态反映,用马克思《〈政治经济学批判〉导言》的话来说就是"通过人民的幻想用一种不自觉的艺术方式加工过的自然和社会形式本身"。

十四、毋 部

"毋:止之也。从女,有奸之者。凡毋之属皆从毋。"

止之:阻止某种行为。在语言中,"毋"多用于祈使句,修饰动词。

从女,有奸之者:"毋"为"母"之改造字,许氏的形体结构分析不确。

[讲解]

5. 望文生训

许慎分析文字形体结构、训释词的意义,有时拘泥于文字形体得出不正确的结论。本条分析"毋"的结构,即其一例。再如:《宀部》"寔"字以其从宀训"居之速",大悖情理,清代朱骏声在《说文通训定声》中对此已提出批评。训诂学称这种弊病为"望文生训",有时也称"望文生义"。

十五、民　　部

“民：众萌也。从古文之象。凡民之属皆从民。[illegible]，古文民。”

众萌：众多的民众。“萌”为假借字。许书《艸部》“萌”字训“草芽”，即萌芽义，与民众义不相涉。郭沫若《甲骨文字研究》：“民，作一左目形而有刃物以刺之。古人民、盲每通训。今观民之古文，则民、盲殆是一字，然其字均作左目，而以之为奴隶之总称。……周人初以敌囚为民时，乃盲其左目以为奴征。”按，许慎所训为引申义。青铜器铭文亦有借“萌”字指称奴隶之例。许书“萌”字条朱骏声《通训定声》：“萌，假借为氓。”《墨子·尚贤》：“逮至远鄙郊外之臣，门庭庶子，国中之众，四鄙之萌人，闻之皆竞为义。”按，“氓”即所谓“野民”，本亦奴隶之名，其字从亡、从民、民亦声。奴隶常逃亡，“氓”即逃亡之奴隶。

［讲解］

6. 商周时代的奴隶名称

见诸甲骨卜辞、青铜器铭文以及地上文献的商周时代的奴隶名称甚多，如：臣、妾、僕、臧、民、奚、众、羌、姜、孚、艮、卬、娅、姑、嫜、妣、孅、婳、娱、姬、娉、奴、隶、甿、庶人、鬲、人鬲、黎民等。“臣”，其字象竖目形，指由战俘沦为奴隶之人，本书第三讲已提到。“妾”，女性奴隶。许书《䇂部》：“妾，有罪女子，给事之得接于君者。从䇂，从女。”朱芳圃《殷周文字释丛》：“妾，《释名·释亲属》：‘妾，接也，以贱见接幸也。’即被俘获之妇女，除服役外，兼荐枕席，后渐转为多妻制度中等级之名。”卜辞中有沉妾、酉妾的记载。《尚书·费誓》：“窃马牛，诱臣妾。”伪孔传：“诱偷奴婢。”“僕”，许书《菐部》训“给事者”，即奴僕义。《白克壶》：“易白克僕卅夫。”《易·旅》：“旅焚其次，丧其童僕。”“臧”，汉扬雄《方言》卷三谓“奴婢贱称也。荆、淮、海、岱、杂齐之间，骂奴曰臧。凡民男而婿婢谓之臧，亡奴谓臧”。李孝定《甲骨文字集释》：“臧，盖象以戈盲其一目之形，其本义为奴隶。”《汉书·司马迁传》：“且夫臧获婢妾犹能引决。”

颜师古注晋灼："臧获，败敌所被虏获为奴隶者。""奚"，罗振玉《增订殷虚书契考释》："予意罪隶为奚之本谊，故从手持索以拘罪人。其从女者与从大同，《周官》有女奚，犹奴之从女矣。"按，"奚"从爪、从幺、从大会意，金文或作"㜆、娛"，许慎书有"娛"字。《周礼·天官·冢宰》："酒人奄十人，女酒三十人，奚三百人。"郑玄注："古者从坐男女，没入县官为奴，其少才知以为奚。""衆"，农奴。陈梦家《殷墟卜辞综述》："卜辞中常常记载'众'和'众人'，他们担当农耕、征伐和戍卫之事，而卜辞常记'丧众'，所谓丧众乃指奴隶逃亡，所以，众是奴隶。"《诗·周颂·臣工》："命我众人，庤乃钱镈。"高亨注："众人，指农奴。""羌"和"姜"本指羌族人，在文字上为分别文，从羊、从人会意表示男性牧羊人；从羊、从女，则指女性。商羌两族争战，羌人被俘则沦为奴隶。故卜辞有"伐羌"（以羌人作人祭、人殉）的记载。"孚"，其字从爪、从子（人）会意，为"俘"之初文。乙6694："用奚孚"，即谓以奚方的战俘为人牲。"𠬝"为"服"之声符字，"服"有服贴之义，"𠬝"象从人后捕获之形，指战俘、奴隶；存2·270："邘于妣庚㠱𠬝又十牛。"即记载"𠬝"和十头牛一起被砍杀。"卲"，象伏地形，亦战俘沦为奴隶者，亦有用作人牲的记载。上述"娅、姑"等九字，皆女性人名，卜辞记载此九人被用作人牲，其身分当为奴隶。"奴"，本指女奴。其字从女、从又（手）会意。此手与"奚、孚"二字之"爪"同，为强制性力量象征。许书《女部》："奴，奴、婢皆古之罪人也。《周礼》曰：'其奴，男子入于罪隶，女子入于舂藁。'从女、从又。""隶"，许慎训"附箸也"，为引申义。桂馥《义证》："《急就篇》：'奴婢私隶枕牀杠。'颜注：'隶，附著之义也。私隶者言属著私家，非给官役'。"按，即家奴。"甿、庶人、鬲、人鬲、黎民"，均指农业奴隶。朱绍侯《中国古代史》："耕作井田的农夫，仍然笼统地称为'庶人'或者'庶民'。……民，也作氓，又作甿……甿和庶人都是耕作奴隶。这种耕作奴隶，也称为'鬲'或'人鬲'。"

十六、丿(piě)　部

"丿：右戾也。象左引之形。凡丿之属皆从丿。"

右戾："丿"的小篆形体，下半部较直，上半部偏右而较曲，"右戾"即向左弯曲。按,"丿"为不成字部首,为笔画。　　左引:往左边延伸。

十七、厂(yǐ)　部

"厂:抴也,明也。象抴引之形。凡厂之属皆从厂。虒字从此。"

抴:牵引。此部首不成字,所训为形体造意。解释词之记录文字"抴",许书《手部》训"捈"。《荀子·非相》"度己则以绳,接人则用抴"杨倞注:"抴,牵引也。"　　明:谓另一义为此,文献中未见其实用例,二义并释又无"一曰",故段玉裁推为衍文。

十八、乁(yí)　部

"乁:流也。从反厂。读若移。凡乁之属皆从乁。"

流:往下流。所训亦为形体造意。　　从反厂:"乁"反置"厂"之形体而成。

十九、氏　部

"氏:巴蜀山名岸胁之旁箸欲落墙者曰氏,氏崩,闻数百里。象形,乁声。凡氏之属皆从氏。杨雄赋:响若氏隤。"

巴蜀山名岸胁之旁箸欲落墙者曰氏:"名……曰",把……叫做……。段玉裁以为"山名"当作"名山",可从。"墙"同"隤",今作"坠"。按,甲、金文"氏"字象木有根形。林义光《文源》:"氏,本义当为根柢。……姓氏之氏,亦由根柢之义引伸。"　　隤:崩溃。许书《阜部》此字训"下队",即下坠、崩溃。山崩本以"隤"为本字,今崩溃作"溃","溃"本指堤防崩溃,二字原为分别文。

二十、氐　部

"氐:至也。从氏下箸一。一,地也。凡氐之属皆从氐。"

至:到,抵达。段注:"氐之言抵也。"按,"氐"为"柢"之初文,指树的直根。许书《木部》"柢"字朱骏声《通训定声》:"蔓根为根,直根为柢。"《尔雅·释言》:"氐,本也。"按,"本"为指事字,亦指根,故有同义联合式合成词"根本"。《诗·小雅·节南山》:"尹氏大师,维周之氐。"毛传:"氐,本也。"一,地也:林义光《文源》:"一,实非地。氐象根。根在地下,非根之下复有地也。"

二十一、戈 部

"戈:平头戟也。从弋,一横之。象形。凡戈之属皆从戈。"

平头戟:古代的一种兵器,刃在侧面。按"戈"所表示的义类为兵器、战争。如"戕"指枪,"戗"指盾牌,"戰"指战争。 从弋,一横之:谓小篆"戈"字构件"一"横于"弋"上。甲文"戈"字为整体象形。

二十二、戉(yuè) 部

"戉:斧也。从戈,乚声。《司马法》曰:'夏执玄戉,殷执白戚,周左杖黄戉,右秉白髦。'凡戉之属皆从戉。"

斧:斧类横刃兵器。后起字作"鉞"。 从戈,乚声:甲、金文"戉"皆象形。 玄戉:黑色的斧钺。 戚:亦斧类。 杖:作动词,义与"执"相近。 髦:段玉裁云为"旄"之借字。许书《㫃部》"旄"字训"幢",即旗上用来作装饰物的耗牛尾。

二十三、我 部

"我:施身自谓也。或说:我,顷顿也。从戈,从手。手,或说古垂字;一曰古殺字。凡我之属皆从我。𢦠,古文我。"

施身自谓:用在自己身上称呼自己。 顷顿:二字均从页,谓头倾而顿于地。 从戈,从手:甲文"我"字或体甚夥,均为整体象形。"我"象兵器形,"施身自谓"为假借义。   于,或说古垂字:"于"非字。

[讲解]

7. 人称代词的记录文字

人称代词很难用前三书(象形、指事、会意)方法造本字记录,所以在文献书写过程中,或借用同音字、或构制形声格局的本字来记录。用来记录第一人称代词的假借字有"我、吾、余、予"等;用来记录第二人称代词的假借字有"尔、而、女、汝、若、乃(表领属)"等。指称第三人称往往用"其、之",魏晋南北朝时有借"渠"字之例。记录人称代词的本字主要有"俺、你、他"。"俺"有方言色彩,据考"俺"为"我们"的合音。"你"字是在假借字"尔"的基础上添加形符"人"而构成的。"他"本来是一个别称代词,义为"其他的"、"别的",如"王顾左右而言他",唐代逐渐变为第三人称代词。从词义学角度看,可视为词义引申。

二十四、亅 (jué) 部

"亅:钩逆者谓之亅。象形。凡亅之属皆从亅。读若橜。"

钩逆者谓之亅:"钩"同"钩"。钩逆者即倒钩。此部首非字,所训为形体造意。

二十五、珡(qín) 部

"珡:禁也。神农所作。洞越,练朱五弦,周加二弦。象形。凡珡之属皆从珡。𤫝,古文珡从金。"

禁:段注:"吉凶之忌也。引申为禁止。《白虎通》曰:'琴,禁也,以禁止淫邪、正人心也'。"按,此为声训、推源,言琴以其作用、功能得名。其字后世作"琴"。   洞越:有洞孔穿越。以发声。   练朱:段注:"练者其质,朱者其色。"按"练"指已加工过的熟绢。   象形:作"琴"则为形声,声符"今"

上两笔原字形已有之,故省。

[讲解]

8. 两借

《说文解字》所收录的文字反映了合体字在构件组合过程中的一条规律:两个构件组合在一起时,相同部分显得重复,故留其一而省其一,保留下来的部分成为共用部分。清代王筠称此为"两借"。"琴"字即属此类。他如:"耆"字从老省,旨声。"匕"为两借成分。《熊部》的"羆"字从熊,罷省声,"能"为两借成分。"齋"字从示,齊省声,"二"为两借成分。"兜"字从兆,从兒省,"白"为两借成分。

二十六、乚(yǐn)　部

"乚:匿也。象迟曲隐蔽形。凡乚之属皆从乚。读若隐。"

匿:藏,隐藏。　　迟曲:《辵部》"迟"字训"曲行",迟曲谓趋于隐蔽处。读若隐:"乚"以其形体直观地反映隐蔽意,其音节在语言中更早地被约定用来表达隐蔽义。因为先有义,次有音,最后有形。凡前三书文字、构件音形义三者相比附、三位一体。

二十七、亡　　部

"亡:逃也。从入,从乚。凡亡之属皆从亡。"

逃:逃跑。"逃"为形声字,"亡"为会意字,其义则同,故有"逃亡"之同义联合式合成词。　　从入,从乚:"亡"字本亦作"凵",即入于隐蔽处之意,为会意字。

二十八、匸(xì)　　部

"匸:衺徯,有所侠藏也。从乚,上有一覆之。凡匸之属皆从匸。读与傻同。"

衺徯:倾斜地站着。古者倾斜义多用"衺"字。"徯"字从彳,或从足作"蹊",许书《彳部》训"待",即站着等待。　　侠藏:挟持隐藏。"侠"字许书《人部》训"俜",即"侠义"之义,"侠、挟"同从夹声,故"侠"可借作"挟"字。上有一覆之:"一"为"匸"的第一笔,为笔画,非数词记录文字之"一"。

二十九、匚　　部

"匚:受物之器。象形。凡匚之属皆从匚。读若方。⊂,籀文匚。"

受物之器:当云方形受物器之总称。"医"(箱子)、"匡"(筐)、"匪"(筐,筐类物)、"匮"(柜)、"匣"等,小名不一,而其形皆方。　　读若方:此被释字与注音字不仅音相同,义亦相通。此为许书"读若"的一大类型。"匚"以形体显示物方之意,其音与之相比附、相一致。"方"指并两船,两船相并,则其形方。先民以此表达物形方之概念。

三十、曲　　部

"曲:象器曲受物之形。或说:曲,蚕薄也。凡曲之属皆从曲。ᐟ,古文曲。"

象器曲受物之形:指圆形、不规则圆形器物。曲义、圆义相通,曲线首尾相接即圆。今按,本条疑有脱文。许书通例:每篆之下,必作意义训释,然后作形体结构分析,而本条首句即此语,甚不伦。　　蚕薄:养蚕的器物。《艸部》:"薄,林薄也。一曰蚕薄。"

三十一、甾(zī)　部

"甾:东楚名缶曰甾。象形。凡甾之属皆从甾。ᕥ,古文。"

东楚名缶曰甾:东楚地区把缶叫做"甾"。东楚,段玉裁引司马迁云"自彭城以东、东海、吴、广陵"为东楚。按,"缶"为陶器,本部"䤵、𦉩"皆此属。

[讲解]

9. 以雅言释方言

在本条中,"甾"为方言,"缶"为雅言,"东楚名缶曰甾"即以雅言释方言,此亦为许书义训的一个通例。许慎所收录的被释字,有一些本来就是记录方言词的,所以在条文中就用大家熟识的雅言来训释。如:《土部》:"圣,汝颖之间谓致力于地曰圣。""墲,秦谓阮为墲。"《手部》:"捪,自关以东谓取曰捪。"《疒部》:"瘪,朝鲜谓药毒曰瘪。"《竹部》:"籍,饭筥也。受五升。从竹,稍声。秦谓筥曰籍。"

三十二、瓦 部

"瓦:土器已烧之总名。象形。凡瓦之属皆从瓦。"

土器已烧之总名:即陶器的总称。故制作陶器叫"甄",其字在本部,训"匋也"。后世以"瓦"指屋瓦,因词义引申而范围缩小。又,土器制成而未经烧制则称"坯"。

三十三、弓 部

"弓:以近穷远。象形。古者挥作弓。《周礼》六弓:王弓、弧弓以射甲革甚质;夹弓、庾弓以射干侯鸟兽;唐弓、大弓以授学射者。凡弓之属皆从弓。"

以近穷远:从近处追到远处。此言弓之功用。"穷"有追究义,与穷尽义通。"弓、穷"声相近,本条亦为声训。　　挥作弓:段注云挥为黄帝臣,许说出于《世本·作》。　　甲革:铠甲、皮革类防护物。　　甚质:即椹质靶。干侯:即豻侯。豻,胡地野犬。侯,靶子。　　鸟兽:指鸟兽侯。

[讲解]

10."发生、启发"等的文化源

本部有"發"字,训"射发也。从弓,癹声。"即指射箭。后世发射火药炮弹、子弹亦称"發射"。又,含有词根"發"的合成词如发生、启发、发动、出发、发起等,皆导源于古代开弓射箭这一事物。

11."發、髮"合流

凡发生、发现、发明、发动等词,其字本作"發";理发、毛发、发型等词,其字本作"髮",从髟,犮声。今统用"发"字,二字合流。

三十四、弜(jiàng)　部

"弜:彊也。从二弓。凡弜之属皆从弜。"
彊:强。后世强大、强壮等词,字作"强",实为借字,"强"本虫名。"彊"字从畺得声,故有僵硬义,人性倔强称"犟",其字从牛、强声。"弜"亦有性格强硬即倔强义。北周卫元嵩《元包经·讼》:"倔弜胥执。"李江注:"倔、弜,并强也。"　从二弓:即同体会意。弓复加弓,即加强。辅佐称"弼",弜即表加强义。

三十五、弦　　部

"弦:弓弦也。从弓,象丝轸之形。凡弦之属皆从弦。"
轸:字从車,本指车箱底部四侧的横木,引申之则指弓的系弦处。

三十六、系　　部

"系:繫也。从糸,丿声。凡系之属皆从系。𣪠,系或从𣪊、處。𢱤,籀文系,从爪、丝。"
繫:即系扎、系带子之系,今所通用正为被释字之形体。　𢱤,籀文系:甲、金形体与此相近。"系"作动词即系扎,故其字从爪(手)、从丝会意。

第十三讲

《说文解字》第十三篇

二十三部：糸部　素部　丝部　率部　虫部　蚰部　蟲部　風部

它部　龜部　黽部　卵部　二部　土部　垚部　堇部

里部　田部　畕部　黃部　男部　力部　劦部

一、糸(mì)　部

"糸：细丝也。象束丝之形。凡糸之属皆从糸。读若覛。𢆶,古文糸。"

束丝：扎起来的丝。　　　读若覛："糸"字徐铉等注莫狄切,"覛"字《广韵》亦注莫狄切,同音。

二、素　部

"素：白緻繒也。从糸、𡗗,取其泽也。凡素之属皆从素。"

白緻繒：白色、很细的生帛。　　从糸、𡗗,取其泽也：段注云："泽者,光润也。毛润则易下𡗗,故从糸、𡗗会意。"

三、丝　部

"丝：蚕所吐也。从二糸。凡丝之属皆从丝。"

蚕所吐：蚕吐出来的东西。　　从二糸：小篆"丝"字由两个"糸"组成。

四、率　部

"率：捕鸟畢也。象丝网,上下其竿柄也。凡率之属皆从率。"

捕鸟畢：捕鸟的网。许书《苹部》"畢"训"田网",即指田猎时所用的一种长柄网。《汉书·扬雄传上》"其余荷垂天之毕"颜师古注："毕,田网也。"段玉裁以为"率"与"毕"同物而异名。　　象丝网:谓"率"中部象丝网形。

五、虫(huǐ)　部

"虫:一名蝮,博三寸,首大如擘指。象其卧形。物之细微,或行,或毛,或蠃,或介,或鳞,以虫为象。凡虫之属皆从虫。"

一名蝮:也叫蝮。按即蝮蛇,其后起字作"虺"。　　博:宽。　　擘指:大拇指。　　或行:此二字之下段玉裁依唐陆德明《尔雅》释文补"或飞"。

以虫为象:段注:"言以为象形也。从虫之字多左形右声,左皆用虫为象形也。《月令》:'春,其蟲鳞。夏,其蟲羽。中央,其蟲倮。虎豹之属,恒浅毛也。秋,其蟲毛。冬,其蟲介。'许云或飞者,羽也。古虫、蟲不分,故以蟲谐声之字多省作虫。如融、蝕是也。鳞介以虫为形,如螭、虬、龟、蚌是也。飞者以虫为形,如蝙蝠是也。毛蠃以虫为形,如猨、蜼是也。"

六、䖵(kūn)　部

"䖵:蟲之总名也。从二虫。凡䖵之属皆从䖵。读若昆。"

蟲之总名:双音词即"䖵虫",其字亦作"昆"。段注:"凡经传言昆蟲,即䖵蟲也。"按,"昆"字从日,许书《日部》此字训"同","混"亦混同义,从昆得声,然则以"昆"为昆虫字,为假借。

七、蟲　部

"蟲:有足谓之蟲,无足谓之豸。从三虫。凡蟲之属皆从蟲。"

有足谓之蟲,无足谓之豸:此即对比显示之训诂方法。许说当本于《尔雅·释虫》,邢昺疏云:"此对文尔,散文则无足亦曰蟲。"段注云:"蟲者,蠕动之总名。"　　从三虫:王筠《释例》:"小蟲多类聚,故三之以象其多。"

[讲解]

1. "虫、蟲"合流

简化是汉字形体演变的主流。简化规律之一,即构件相叠者取其一而省其余。如"雧"为会意,许多鸟集于树,简作"集"。"虫"与"蟲"所指称的动物本有差别,以其形体相似,"蟲"简作"虫",古时已如此,二字合流。在现在通行的部首系统中(以《汉语大字典》为准,共200部),只有《虫部》,无《蟲部》。但实际上《虫部》所收录的,有的是从虫之字,有的是从蟲之字。如:"虯",无角龙;"虬",有角龙;"蚘",蛔虫;"蚺",大蛇;"蛇",长虫;"蛟",龙属;"螭",亦龙属;其字皆当从虫。"虸",子孑;"蚤",跳蚤;"蚋",初生的蚕;"蚊",蚊子;其字皆当从蟲。

八、風　　部

"風:八风也。东方曰明庶风,东南曰清明风,南方曰景风,西南曰凉风,西方曰阊阖风,西北曰不周风,北方曰广莫风,东北曰融风。风动蟲生,故蟲八日而化。从虫,凡声。凡风之属皆从风。𩖶,古文风。"

八风:八方之风。古人以为八风、八卦、八音以及八个节气相对应。段注:"《乐记》:'八风从律而不奸。'郑(玄)曰:'八风应律,应节至也。'《左氏传》:'夫舞所以节八音而行八风。'服(虔)注:'八卦之风也,乾音石,其风不周。坎音革,其风广莫。艮音匏,其风融。震音竹,其风明庶。巽音木,其风清明。离音丝,其风景。坤音土,其风凉。兑音金,其风阊阖。'《易通卦验》曰:'立春,调风至;春分,明庶风至;立夏,清明风至;夏至,景风至;立秋,凉风至;秋分,阊阖风至;立冬,不周风至;冬至,广莫风至。'《白虎通》调风作条风,条者,生也。明庶风者,迎众也。清明者,芒也。景者,大也,言阳气长养也。凉,寒也,阴气行也。阊阖者,咸收藏也。不周者,不交也,言阴阳未合化矣。广莫者,大莫也,开阳气也。按,调风、条风、融风,一也;八卦、八节、八方,一也。"　故蟲八日而化:"化"指变化、成形。

九、它　　部

"它:虫也。从虫而长,象冤曲垂尾形。上古草居患它,故相问'无它乎?'。凡它之属皆从它。蛇,它或从虫。"

虫:长虫。故下文云"从虫而长"。后世多用许慎所引或体"蛇"。

冤曲:古代此词可用于有形的具体事物,即"屈曲、弯曲"义。后世此词多用于抽象性事物,凡人蒙受不白称"冤曲"。同一语词,其义常有古今差异。

草居:犹言野处,居于山林草木间。

十、龜　　部

"龜:旧也。外骨内肉者也。从它,龜头与它头同。天地之性,广肩无雄。龜鳖之类,以它为雄。象足、甲、尾之形。凡龜之属皆从龜。⻖,古文龜。"

旧:陈旧。龟是长寿动物,故训"旧"。唐有李龟年,其"龟年"即长寿意。日本人取名,好用"龟"字,中国文化影响所致。以"旧"训"龟",亦属声训,唯古今音殊,其相似性不显。吴方言称乌龟为"乌 jū","柜"字今读如"龟",而其字从巨得声,"巨"音与"乌 jū"之 jū 相近。又"跪"字方言多读如 jū。沪方言"鬼"字亦读如 jū。"龟、旧"古音相近,"龟兹乐"之"龟"正读如"旧"而平声。"龟"字《广韵》居追切,其上古音为见组之部;"旧"字《广韵》巨救切,其上古音为群组之部。然则二字叠韵,见、群旁组。　从它:谓小篆"龟"字上部为"它",表示龟头,"它"本指蛇,故下文补充说明"龟头与它头同"。

广肩无雄:广肩动物无雄性。一说大腰动物纯雌而无雄。段注:"《列子》曰:'纯雌其名大腰。……。'张注:'大腰,龟鳖之类也。'"

[讲解]

2. 描写性状

在训诂过程中,描写被释词所指称事物的性质、状态,这种方法即描写性状,属义训范畴。描写性状是许慎常用的方法,他对"龟"的解释即属此。再如:《鼠部》:"鼫,五技鼠也。能飞不能过屋;能缘不能穷木;能游不能渡谷;能穴不能掩身;能走不能先人。"《豸部》:"貊,似狐善睡兽。"《隹部》:"隺,鸟肥大隺隺也。"

十一、黽(měng)　部

"黽:蛙黽也。从它,象形。黽头与它头同。凡黽之属皆从黽。龜,籀文黽。"

蛙黽:蛙类动物的总称。"蛙"字亦作"蛙"。

十二、卵　　部

"卵:凡物无乳者卵生。象形。凡卵之属皆从卵。"

凡物无乳者卵生:除哺乳动物外皆卵生。　　象形:象卵蛋之形。

十三、二　　部

"二:地之数也。从偶一。凡二之属皆从二。弍,古文。"

地之数:"二"是数词的记录文字,其字为指事。许慎所训释的为文化意义。作者未交代其依据,这个说法如果说是有依据的话,唯一的合理的解释就是:二属偶数,属阴,在卦爻,一为阳,-- 为阴,故乾卦为三,坤卦为☷,分别代表天和地。段玉裁在其注中竭力申张许说。称:《易》曰:天一地二。惟初太始,道立于一。有一而后有二。元气初分,轻清昜为天;重浊会为地。"显然,这个论证显得很牵强。从"一"中分化出的"二"应代表天和地二者,而非指地。朱骏声《通训定声》:《说苑·辨物》:'二者,会昜之数也。'《易·系辞》:'因二以济民行。'虞注:'谓乾与坤也。'"按,朱说为是。　　从偶一:"二"字由两个"一"组成,即两"一"相偶意。

[讲解]

3. 阴阳

"阴阳"是道家学说中一个很重要的概念,指大千世界中有关联的相反、相对的事物,或同一事物中既对立又统一的两种因子、属性。阴和阳的对立统一,构成了客观世界的整体性。阳代表阳刚、坚强、积极、进取的事物或属性;阴则代表阴柔、柔弱、消极、保守的事物或属性。如,在大自然,天为阳,地为阴,日为阳,月为阴,昼为阳,夜为阴。在人伦,男为阳,女为阴。在人体,上为阳,下为阴,背为阳,胸为阴,气为阳,血为阴。至于阴阳对立统一,包含多方面的内涵。如阴阳互根,即相生、相依存;阴阳消长,即彼消此长。在大自然,干旱即阳长阴消,水不足,涝则相反。在人体,祖国医学有阴盛、阳盛、阴虚、阳虚说。此外,阴与阳可相转化。

十四、土　部

"土:地之吐生物者也。二象地之下、地之中,物出形也。凡土之属皆从土。"

地之吐生物者:大地之土,土是吐生万物的东西。大地亦有他物,故云地之吐生物者。此亦声训,"吐"字本从土声,则为以子释母。刘熙《释名》亦以"吐"训"土"。

二象地之下、地之中:小篆"土"字已讹变。甲、金文"土"字象地面有土块形,其土块,甲文为廓空线条,金文则为块面结构。在文字应用过程中,"土"亦作"社"(表示土神)字用。

十五、垚(yáo)　部

"垚:土高也。从三土。凡垚之属皆从垚。"

土高:即"尧"之初文。本部:"尧,高也。从垚在兀上,高远也。""垚"字徐灏《注笺》:"《白虎通·号篇》:'尧,犹峣峣也,至高之貌。'垚、尧古今字。"

从三土:"土"字三叠而"垚"。

十六、堇(qín) 部

"堇:粘土也。从土,从黄省。凡堇之属皆从堇。蓳、𦰩,皆古文堇。"

粘土:段注:"《内则》:'涂之以谨涂。'郑曰:'谨当为墐,声之误也。墐涂,涂有穰草也。'按,郑注墐当为堇转写者误加土耳。《玉篇》引《礼》'堇涂',是希冯时不误也。"今按,"堇"有粘土义不诬。《资治通鉴·唐僖宗光启三年》:"杨行密围广陵且半年……草根木实皆尽,以堇泥为饼食之,饿死者大半。"胡三省注:"堇泥,黏土也。"然粘土非"堇"之本义。甲文此字从人在火上,徐中舒《甲骨文字典》谓为"熯"之初文,可参。 从土,从黄省:段玉裁以为黄土多粘,故从黄、土会意。实则小篆"堇"字形体已讹变。

十七、里 部

"里:居也。从田,从土。凡里之属皆从里。"

居:人所居之处。《诗·郑风·将仲子》:"将仲子兮,无踰我里。"毛传:"里,居也。"清俞樾《平议》:"里,犹庐也。《文选·幽通赋》:'里上仁之所庐。'曹大家注曰:'里、庐皆居处名也。'是里为居处之名,与庐同义。"按,"里、庐"义有别,"庐"为所居之屋舍。 从田,从土:"土"谓乡里,"田"指有田处。段注:"有田有土而可居矣。"

[讲解]

4."里、裏(裡)"合流

今"故里"、"里外"诸词其字皆作"里",古者里外字作"裏",或体作"裡",然则"里、裏(裡)"二字合流。"裏",字从衣,本指衣之内层,即所谓"夹里"。许书《衣部》:"裏,衣内也。从衣,里声。"《诗·邶风·绿衣》:"绿兮衣兮,绿衣黄裏。"《礼记·杂记》"内子以鞠衣裦衣素沙"孔颖达疏:"古之服皆以素纱为裹。"衣之内层在里面,故引申为里外之里义。《左传·僖公十八年》:"若其不捷,表裹山河必无害也。"杜预注:"晋国外山而内河。""裹"字外形内声,构件移位则作左形右声之"裡"。《正字通·衣部》:"裹,或作裡。"宋曾慥《类说》卷十五:"鹡鸰楼头日暖,蓬莱殿裡花香。"

十八、田　部

"田:陈也。树穀曰田。象四口,十,阡陌之制也。凡田之属皆从田。"

陈:铺陈、陈列。田间种植如铺陈,故训"陈"。按,此亦声训。"陈"字舌上音,"田"字舌头音,清钱大昕《十驾斋养新录》谓上古无舌上音,后世舌上音之字归入舌头音。《史记》有人物名"陈完",异文作"田完",亦此理。又,姓氏字亦有音讹字变之例。宋郑樵《通志·氏族略·音讹》考证了二十五例,其第一例即"陈氏"变为"田氏"。　　　树穀:种植稻谷。"树"有种植之义。《广雅·释地》:"树,种也。"《诗·小雅·巧言》:"荏染柔木,君子树之。"今按,许慎所训非本义,本义当为田猎,后起字作"畋"。"田"字见诸甲骨,先民游牧当在定居农耕前。本师蒋礼鸿云从先生《读字肊记》:"有树谷之田字,有猎禽之田字,形同而非一字也。""田即网也,田所以取鸟兽,因之凡取鸟兽皆曰田矣。"《易·恒》:"田无禽。"孔颖达疏:"田者,田猎也。"　　　阡陌:田间的埂。南北方向的叫"阡",东西方向的叫"陌"。

十九、畕(jiāng)　部

"畕:比田也。从二田。凡畕之属皆从畕。"

比田:相并列、连在一起的田。所训为形体造意。以"畕"表比田义,未见其文献实用例。或以为即"畺"之初文。《正字通·田部》:"畕,畺本字……《正讹》:'畕,田界也。从二田会意。'或作畺,俗作疆。"按,许书"畺"字即在本部,训"界也。从畕,三,其界画也。疆,畺或从彊、土。"本部"畕"与"畺",徐铉等俱注其音为居良切。

二十、黄　　部

"黄:地之色。从田,从炗,炗亦声。炗,古文光。凡黄之属皆从黄。
贪,古文黄。"

从田,从炗,炗亦声:此字结构为形声兼会意。构件"田"与"光"会日光
照耀于田而显黄色之意。"黄"已见于甲骨文,有人认为象巫尪之形,可能是
"尪"的初文。

[讲解]

5. 形声之失

有些合体字中的构件,本来是表示意义范围或表示该合体字的读音的,
由于文字形体的演变,这些构件失去了原来的作用,清代王筠称此为"形声
之失"。"黄"字从光得声,本有"光"作标音符号,但在小篆"黄"字上已看不
出"光"的标音作用。他如:恭敬字作"恭",其结构本为从心、共声,羡慕字作
"慕",其结构本为从心、莫声,从心表示心理活动,但从楷书形体上二字下部
为形符。今坚决、决心、决定等词之字作"决",其结构为形声,形符俗称"两
点水",即"冰"。"决"字从冰,无所取义。其字本从水、夬声作"决"。其本义
即堤决,出现缺口。"缺"字从缶,指器有缺损,"玦"指有缺口的玉环,皆同源
语词。弯曲字本作"彎",从弓、䜌声,简作"弯","亦"非声符,亦非会意构件。
"团"字本作"團",从囗、專声,简作"团",构件"才"既非声符,亦非会意构件。
所谓"形声之失"即形符、声符流失。语音的古今变化,在一定程度也会造成
声符流失。如许慎在"形声"的定义中举"江、河"以为例字,"江、工"、"河、
可"读音有差异。再如"问"字从口、门声,与今读亦相殊异,沪、粤等方言尚
保留其古读。

二十一、男　　部

"男:丈夫也。从田,从力。言男用力于田也。凡男之属皆从男。"

丈夫:身长古制一丈、头上戴簪的人,即成年男人。

言男用力于田:用力于田者即成年男人。古代小农经济社会,男耕女织,致力于田耕者即成年男人,非女性,亦非男性孩童。

二十二、力　部

"力:筋也。象人筋之形。治功曰力,能圉大灾。凡力之属皆从力。"

筋:筋骨之筋,即骨头上的韧带。按,小篆"力"字已讹变,许慎形体结构分析及意义训释皆误。甲文"力"字象耒形,耕之以力,故藉此表达力量、力气义。　　治功曰力,能圉大灾:"圉"通"御"。语出《周礼·司勋》、《国语·祭法》。"治"为形容词,与"乱"相反。谓能使社会成为治世的功绩叫力,可抵御大灾。

二十三、劦(xié)　部

"劦:同力也。从三力。《山海经》曰:'惟号之山,其风若劦。'凡劦之属皆从劦。"

同力:共同用力,相协。"劦"即"协"之初文,今简作"协"。　　其风若劦:此"劦"字亦作"飈",郭璞注云急风。则"飈"或为亦声字。风多而齐吹则急。

第十四讲

《说文解字》第十四篇

五十一部：金部　　开部　　勺部　　几部　　且部　　斤部　　斗部　　矛部

　　　　　　車部　　自部　　皀部　　皕部　　厽部　　四部　　宁部　　叕部

　　　　　　亞部　　五部　　六部　　七部　　九部　　内部　　嘼部　　甲部

　　　　　　乙部　　丙部　　丁部　　戊部　　己部　　巴部　　庚部　　辛部

　　　　　　辡部　　壬部　　癸部　　子部　　了部　　孨部　　云部　　丑部

　　　　　　寅部　　卯部　　辰部　　巳部　　午部　　未部　　申部　　酉部

　　　　　　酋部　　戌部　　亥部

一、金　　部

"金：五色金也。黄为之长。久薶不生衣，百炼不轻，从革不违。西方之行。生于土，从土；左右注，象金在土中形。今声。凡金之属皆从金。金，古文金。"

五色金：五种颜色的金属。段注谓为白、青、赤、黑、黄。　　黄为之长：谓黄金是五金中最珍贵的。段注："故独得金铭。"　　久薶不生衣："薶"通"埋"。衣指锈层。

从革不违：段注："从革，见《洪范》。谓顺人之意以变更成器，虽屡改易而无伤也。"　　西方之行：在五方与五行的对应关系上，西方属金。

二、开(jiān)　部

"开：平也。象二干对构，上平也。凡开之属皆从开。"

象二干对构：象两个兵器并举形。段玉裁以为其音亦从干得声。文献中未见实用例。段注："凡岐头两平曰开。开字，古书罕见。《禹贡》：'道岍及岐。'许书无岍字。盖古祇名开山,后人加山旁,必岐头并起之山也。……开从二干,古音仍读如干。何以证之?籀文栞读若刊,小篆作栞,然则干、开同音可知。"

三、勺(zhuó)　部

"勺:挹取也。象形,中有实,与包同意。凡勺之属皆从勺。"

挹取:舀取。《手部》:"挹,抒也。"王筠《句读》云《华严经音义》引《珠丛》:"凡以器斟酌于水谓之挹。"其字亦作"勺"。《汉书·礼乐志》:"百君礼,六龙位,勺椒浆,灵已醉。"颜师古注:"勺,读曰酌。"今按,"勺"作动词表舀取义,其音之若切,许书徐铉等注与《广韵》同,其今读之对应音为 zhuó,后起字作"酌"。作名词,表示勺子,其音《广韵》市若切,今读之对应音为 sháo,旧读亦为 shuò。

中有实:谓"勺"中间一笔代表所舀取之物。　　与包同意:"包"字从勹、从巳,有所包裹;"勺"字从勹、从一,有所舀取。

四、几　　部

"几:踞几也。象形。《周礼》五几:玉几、雕几、彤几、鬃几、素几。凡几之属皆从几。"

踞几:席地而坐时所倚靠的东西。《诗·大雅·行苇》:"或肆之筵,或授之几。"郑玄笺:"年稚者为设筵而已,老者加之以几。"孔颖达疏:"几者所以安身,少不当凭几。"

雕几:有雕饰的几。　　彤几:染成红色的几。　　鬃几:油漆过的几。

素几:不雕饰、不染色、不油漆的几。

[讲解]

1."几、幾"合流

今"茶几、窗明几净、几乎、几个"等词,其字皆作"几",古者另有"幾"字,今已合流。"幾"从丝,本指细微。许书《丝部》:"幾,微也。"《易·系辞下》:"幾者,动之微,吉之先见者也。"韩康伯注:"吉凶之彰,始于微兆。"《史记·李斯列传》:"胥人者,去其幾也。"司马贞索隐:"幾者,动之微。"以故,数不满十称"幾个";相接近、无距离称"幾乎"。与此相关,古有"机"、"機"二字,今亦合流。"机"本木名,亦称"桤"。许书《木部》:"机,木也。从木,几声。"段注:"盖即桤木也。"按"机、桤"转注字。《山海经·北山经》:"单狐之山多机木。"郭璞注:"机木,似榆,可烧以粪稻田,出蜀中。"按扬雄《蜀都赋》正有"春机杨柳"之句。"機",本指弩箭上的机关。许书《木部》:"機,主发谓之機。"汉刘熙《释名·释兵》:"弩,含括之口曰機。言如機之巧也,亦言如门户之枢機,开合有节也。"《尚书·太甲》:"若虞機张,往省括於度,则释。"伪孔传:"機,弩牙也。"所以,机器、机关、时机、机会等词,皆以"機"为本字。

五、且　　部

"且:荐也。从几,足有二横,一,其下地也。凡且之属皆从且。"

荐:垫子。按,卜辞"且"为"祖"之初文,郭沫若《释祖妣》谓为男根之象形。出土文物有陶且、木且。郭说可从。

[讲解]

2. 生殖崇拜

祖宗的"祖"写成"且",郭氏之说可解其惑。但"姐"字从女、且声,指母亲,转注字作"她",从女、也声。"也"字许慎训女阴,千古以来,聚讼纷纭。父亲叫"爹"又叫"奢",其字从父、者声,有祖先宗庙的城邑叫"都",其字亦从者声。这些问题看似迷雾,实际上是生殖崇拜在汉语汉字系统中的遗迹。世界上许多民族都曾有生殖崇拜之风。在远古洪荒年代,洪水、猛兽、毒虫、疾病时时威胁着人的生命,而畋猎、争战等活动又希冀人多,以故自然而然地就形成对生殖的崇拜。生殖崇拜包括对女阴、男根的崇拜和两性同体崇拜。上述问题详参《汉语语源义初探》(学林出版社,1998年1月)第六章《语源义与古代文化》)。

六、斤　部

"斤:斫木也。象形。凡斤之属皆从斤。"

斫木:斫木工具的总称。"斧"指大斧,后世以"斤"字为借义所夺,故以"斧"为通称。又"斨"为方孔斧。皆斤类。

七、斗(dǒu)　部

"斗:十升也。象形,有柄。凡斗之属皆从斗。"

十升:所训为量词义。其本义当为量物之器具,即斗、升之斗,为名词。又,后世又以"斗"为斗争字,乃与"鬥"合流。"斗"字徐铉等注当口切,其今读之对应音为 dǒu;"鬥"字都豆切,其今读之对应音为 dòu。

八、矛　部

"矛:酋矛也。建于兵车,长二丈。象形。凡矛之属皆从矛。𢦓,古文矛从戈。"

酋矛:"酋"字许慎训"绎酒",则"酋矛"之"酋"为借字。文献中"酋矛"多指短柄矛。此处之"酋矛"徐锴《系传》云"长矛",说当可从。　建于兵车:树立于兵车。"建、树"同义,故有"建树"之双音词。"树"作名词,指树木,其名本寓"竖立"之义。

九、車　部

"車:舆轮之总名。夏后时奚仲所造。象形。凡车之属皆从车。鞬,籀文车。"

舆轮之总名:车箱、车轮等零部件的总称。"舆"字即在本部,训"車舆",

即车箱,而可代指车,史籍有"舆服志",即其例证。 奚仲所造:段注:"《左传》曰:'薛之皇祖奚仲居薛,以为夏车正。'杜云:'奚仲为夏禹掌车服大夫。'然则非奚仲始造车也。"按,或以为造车之法来自域外。 象形:甲、金文"車"字异体甚多,本为整体象形,删简其繁复,故小篆"車"字象一轮及车轴形。

十、𠂤(duī) 部

"𠂤:小阜也。象形。凡𠂤之属皆从𠂤。"

小阜:"阜"训"大陆",即大土山,然则"𠂤"即土堆、小土山。桂馥《义证》:"《一切经音义》卷六:'𠂤,高土也。'《玉篇》:'𠂤,小块也。'或作堆。"段注:"其字俗作堆,堆行而𠂤废矣。"按,"堆"即"𠂤"之转注字。

十一、𨸏(fù) 部

𨸏:大陆,山无石者。象形。凡𨸏之属皆从𨸏。𨸎,古文。"

大陆:"陆"字在本部,训"高平",可推许意"大陆"即高而平之大地。在左右结构的合体字中,"𨸏"写成"阝",俗称"左耳朵"。"𨸏"字单用,形体亦作"阜"。作部首构件用,所表义类为山丘。

十二、𨺅(fù) 部

"𨺅:两阜之间也。从二阜。凡𨺅之属皆从𨺅。"

两阜之间:所训为形体造意。文献中未见其实用例。

十三、厽(lěi) 部

"厽:絫坺土为墙壁。象形。凡厽之属皆从厽。"

絫坺土为墙壁:叠土块成墙壁。絫,堆累。段玉裁以为即"累"字。坺,一锹土。许书《土部》："坺，一臿土谓之坺。"按，所训为形体造意。疑"厽"即"垒"之初文。

十四、四　　部

"四：阴数也。象四分之形。凡四之属皆从四。𦣞，古文四。亖，籀文四。"

阴数：四为偶数，故为阴。　　象四分之形：甲文一、二、三、亖皆积画成字，在六书为指事。金文"四"渐变。小篆"四"非本形。

十五、宁(zhù)　　部

"宁：辨积物也。象形。凡宁之属皆从宁。"

辨积物：分格存放物品。辨，分别，分开。"宁"即"贮"之初文。本义即贮存。所以"辨积物"，释义兼说形。

象形：象橱形。

[讲解]

3."宁、宁"合流

今"安宁、宁静"等词，记录字亦作"宁"，古者另有"宁"字，今二字已合流。《广韵·青韵》："宁，安也。"《尚书·大禹谟》："野无遗贤，万邦咸宁。"伪孔传："贤才在位，天下安宁。"《史记·秦始皇本纪》："赖宗庙，天下初定，又复立國，是树兵也，而求其宁息，岂不难哉！"许慎书有"宁"字，训"愿词也"，即宁可、宁愿义，然非本义。"宁"字从宀，与"安"同，或云"宁"象居所有食具，会安宁意。

十六、叕(zhuó)　　部

"叕：缀联也。象形。凡叕之属皆从叕。"

缀联:即联缀。"叕"表缀联义,古籍中未见其实用例。"叕"本"缀"之初文,构件"糸"为后加者。徐铉等"叕"注陟劣切,而"缀"注陟卫切,实为同一音节之分化。许慎训"缀"为"合箸",实则联缀、缀合义亦无别。

十七、亞 部

"亞:丑也。象人局背之形。贾侍中说,以为次弟也。凡亞之属皆从亞。"

丑:丑陋。"亞"有丑义不诬。马王堆汉墓帛书《十六经·果童》:"夫地有山有泽,有黑有白,有美有亞。""亞"又有厌恶、憎恨,人与物丑陋,则使人厌恶,故厌恶义当为丑陋义之引申。马王堆汉墓帛书乙本《老子·德经》:"天之所亚,孰知其故?"许书本条段注:"此亚之本义。亚与恶音义皆同。故《诅楚文》'亚驰'《礼记》作'恶池';《史记》庐绾孙他之封恶谷,汉书作'亚谷'。宋时玉印曰周恶夫印,刘原甫以为即条侯亚父。" 象人局背之形:甲、金文"亞"不象人局背(驼背)形,其形体结构,学者意见分歧最多,未有的解。

次弟:即次第,顺序。头等、次一等相并列即构成顺序。"亚军"即次于冠军者。此义古已有之。《尔雅·释言》:"亚,次也。"《仪礼·士虞礼》:"俎入,设于豆东,鱼亚之。"郑玄注:"亚,次也。"

十八、五 部

"五:五行也。从二,阴阳在天地间交午也。凡五之属皆从五。╳,古文五省。"

五行:所训为文化意义。其本义即交午、交错,其字假借为数词"五"之记录文字。朱芳圃《殷周文字释丛》:"╳,象交错形,二谓在物之间也。当以交错为本义。自用为数名后,经传皆借午为之。"按文献有以"五"表交错义之实例。《周礼·秋官·壶涿氏》"若欲杀其神,则以牡橭午贯象齿而沈之"郑玄注:"故书橭为梓,午为五。"孙诒让《正义》:"午、五二字古本通用,《左·成十七年传》'夷羊五'《国语·晋语》作'夷羊午'是其证。"南朝梁萧衍《河中之水歌》:"头上金钗十二行,足下丝履五文章。"

十九、六   部

"六:《易》之数,阴变于六,正于八。从入,从八。凡六之属皆从六。"

阴变于六,正于八:六为偶数,为阴。一卦中的六爻,为"老阴",八为少阴,不变。占卦时,逢老阴、老阳则变。许慎所解释的是《易》卦的意义。"六"的基本义即一五、二四、三三相加之和。   从入,从八:"六"字形体,由简趋繁。甲文"六"近"宀",不从入、八。构形尚不明。

[讲解]

4."变数、变卦"的文化源

在卦爻中,六为老阴,是个变数;九是老阳,也是个变数。一卦既成,逢六、九爻,则此卦将变成另一卦。象征着客观事物发展趋势的变化。今语"变数"一词,指客观事物在其发展过程中始料不及的不稳定因素,其文化源即古代的卜筮。今语又有"变卦"一词,谓改变主意、改变计划,其文化源亦为古代卜筮。

二十、七   部

"七:阳之正也。从一,微阴从中衺出也。凡七之属皆从七。"

阳之正:七为奇数,为阳。卦爻中的七、八为少阳、少阴,不变之爻。阳则阳,不至变为阴,故云阳之正。所谓"阳之正"即阳爻中正宗的数。   从一,微阴从中衺出:"七"为数词七之记录字。其本义或云切。非为"阳之正"义而造,许说不可从。

二十一、九   部

"九:阳之变也。象其屈曲究尽之形。凡九之属皆从九。"

　　阳之变:九为奇数,为阳。卦爻中的九,为老阳,为变数,故云阳之变。

　　象其屈曲究尽之形:屈曲,言其形;究尽,言将近十,十为满数。实际上,"九"象人肘形,借为数词九的记录字。

[讲解]

5.“九五之尊”的文化源

　　在封建社会,帝位、帝王称“九五”,皇帝至高无上的地位称“九五之尊”。如《晋书·东海王越传》:“遂裂冠毁冕,幸百六之会,绾玺扬纛,窥九五之尊。”《隋书·越王侗传》:“且化及伪立秦王之子,幽遏比于囚拘,其身自称霸相,专擅拟于九五。”“九五”、“九五之尊”的说法,导源于古代的卜筮。《易·乾》:“九五,飞龙在天,利见大人。”孔颖达疏:“言九五阳气盛至于天,故云飞龙在天。此自然之象,犹若圣人有龙德,飞腾而居天位。”今按,帝王、帝位称“九五”、“九五之尊”,取其阳刚至极之意。乾卦为天,为阳;九为老阳。在中国珠算法中,九是最高数。九率二四,居要位。五亦为阳,在古人观念中,五曾是“天文数字”,古文字一、二、三、三皆积画而成,唯“五”字错画而成,是其力证。五率二二,亦居要位。龙象征帝王,古代占梦术本有龙为群阳之首的说法。

二十二、内(róu) 部

　　“内:兽足蹂地也。象形,九声。《尔疋》曰:‘狐狸獾貉醜,其足蹞,其迹厹。’凡厹之属皆从厹。蹂,篆文从足,柔声。”

　　兽足蹂地:野兽用脚蹂躏地面。　　象形,九声:其结构内形外声。“厶”为象形部分。构件移位则作上声下形,即下文提到的“厹”。　　尔疋:即《尔雅》。许书《疋部》称“疋,古文以为《诗·大疋》字”。“疋”借作“雅”。

　　其足蹞:狐、狸、獾、貉的脚掌即蹞。“蹞”字今本《尔雅》作“蹯”。“蹞”为“蹯”之转注字。“蹯”的古字作“番”。许书《采部》:“番,兽足谓之番。从采,田象其掌。蹞,番或从足、从煩。”按“采”即兽足迹,可辨别者。　　蹂:此为

"内"之转注字。本条被释字形体当为古文或籀文。

[讲解]

6."离、離"合流

许书《内部》有"离"字,训"山神,兽也。"今分离、离别、离开等词,皆以此字记之,古代本借"離"字表分离、离别等义。"離"字从隹,本为鸟名,其鸟亦名離黄、仓庚、黄鹂、黄莺。借为离别字。《广雅·释诂二》:"離,去也。"《墨子·辞过》:"男子離其耕稼而脩刻缕,故民饥。"《淮南子·俶真训》:"昧昧啉啉,皆欲離其童蒙之心。"高诱注:"離,去也。"

二十三、嘼(chù) 部

"嘼:牲也。象耳、头、足厹地之形。古文嘼,下从厹。凡嘼之属皆从嘼。"

牲:畜牲。《牛部》:"牲,畜牷也。"小徐本作"畜牲"。钮树玉《校录》:"宋本牲作牷,讹。"

二十四、甲 部

"甲:东方之孟,阳气萌动,从木戴孚甲之象。一曰:人头宜为甲,甲象人头。凡甲之属皆从甲。𤰞,古文甲,始于十,见于千,成于木之象。"

东方之孟:在五方、五行、十天干的对应关系上,"东方甲乙木",甲、乙分别为阳木、阴木,甲在乙前,故称"孟"。古代"孟、仲、叔、季"表示排行。阳气萌动:东方与四季中的春相对应,汉儒常训东方为"动方"。 孚甲:植物种子的外壳。"孚"为借字,其本字作"稃",亦作"桴"。按,或以为"甲"本指铠甲。 宜:腔颅。段注改"宜"为"空",并云"空"即"腔"。

二十五、乙 部

"乙:象春草木冤曲而出,阴气尚强,其出乙乙也。与丨同意。乙承甲,象人颈。凡乙之属皆从乙。"

冤曲:弯曲。 乙乙:艰难貌。汉班固《白虎通·五行》:"乙者,物蕃屈有节欲出。" 乙承甲,象人颈:在十天干的排序中,乙在甲后。《甲部》云甲象人头,故云乙象人颈,颈在头下。

[讲解]

7. 十天干与内外五行

许慎称甲象人头、乙象人颈,皆取道家说(有些具体说法不一样是另一回事)。道家以为十天干与内五行、外五行皆有对应关系。十天干与内五行的对应关系为:甲——胆,乙——肝,丙——小肠,丁——心,戊——胃,己——脾,庚——大肠,辛——肺,壬——膀胱,癸——肾。所谓内五行,即相为表里的五脏、五腑,而十天干亦各有五行之性,与之相配。十天干与外五行的对应关系为:甲——头,乙——肩,丙——额,丁——舌与齿,戊——面与鼻,庚——筋,壬——胫,癸——足。所谓外五行则即人体外表各部位的五行属性。

二十六、丙 部

"丙:位南方,万物成,炳然。阴气初起,阳气将亏。从一入门。一者,阳也。丙承乙,象人肩。凡丙之属皆从丙。"

位南方:在五方与五行、十干的对应关系上,南方为丙、丁,为火。万物成:火旺于夏季,其时万物成熟。 炳然:显耀的样子。 阴气初起,阳气将亏:夏末将入秋,故云阴气初起;火为阳,夏季之后,金旺,火衰,故云阳气将亏。 从一入门:"丙"字结构尚不明。

二十七、丁　　部

"丁:夏时万物皆丁实。象形。丁承丙,象人心。凡丁之属皆从丁。"

夏时万物皆丁实:夏季是丙、丁火旺万物成熟的季节。丁实,即壮实、结实。《玉篇·丁部》:"丁,强也,壮也。"《史记·律书》:"丁者,言万物之丁壮也,故曰丁。"按,人之壮年亦称丁年。　　象形:甲文"丁"象物顶形,后分化为"顶、钉"等字。　　象人心:象征着人的心脏。心为火脏。

二十八、戊　　部

"戊:中宫也。象六甲五龙相拘绞也。戊承丁,象人胁。凡戊之属皆从戊。"

中宫:犹内宫。在十干、五行、五方的对应关系上,戊属土,在中央。许慎或取此意。　　六甲:十天干与十二地支相,天干六轮,地支五轮,满六十之数。六十天中有十个以"甲"为天干日子;六十年中,有十个以"甲"为天干的年份。六甲为:甲子、甲戌、甲申、甲午、甲辰、甲寅。　　五龙:六十花甲子,"辰"出现五次,辰为龙。朱骏声以为许慎取"戊"字五笔为五龙意,并批评许氏为傅会之说。按,"戊"字从戈,其本义当为横刃斧类兵器。

二十九、己　　部

"己:中宫也。象万物辟藏诎形也。己承戊,象人腹。凡己之属皆从己。𢀇,古文己。"

中宫:己与戊同类,在五行均为土,在方位均为中央,故"戊、己"同训"中宫"。　　象万物辟藏诎形:"辟"通"避"。"诎",诘诎,弯曲。

三十、巴　　部

"巴:蟲也。或曰食象蛇。象形。凡巴之属皆从巴。"

蠚:长虫。   食象蛇:朱骏声《通训定声》:"《海内南经》:'巴蛇食象,三岁而出其骨。'注:'说者云,长千寻。'又《海内经》:'朱卷之国,有黑蛇青首,食象。'注:'即巴蛇也。'"《文选·左思〈吴都赋〉》:"屠巴蛇,出象骼。"李周翰注:"巴蛇,大蛇也。能食象,故杀之而出其骨。"《说郛》卷六十二引宋范致明《岳阳风土记》:"巴陵……今在鄂州蒲圻县界。……《江记》言,羿屠巴蛇于洞庭,积其骨为陵。《淮南子》曰:斩蛇于洞庭。今巴蛇冢在州院厅侧,巍然而高,草木丛翳。……兼有巴蛇庙,在岳阳门内,太守欧颖废之。""象骨山。《山海经》云:'巴蛇蚕象。'暴其骨于此山湖旁,谓之象骨港。"显然,这些说法都不能当作巴是食象蛇的依据,有的人推断巴可能是恐龙,但文献不足征,又无考古发现可证。有一点可以肯定,巴是一种圆而长的爬行动物。因为一个词的语源在词汇中是不会孤立地存在的。从巴得声之字所记录的语词"爬、耙、把、芭"等,或有爬行义,或有圆长义,应是"巴"所指称客观事物的特征。

三十一、庚   部

"庚:位西方,象秋时万物庚庚有实也。庚承己,象人齐。凡庚之属皆从庚。"

位西方:十干与五方相对应,西方属庚、辛。   象秋时万物庚庚有实:十干、五行、四季相对应,庚属金,旺于秋季。秋天是收获季节,所谓春种、夏耘、秋收、冬藏。庚庚有实,犹言果实累累,"庚庚"为重言譬况字,形容果实多而结实。段玉裁注:"庚庚,成实貌。"《管子·地员》:"(其下)庚泥,不可得泉。"郭沫若等集校引《释名·释天》:"庚,坚强貌也。"按,许慎所训非"庚"之本义,乃文化意义。甲文"庚"字象有柄可摇之器形。   象人齐:"齐"为"脐"之借字。

三十二、辛   部

"辛:秋时万物成而孰,金刚,味辛,辛痛即泣出。从一,从辛,辛,辠也。辛承庚,象人股。凡辛之属皆从辛。"

成而孰:"孰"通"熟"。　　金刚:金的属性刚硬。　　味辛:味道辛辣。
辛痛即泣出:辣了痛了眼泪就会流出。段玉裁谓此为"辠人之象"。按,许慎
所训为文化意义,非本义。郭沫若《甲骨文字研究》:"辛、辛实本一字。""字乃
象形,由其形象以判之,当系古之剞劂。《说文》云:'剞劂,曲刀也。'"
辠:刑罪义本字,秦始皇以其形体与"皇"相近,改用"罪"字。"罪"字从网,本
为网名。　　人股:人的股胫,即腿。

[讲解]

8. 五行与五味

许慎"金刚,味辛"说亦源自道家。道家以为五行与五味亦相对应。为:
金——辛,木——酸,水——咸,火——苦,土——甘。中国医学是保存、运
用道家文化最多的传统学科。五行与五味的对应关系是辨证施治的重要依
据。如治肾之药,以盐水为药引,因肾属水,水味咸,盐水味咸,可引药入肾
经。再如在现实生活中常有食糖过多而食欲不振现象。中医的解释是,脾
胃属土,其味甘,甘味物入脾经,过量则亦伤脾,脾伤则不思饮食。

9. 离合词

"成熟"是一个人们很熟悉、使用频度很高的词。许慎在本条中用这个
词时说成"成而孰",这种现象叫做词素分离。一个双音词的两个词素可分
离又可汇合,即为离合词。汉语词汇中有相当多的词是离合词。一般说来,
动宾结构的合成词,两个词素可以分离。如"吃饭"在疑问句中说成"吃过饭
了吗",两个词素分离而嵌入时态助词"过"。有些形容词也是离合词,如"高
大"可以说成"又高又大","奇怪"可以说成"稀奇古怪"、"奇了怪了"。

三十三、辡(biǎn)　部

"辡:辠人相与讼也。从二辛。凡辡之属皆从辡。"

皋人相与讼:"辛"同"辛"代表罪人。"辡"谓两罪人对簿公堂,相辩论。故辩论字从言辡声作"辩"。

三十四、壬 部

"壬:位北方也。阴极阳生,故《易》曰:'龙战于野。'战者,接也。象人裹妊之形。承亥壬以子,生之叙也。与巫同意。壬承辛,象人胫。胫,任体也。凡壬之属皆从壬。"

位北方:十干与五方相对应,壬属北。 阴极阳生:壬属北,为阴;壬为水,亦属阴。阴极阳生,即阴阳互生、物极必反之理。 战者,接也:接,相交接,凡兵战,相交接。这里所说的"接"指二龙相绞,如雄雌二性之蛇相绞,以此说明"壬"的妊娠义。 裹妊:即怀妊。 承亥壬以子,生之叙:用子承接亥和壬,这就是孳生的顺序。子为十二地支之首,承接上一循环之尾亥,壬为十干之第九位,亦为其尾。上文说到怀妊,怀妊则生子,"子"有孳生之义。 胫,任体也:腿,承载着躯体。

三十五、癸 部

"癸:冬时,水土平,可揆度也。象水从四方流入地中之形。癸承壬,象人足。凡癸之属皆从癸。,籀文从癶,从矢。"

冬时:十天干与四季相对应,甲乙为春,丙丁为夏,(戊己为四时)庚辛为秋,壬癸为冬。 水土平,可揆度:冬季的水土平整可以测度。春季水泛,与冬季相异。许慎以为"癸"的本义为揆度。"揆"字本从癸声。《广雅·释言》:"癸,揆也。"《史记·律书》:"癸之言揆也,言万物可揆度,故曰癸。"按,参以"癸"字甲文形体,其本义似为暌违。 象水从四方流入地中之形:此说与"癸"的甲、金、篆文形体皆不符,以癸属水而牵强说之。

三十六、子 部

"子:十一月,阳气动,万物滋,人以为偁。象形。凡子之属皆从子。

🦑,古文子,从巛,象髮也。🦗,籀文子,囟有髮,臂胫在几上也。"

十一月:农历十一月为子月。　　人以为偁:"偁"亦作"稱",今简作"称",指称呼。许慎认为农历十一月即子月是万物滋生之时,所以人所生之子称"子"。这是很牵强的。"子"是象形字,指幼儿,而以十二地支纪时、以"子"指十一月,在意义上没有关联。　　臂胫在几上:手臂和腿置放于几上。段注云:"谓子幼不能行步,未著地也,故在几上。"

[讲解]

10. 十二支与十二个月

先民纪时,用十天干、十二地支相配,称为干支纪时法。从甲骨文情况看,殷商时已盛行。十干配十支,余二支,作为调节点。天干五轮,正好地支六轮,满六十之数,"六十花甲子"的说法即由此而来。用干支纪时,包括用干支纪年、月、日、时辰,故"八字"即"四柱"。年份的干和支在《万年历》中已排定。《万年历》的编制,有其天文学、数学、历法学的依据。每一年的十二个月与十二地支之间有着固定不变的对应关系:正月为寅,二月为卯,三月为辰,四月为巳,五月为午,六月为未,七月为申,八月为酉,九月为戌,十月为亥,十一月为子,十二月为丑。但不同的年份的十二个月的天干是不同的,是有规律地变化的,如2005年的农历六月是癸未,2004年的农历六月是辛未。月份天干的相异、变化,导源于十天干与十二地支的位数之差。

三十七、了　部

"了:尦也。从子无臂。象形。凡了之属皆从了。"

尦:《尢部》:"尦,行胫相交也。"　　从子无臂:小篆"子"字省其两侧笔画即"了"字。故部"孑、孓"二字训"无右臂也"、"无左臂也"。

［讲解］

11.“了、瞭”合流

今“了结、了断、明了、了解”等词,其字皆作“了”。古代以“了”表了结、了断义,而以“瞭”表明了、了解义。今二字合流。“瞭”字从目,本指目明。《玉篇·目部》:“瞭,目明也。”《周礼·春官·序官》:“眡瞭三百人。”郑玄注:“瞭,目明者。”按,声音响亮称“嘹”,“瞭、嘹”当为分别文。引申之,“瞭”有了解、明了等义。古代“了”字亦有“慧”训,见于《玉篇》,实为“瞭”之假借。

三十八、孨(zhuǎn)　部

“孨:谨也。从三子。凡孨之属皆从孨。读若翦。”

谨:谨慎。按,此字从三子会意,本义为孱弱,谨慎为其引申义。其字则为“孱”之初文。段注:“《大戴礼》曰:‘博学而孱守之。’正谓谨也。引申之义为弱小。”段说颠倒其本末。徐灏《注笺》:“此当以弱小为本义,谨为引申义,三者皆孺子,是弱小矣。”“孨、孱盖古今字。”

三十九、云(tū)　部

“云:不顺忽出也。从到子。《易》曰:‘突如其来如。’不孝子突出,不容于内也。凡云之属皆从云。𠬯,或从到古文子,即《易》突字。”

不顺忽出:不顺情理忽然出现。　　从到子:小篆“子”字倒置即“云”。

突如其来如:段注:“《离·九四》曰:‘突如其来如,焚如,死如,弃如。’郑注曰:‘震为长子,爻失正。突如震之失正,不知其所如,不孝之罪,五刑莫大,故有焚如、死如、弃如之刑。’如淳注《王莽传》亦曰焚如、死如、弃如谓不孝子也。”　　𠬯,或从到古文子:古文“子”作“𡥀”,倒置之即“𠬯”,“毓”字有此构件。人生育,子之头先出,故为倒子之象。

四十、丑　　部

"丑:纽也。十二月,万物动,用事。象手之形。时加丑,亦举手时也。凡丑之属皆从丑。"

纽:此为声训。"纽"字从丑得声。段注:"《糸部》曰:'纽,系也。一曰结而可解。'十二月阴气之固结已渐解,故曰纽也。"　　用事:办事,做事情。

时加丑,亦举手时:丑时(凌晨一至三点钟)也是人们动手做事情的时候。加,时间延续如加。

[讲解]

12."丑、醜"合流

今"丑陋"字作"丑",古代另有"醜"字,今已合流。"丑"象手形,故"羞"指持羊进献给尊者或鬼神,故美食称"珍羞",后起字作"饈"。又,"胍"指食肉,即以手持肉食之之意。"丑"字本与丑陋义不相涉,以其音与"醜"相近且笔画少而取代"醜"字表丑陋义。本来古人借鬼物形象表达丑陋义。许书《鬼部》:"醜,可恶也。从鬼,酉声。"《玉篇·鬼部》:"醜,兒恶。"《后汉书·逸民传·梁鸿》:"同县孟氏有女,状肥醜而黑。"按,"醜"字从鬼,许慎此字归《鬼部》本至确无疑,今语犹称丑陋为"鬼样子",今大型辞书"醜"字入《酉部》,失之。

四十一、寅　　部

"寅:髌也。正月,阳气动,去黄泉,欲上出,阴尚强,象宀不达,髌寅于下也。凡寅之属皆从寅。𡩟,古文寅。"

髌:此为声训。"髌"字从骨,指膝盖,然则此处当为假借字。参以下文"髌寅",为动词,"髌寅"之义近乎"摈落",谓排斥。　　正月:正月为寅。

象宀不达:象房屋覆盖故不通达。

四十二、卯　部

"卯:冒也。二月,万物冒地而出。象开门之形。故二月为天门。凡卯之属皆从卯。𢁭,古文卯。"

天门:古人以"天门"指天机之门,即心;又指天宫、皇宫之门及东方七宿角宿中之两星。许慎所说的天门,段注云:"卯为春门,万物已出。"

四十三、辰　部

"辰:震也。三月,阳气动,靁电振,民农时也。物皆生,从乙、匕,象芒达。厂,声也。辰,房星,天时也。从二;二,古文上字。凡辰之属皆从辰。𠨷,古文辰。"

震:其字从辰得声。此为声训,所谓以子释母。在十二生肖中,辰为龙。古人以为闪电、下雨皆龙所为。　靁电振:"靁"即"雷"。"振"同"震"。一般情况下,"振"指以手抖动,如"振衣",而雷震字作"震"。　象芒达:象禾芒上达。　厂,声也:非。"辰"为象形字。或云耕器,或云象蜃,尚无定论。　房星:星名,一称"大辰"。

四十四、巳　部

"巳:巳也。四月,阳气已出,阴气已藏,万物见,成文章,故巳为蛇。象形。凡巳之属皆从巳。"

已:巳、已二字古音相近,此亦为声训。"已"即下文"阳气已出,阴气已藏"之意。　万物见,成文章,故巳为蛇:见,显现。文章,各种花纹、颜色相交织。故巳为蛇,在十二生肖中,巳为蛇。蛇的皮成文章,故称"故巳为蛇",这种说法很牵强。　象形:"巳"象蛇形。甲文中常与"子"字相混。小篆"包"字中之"巳"亦为子而非蛇。

四十五、午　　部

"午:牾也。五月,阴气午逆阳,冒地而出。此予矢同意。凡午之属皆从午。"

牾:此字在本部,训"逆",即抵触、逆反之意。按,甲文"午"字象杵形,当为"杵"之初文。杵,舂米的棒槌。　　此予矢同意:"予"字当为"与"之误。

四十六、未　　部

"未:味也。六月,滋味也。五行,木老于未。象木重枝叶也。凡未之属皆从未。"

味:味道。　　滋味:谓六月各种物滋生出不同的味道。　　木老于未:农历六月,树叶由春季的翠绿色变成深青色,即"木老"之象。　　象木重枝叶:此说与甲、金文"未"字形体相合,参以音韵,知"未"本指树木茂盛。

四十七、申　　部

"申:神也。七月,阴气成,体自申束。从臼,自持也。吏臣铺时听事,申旦政也。凡申之属皆从申。ﾞ,古文申。ﾞ,籀文申。"

神:此以子释母。　　申束:略同"伸缩"。　　从臼:非,"申"为象形字。铺时:吃晚饭时,即申牌时分。　　申旦政:重申早晨讲过的政务。　　古文申:其形体与甲文相近。"申"本指雷电。"電"字下部"电"即"申"之变体。雷闪,伸而即逝,故"申"有伸展义。又,古人以为雷由神操作,故"神"字从示、从申、申亦声。

四十八、酉　　部

"酉:就也。八月,黍成,可为酎酒。象古文酉之形。凡酉之属皆从酉。帀,古文酉。从卯,卯为春门,万物已出。酉为秋门,万物已入,一,闭门象也。"

就:成。故有"成就"之双音词。"就"即下文"黍成"之意。　　可为酎酒:可酿成醇酒。"酎"同"醇"。按,"酉"象酒器形,其字亦为"酒"之初文。

四十九、酋　　部

"酋:绎酒也。从酉,水半见于上。《礼》有大酋,掌酒官也。凡酋之属皆从酋。"

绎酒:久酿的酒。"绎"有连续义,酒久酿,即时日之连续。　　水半见于上:谓"水"字之半出现在"酉"上。

五十、戌　　部

"戌:灭也。九月,阳气微,万物毕成,阳下入地也。五行,土生于戊,盛于戌。从戊含一。凡戌之属皆从戌。"

灭:熄灭,即下文"阳下入地"意。　　毕:范围副词,相当于"都、俱、咸"。　　土生于戊,盛于戌:戊指方位,指东南西北的中央;戌指时序,即九月。

五十一、亥　　部

"亥:荄也。十月,微阳起,接盛阴。从二;二,古文上字。一人男,一人女也。从乙,象裹子咳咳之形。《春秋传》曰:'亥有二首六身。'凡亥之属皆从亥。帀,古文亥为豕,与豕同。亥而生子,复从一起。"

荄:草根。　　象裹子咳咳之形:裹,抱着,以怀抱。咳,小儿笑貌。二首六身:"二、六"指"亥"的笔画。　　与豕同:"亥"字本象豕形。　　亥而生子,复从一起:亥处十二支之尾,第二循环之首即子,"一"指开端。许书9353字始于"一"而终于"亥",亦寓此意。

［讲解］

13．许慎对干支字的训释

许慎对二十二个干支字以及一些数词的记录文字的训释，显得很玄，而且比较乱。这些文字经用既久，已完全符号化了，并具有很浓郁的文化色彩。许慎一方面对纬书持批判态度，另一方面又摆脱不了纬书的影响。清朱骏声《说文通训定声·临部》："干支字各有本义，古用以纪旬，取为表识云尔。""干支二十二文，许君因仍旧说，胶据纬书，类皆穿凿傅会。"杨树达《中国文字学概要》："十干甲至癸，十二支子至亥，皆系借字，其字各有本义，许君皆以干支为本义，故所释都误，不可据依。"应该说，这些批评是公道的。

第十五讲

《说文解字》第十五篇

叙

　　古者庖牺氏之王天下也，①仰则观象于天，②俯则观法于地，③视鸟兽之文与地之宜，④近取诸身，⑤远取诸物，⑥于是始作《易》八卦，⑦以垂宪象。⑧及神农氏结绳为治而统其事，⑨庶业其繁，⑩饰伪萌生。⑪黄帝之史仓颉，⑫见鸟兽蹄迒之迹，⑬知分理之可相别异也，⑭初造书契。⑮百工以乂，⑯万品以察，⑰盖取诸《夬》。⑱夬，扬于王庭。⑲言文者，宣教明化于王者朝廷，⑳君子所以施禄及下，㉑居德则忌也。㉒仓颉之初作书，盖依类象形，故谓之文；㉓其后形声相益，即谓之字。㉔文者，物象之本；㉕字者，言孳乳而浸多也。㉖著于竹帛谓之书。㉗书者，如也。㉘以迄五帝三王之世，改易殊体。㉙封于泰山者七十有二代，靡有同焉。㉚周礼：八岁入小学，保氏教国子，先以六书。㉛一曰指事。指事者，视而可识，察而见意，上下是也。㉜二曰象形。象形者，画成其物，随体诘诎，日月是也。㉝三曰形声。形声者，以事为名，取譬相成，江河是也。㉞四曰会意。会意者，比类合谊，以见指㧑，武信是也。㉟五曰转注。转注者，建类一首，同意相受，考老是也。㊱六曰假借。假借者，本无其字，依声托事，令长是也。㊲及宣王太史籀著大篆十五篇，与古文或异。㊳至孔子书六经，左丘明述《春秋传》，皆以古文，厥意可得而说。㊴其后，诸侯力政，不统于王，恶礼乐之害己，而皆去其典籍。㊵分为七国，田畴异亩，车涂异轨，律令异法，衣冠异制，言语异声，文字异形。㊶秦始皇帝初兼天下，丞相李斯乃奏同之，罢其不与秦文合者。㊷斯作《仓颉篇》，中车府令赵高作《爰历篇》，太史令胡毋敬作《博学篇》，皆取史籀大篆，或颇省改，所谓小篆者也。㊸是时，秦烧灭经书，涤除旧典，大发隶卒，兴役戍，官狱职务繁，初有隶书，以趣约易，而古文由此绝矣。㊹自尔秦书有八体：一曰大篆，二曰小篆，三曰刻符，四曰虫书，五曰摹印，六曰署书，七曰殳书，八曰隶书。㊺汉兴，有草书。《尉律》：学僮十七已上，始试，讽籀书九千字乃得为吏，又以八体试之。㊻郡移太史并课，最者以为尚书史。㊼书或不正，辄举劾之。㊽今虽有《尉律》，不课，小学不修，莫达其说久矣。㊾孝宣时，召通《仓颉》读者，张敞从受之。凉州刺史杜业、沛人爰礼、讲学大夫秦近亦能言之。㊿孝平时，征礼等百余人，令说文字未央廷中，以礼为小学元士。51黄门侍郎扬雄采以作《训纂篇》。52凡《仓颉》以下十四篇，凡五千三百四十字，群书所载，略存之矣。53及亡新居摄，使大司空甄丰等校文书之部。54自以为应制作，颇改定古文。55时有六书：一曰古文，孔子壁中书也。二曰奇字，即古文而异者也。三曰篆书，即小篆。四曰佐书，即秦隶书，秦始皇使下杜人程邈所作也。五曰缪篆，所以摹印也。六曰鸟虫书，所以书幡信也。56壁中书者，鲁恭王坏孔子宅，而得《礼记》、《尚书》、《春秋》、《论语》、《孝经》。57又北平侯张苍献《春秋左氏传》。58郡国亦往往于山川得鼎彝，其铭即前代之古文，皆自相似。59虽叵复见远流，其详可得略说也。60而世人大共非訾，以为好奇者也，故诡更正文，乡壁虚造不可知之书，变乱常行，以耀于世。61诸生竞说字解经谊，称秦之隶为仓颉时书。云父子相传，何得改易。62乃猥曰：马头人为长，人持十为斗，虫者屈中也。63廷尉说律，至以字断法，苛人受钱，苛之字止句也，若此者甚众。64皆不合孔氏古文，谬于史籀。65俗儒鄙夫，翫其所习，蔽所希闻，不见通学，未尝睹字例之条，怪旧艺而善野言，以其所知为秘妙，究洞圣人之微恉。66又见《仓颉篇》中"幼子承诏"，因号古帝之所作也，其辞有神仙之术焉。67其迷误不谕，岂不悖哉！《书》曰："予欲观古人之象"，言必遵修旧文而不穿凿。68孔子曰："吾犹及史之阙文，今亡也夫！"盖非其不知而不问，人用己私，是非无正，巧说邪辞，使天下学者疑。69盖文字者，经艺之本，王政之始，前人所以垂后，后人所以识古。70故曰：本立而道生，知天下之至啧而不可乱也。71今叙篆文，合以古、籀，博采通人，至于小大，信而有证。72稽撰其说，将以理群类，解谬误，晓学者，达神恉。73分别部居，不相杂厕。74万物咸睹，靡不兼载。厥谊不昭，爰明以谕。75其偁《易》，孟氏；《书》，孔氏；《诗》，毛氏，76《礼》、《周官》、《春秋左氏》、《论语》、《孝经》，皆古文也。77其于所不知，盖阙如也。78

后　　叙

　　《叙》曰：此十四篇，五百四十部，九千三百五十三文，重一千一百六十三,解说凡十三万三千四百四十一字。⑦ 其建首也,立一为耑。⑧ 方以类聚,物以群分,同条牵属,共理相贯。⑧ 杂而不越,据形系联。引而申之,以究万原。毕终于亥,知化穷冥。⑧ 于时大汉,圣德熙明,承天稽唐,敷崇殷中。⑧ 遐迩被泽,渥衍沛滂。⑧ 广业甄微,学士知方。探赜索隐,厥谊可传。⑧ 粤在永元,困顿之年。孟陬之月,朔日甲申。⑧ 曾曾小子,祖自炎神。⑧ 缙云相黄,共承高辛。⑧ 太岳佐夏,吕叔作藩。⑧ 俾侯于许,世祚遗灵。⑨ 自彼徂召,宅此汝濒。⑨ 窃卬景行,敢涉圣门。⑨ 其弘如何,节彼南山。⑨ 欲罢不能,既竭愚才。⑨ 惜道之味,闻疑载疑。演赞其志,次列微辞。⑨ 知此者稀,傥昭所尤。庶有达者,理而董之。⑨

注释

① 古者,古代的时候。"古者、今者、昔者、曩者"等均为古人的习惯用法。庖牺氏,即"伏羲氏"的转写形式。庖、伏均为唇音字。之:连词的特殊用法,划主谓为偏正,取消句子的独立性,以引起下文。王,名词活用为动词。王天下即统治天下、做天下之王。

② 则,连词,表示上下文的顺承关系。象,日、月、星辰等天象。

③ 法,现象背后的规律。

④ 文,痕迹。宜,适宜的事物。

⑤ 诸,"之于"的合音字。

⑥ 物,人自身以外的事物。

⑦ 《易》即《周易》,儒家十三经之一,因此也叫《易经》。八卦是《易》中具有象征意义的八种基本图形。八卦的名称为:乾、坤、震、巽、坎、离、艮、兑。八卦分别代表天、地、雷、风、水、火、山、泽八类事物。

⑧ 垂,显示。宪象,一定规律制约下的现象。

⑨ 相传三皇(燧人氏、伏羲氏、神农氏)时无文字,结绳以记事。文字始自五帝时。

⑩ 庶业,各种行业。庶有众多义。其,段玉裁云即《荀卿》书之"綦",义为"极"。

⑪ 饰伪,装饰性的、人为的东西。

⑫ 仓颉,字亦作"苍颉",或称"仓帝"。

⑬ 蹞,"蹄"的或体。指鸟兽之足。远,动物的足迹。

⑭ 分理,段注云犹文(纹)理。别异,区别。

⑮ 书契,文字。契,刻成的字。

⑯ 百工,百官。乂,治理。

⑰ 万品,各种物品。察,明察,分辨。

⑱ 《夬》,《易》中的六十四卦之一。取诸《夬》,指《夬》有决断义,有了文字可供治世,决定一切。

⑲ 经决定的事情,宣扬于王廷。

⑳ 宣教明化,即宣明教化,宣扬而使明确君主的政令。

㉑ 君子,一般指有修养有知识的人,这里指统治者。施禄,给予待遇,犹言施恩。及,达。下,下人。

㉒ 段玉裁以为谓律己则贵德不贵文。王筠《句读》、桂馥《义证》皆云即居德明忌之意。王氏云:"文字可以居德者,多识前言往行以畜其德也。可以明忌者,令行禁止之意。"

㉓ 文,独体文,包括象形字和原始指事字,前者多而后者少。一个象形字,往往指称一类事物,所以叫依类象形。

㉔ 字,合体字。由"文"所滋生。形声相益,包括形体系统的衍生和语源分化、新词增殖。

㉕ 本,根本。

㉖ 浸多,渐多。

㉗ 写在竹帛上叫做书。"著"有附著不移之义。

㉘ 这也是声训。如,象。客观物体是什么样子,文字就写成什么样子。

㉙ 五帝指:黄帝、颛顼、帝喾、唐尧、虞舜。

㉚ 靡,无。说明文字形体处在不断变化之中。

㉛ 保氏,官职名。掌管国子的教育。国子,贵族子弟,即公卿大夫等官员的子女。

㉜ 看到即可识别,仔细观察就可领会意图。

㉝ 诘诎,屈曲。

㉞ 事,文字所记录的词指称的事物;名,该事物的书面名称。形声造字法基于假借原理。人们在为语言中某个词造字时,根据这个词的语音线索,找一个同音字来记录(这就是"取譬相成"),然后加上一个表示意义范围的构件。

㉟ 比类,将指称事类的象形字并列在一起。谊,谓义。指扬,连文同义。

㊱ 依声托事,循其语音线索找同音字来假托。

㊲ 建类一首,确立一个指称事类的字类为部首。同意相受,同部中的两个字所记录的词之义相同。许慎说的是《艸部》"蓲"和"薹"这种情况,根据文字学原理,转注还有包括"自"和"堆"这一类,详见本书《第一讲·讲解5》。

㊳ 王国维《〈史籀篇疏证〉序》指出,籀是抽读的意思,不是周宣王时太史官的名字。许慎、班固都把"籀"当作人名,是因袭刘向父子的说法。

㊴ 厥,通"其"。用古文书写的儒经,文字形体可反映词义内容,可进行说解。

㊵ 力政,竭力征战。"政"通"征"。礼乐,指儒家的道德标准。

㊶ 七国,即齐、楚、燕、韩、赵、魏、秦。异亩,指各国一亩田地的面积不一样。涂,通"途"。车途,当为偏义复词。异轨,轨距不同,即两个车轮间的距离。古代轨指车迹。

㊷ 指以小篆为规范字形。后来汉代也继承了这一文化政策。小篆由大篆(籀文)演变而来,籀文与金文相近。战国时代,各国文字不一,秦国文字与周代金文一脉相承。

㊸ 省,简化。改,改动。交代小篆形体的来源。

㊹ 以趣约易,趋于简约、简易。隶书的形成历来被看成汉字形体演变史上的第二座里程碑,人们放弃了用文字形体直观地反映词义内容信息的追求(因局限性很大),文字形体在符号化的行程中往前迈进了一大步。许慎在这里所说的"古文"应该是广义的。

㊺ 刻符,刻在符节上的篆体字,但由于契刻而成,没有一般篆体圆转特点,笔画显得平直。这一点与甲文相似。虫书,也叫鸟虫书。在文字上加画鸟虫形,故得此名。摹印,印章上的字体。署书,用作题署的字体。殳书,兵器上的字体。

㊻ 已,通"以"。讽,背诵。

㊼ 郡移太史并课,段玉裁认为是县试完毕移至郡,又移至太史令。并课,合试。

㊽ 辄,就,连词。劾,弹劾。

㊾ 不课,不测试。小学,旧称文字音韵训诂之学为小学,与大学(儒学)相对,这里主要指文字学。

㊿ 孝宣,汉宣帝。张敞,京兆尹。杜业,张敞的外孙。讲学大夫,王莽当政时设的官职。

(51) 事见《孝平纪》、《王莽传》。

(52) 扬雄从应召的人所写的字中挑出一些,汇编成《训纂篇》。段玉裁说。

(53) 十四篇指:《仓颉篇》、《博学篇》、《爰历篇》、《凡将篇》、《急就篇》、《元尚篇》、《训纂篇》七部字书,每书分上、下篇,故称十四篇。

(54) 亡新居摄,亡指王权旁落;"新"是王莽的国号;居摄,居其位摄其政,指王莽代汉自立。

(55) 应制作,指王莽立乐经,自言尽力制礼作乐事。

(56) 秦隶,也叫古隶。汉代的隶书则称今隶。幡信,旗帜和符节。符节为信物,故称"信"。

(57) 坏,拆毁。

(58) 张苍原为秦柱下御史,段注云"遂藏《左氏》,至汉弛禁而献之"。

(59) 前代之古文,也是泛指的古文字。鼎彝铭文即金文。

(60) 叵复见远流,不能清晰地看到铭文的渊源和长期的演变情况。其详,指已见到的铭文形体结构的具体情形。

(61) 非訾,非议。诡更正文,乱改正规的字形。乡,通"向"。

(62) 诸生,指当时信从今文经的太学生。

(63) 猥,本指犬吠。这里等于说"胡说"。马头人为长,谓"马头"和"人"字合起来就是"长"字。人持十为斗,则谓"人"拿着"十"就"斗"。虫者屈中:"中"字当中弯曲就是"虫"字。

(64) 苛人受钱:《汉令》规定司法者受贿为非法行为。但诸生却把"苛"字依据隶书形体解释为"止句"。

(65) 谬,谬误。作动词即"有悖于"之义。

(66) 翫,通"玩"。希,通"稀"。字例之条:文字的规律。怪、善,都是形容词意动用法,认为……是奇怪的,或是好。埶,经艺,研究儒经的专门之学。微恉:深奥的意恉。

(67) 曲解"幼子承诏"一语,说成是黄帝所说的话,其中包含着神仙之术。

(68) 谕,明白。悖,违背情理。古人之象,指古文字。旧文,亦指古文字。

(69) 孔子语,出《论语・卫灵公》。阙文,缺失的文献。人用己私:人们因为一己之私。是非无正:是非没有标准。

(70) 垂后:流传到后世。

(71) 本立而道生:语出《论语・学而》。所引文前有"君子务本"句。作者引用这句话的用意是:要正确、合理地解释儒经,首先要抓住古文字这个关键。知天下之至啧而不可乱:语出《易・系辞传》;至啧,极深奥的道理。

(72) 今叙篆文,合以古、籀:在一般情况下,许慎书 9353 条被释字形体为小篆,有古文、籀文形体则作为重文列于后。

(73) 理群类:文字符号群中的个体代表不同的事类、物类,所以,整理文字系统就是理群类。达神恉:使学者明白文字的意图、旨意。

(74) 谓所收录的文字各归所属的部居而不踰越、不相混杂。这一点可能是受史游《急就篇》启发的,该书有"分别部居不厂厕"语。

(75) 厥谊不昭,爰明以谕:对于所收录字的意义不明显的,就通过形体分析、文献用例列举等办法加以揭示而使读者明白。

(76) 《易》,孟氏:指经孟喜作注(章句)的《易经》。《书》,孔氏:即孔安国作过《传》的《尚书》。《诗》,毛氏:毛亨作过《传》的《诗经》,亦称"毛诗"。

(77) 诸种儒经皆古文经。

(78) 对于不知道的东西,就缺空着。阙,通"缺"。如,动词后缀。故许书正文中常有称"阙"之例。

(79) 十四篇:许冲在《进〈说文解字〉表》中称"凡十五卷",即合叙、目计之。根据段玉裁的统计,其他数据皆有出入。注云:"今依大徐本所载字数核之,正文九千四百卅一,增多者七十八文。重文千二百七十九,增多者百一十六文。"关于说解文的数字,段云"凡十二万二千六百九十九,较少万七百四十二字。许云解说十三万三千四百四十一字者,实兼叙言之"。

⑧⓪ 建立部首,确立"一"为起点。许书 540 部首始于"一"。"耑"同端,头绪,端绪。

⑧① 方以类聚:指具有相同部首的字汇合在一起。方,有品类之义。《广雅·释诂三》:"方,类也。"物以群分:不同的文字分成不同的群。同一部的字实际上是一个字群。牵,牵连。属,连属。理,条理。贯通。共理相贯:指全书所收录之字在上述两条原则之下汇合在一起。

⑧② 引而申之:"引申"的分离形式,二者为离合词。这句话指按照据形系原则联缀不同文字的过程。万原:一切的根源。毕终于亥:"毕"和"终"连文同义。"亥"是许书中最后一个被释字。亥亦为十二支之尾,象征一个循环告终而将走向新的起点。知化穷冥:知其变化,追究、搞清楚隐蔽的东西。

⑧③ 承天:承天运。古代皇帝称"天子",以为君权神授。稽唐:指光武帝封禅稽考唐尧故事。汉以唐尧为祖。敷崇:布施崇高的道德。殷中:以殷历为标准。"中"有中正、标准义。一说殷中指告成功,殷者盛也,中犹成也。段氏云。

⑧④ 被泽:受到恩泽。"被"为寝衣,加于身之物,故有加义、受义及遭受义。被字句中作介词,亦虚化引申而形成。渥衍沛滂:水势盛大,这里喻指汉室。

⑧⑤ 广业:扩大、发展事业。汉立五经博士至十四人。甄:培养。厥谊:其义。

⑧⑥ 粤,发语词。永元,汉和帝年号。困顿之年:段注引《尔雅》:"岁在庚上曰章,在子曰困顿"。永元十二年为庚子年。按"困顿"《尔雅·释天》亦作"困敦",清郝懿行《义疏》引孙炎说,云即混沌之意。孟陬之月:孟指四季的第一个月。陬,正月。朔日:每月的第一天。"朔日甲申"为同位结构。

⑧⑦ 曾曾,小貌。炎神,炎帝神农氏。

⑧⑧ 缙云相黄,缙云氏辅佐黄帝。缙云氏姜姓,炎帝后裔,许慎把他当作自己的远祖。共承高辛,共工,亦姜姓。高辛即帝喾。承,委婉语,实指争王之事。

⑧⑨ 太岳佐夏:太岳(亦炎帝之裔)辅佐夏王朝。吕叔作藩:吕叔,本称"文叔",姜姓,为禹心吕之臣,故封吕侯。至周代,武王封文叔于许。作藩,作屏藩。

⑩ 俾侯于许:使之成为许国之侯王。世祚:世禄。遗灵:段玉裁谓"灵"通
"令","令"有善美之义。

⑪ 自彼徂召:从许国(今河南省许昌县)迁到召陵。宅此汝濒:居住在这汝水
之滨。

⑫ 窃卬景行:窃,私下。卬,通"仰"。景行:大道,这里指儒学。圣门:圣人之
门,指孔、孟以及仓颉等代表的儒学、文字学。

⑬ 弘,通"宏",宏大。节彼南山:像南山一样高。节本指竹节,寓有抽拔升高
之义。

⑭ 欲罢不能:言其难。

⑮ 惜道之味:深爱文字规律的意味。演赞其志:推演叙述已记载的知识。次
列微辞:然后陈述己见。

⑯ 傥,或许。昭,明白。尤,错误。庶:希望。董,纠正。

相关问题讲解

1. 汉字的起源

许慎在著作的《叙》中提到了八卦、结绳记事、仓颉受鸟兽蹄远之迹的启
发而造字,这对后来的文字学产生了深远的影响。历代的文字学家都把汉
字的起源问题当作文字学中一定要讨论的基本问题。综观之,古往今来关
于汉字的起源共有九种说法:结绳说、仓颉造字说、八卦说、河图洛书说、甲
子说、鸟兽足迹说、起一成文说、刻划符号说、中国文字西来说。这九种说法
中至少有四种与许慎的观点有关。我们认为,汉字不可能是突然之间发明
的,它有一个漫长的成熟前期,汉字的起源与多种事物都有关系。许慎提到
的三点都有其合理成分。甲骨文中有所谓成串奇字,张政烺先生在 1978 年
中国古文字研究会首届年会上指出这些奇字是《周易》中的卦,并将成串奇
字破译成阴阳爻,写出了"蒙、蛊、艮、既济"四卦。金文"十、廿、卅、卌"写成
ˎ、ˎˎ、ˎˎˎ、ˎˎˎˎ,正是结绳记事的遗迹。文字不可能由一人发明,史官仓颉搜集、
整理过文字却是完全可能的。

2. 汉字系统的发展

自古而今,汉字符号群不断地扩展、膨胀。许慎书收录文字九千余,今《中华字海》收字八万五千多,而尚未告穷尽。文字符号的增殖是有规律的,许慎在这篇《叙》中,已揭示了这条规律,即"改易殊体"和"形声相益"。改易殊体,指文字形体改变,同一个词不止一个记录文字,亦即产生了异体字。"形声相益"则指语言中新词产生,相应地新的文字形体随之而产生。晚近时代,章太炎先生在其《文始》中,黄侃先生在其《文字声韵训诂笔记》中,把许慎所揭示的规律表述为"变易"和"孳乳"。

3. 形义关联

许慎在《叙》中反复强调"古文"的重要性。指出:用古文书写的儒家经典"厥意可得而说"。这是许氏的一个非常重要的学术思想,他据形系联文字,根据小篆、古文、籀文的形体作其结构分析,从而推知词的意义内容,即以此为思想认识基础。其方法形训也成为中国训诂学史上三种主要训诂方法之一。

4. 六书次第

许慎的六书次第,以指事为第一,为后世文字学所不取,用班固说,以象形为第一。六书之名,许、班两家之说亦相异,后世多取许说。象形字为独体文,相叠加则为会意字;加注指点符号则为后起指事字;两个独体文分别充当形符和声符则其字为形声。这是汉字发展史的不争的事实。但有的学者如宋代郑樵由此推导说"六书也者,皆象形之变也",见《通志·六书略·六书序》,这种观点就有失偏颇了。因"一、二、三"之类的原始指事字虽然数量不多,但其本质绝非象形系统。章太炎先生《小学略说》:"造字之朔,象形居先,而指事更在象形之前。"其说亦有偏颇之嫌。文字,是人类思维发展到一定阶段上的产物,古人能造指事字"一"时,也能造象形字"木"。应该说六书之朔是二元的。许慎以指事为六书之首,至少可以避免"六书也者,皆象形之变"一类的偏见。

5. 许慎的经学立场

许慎兼通今文、古文经,而立足于古文经学,反对今文经学,斥今文经学家的一些说法为"巧说邪辞"。值得注意的是,他并不认为今文经学一无可取而概加排斥。他在书中曾称引今文经学代表人物董仲舒和今文经博士的学说,即其力证。

6. 文字的本质

语言是人类最重要的交际工具,文字是记录语言的,因此,文字是人类交际中最重要的辅助性工具。这在今天已成为人们的共识。而许慎,生当东汉之世,对此已经有所认识,不能不说是难能可贵的。他在《叙》中说:"著于竹帛谓之书。书者,如也。"即谓"书"(文字)是起记录语言作用的。在说到战国时代七国纷争时,称"言语异声,文字异形"。很明显,在他的学术思想中,言语和文字是两个不同的概念。说到这个问题倒是要指出,在漫长的古代语言学史上,小学家们语言、文字的概念是不清晰,而且常常以字为词、为言。直到清代戴震的论述中,才有明确的"语言"和"文字"的区分。

参 考 文 献

1. 陈梦家《殷虚卜辞综述》,中华书局,1988

2. 陈涛《文字学浅谈》,大象出版社,1977

3. 程裕祯《中国学术通览》,北京语言学院出版社,1995

4. 戴家祥主编《金文大字典》,学林出版社,1995

5. 董琨《中国汉字源流》,商务印书馆,1998

6. 丁声树《古今字音对照手册》,中华书局,1981

7. 高明《古文字类编》,中华书局,1980

8. 高明《中国古文字学通论》,北京大学出版社,1996

9. 高小方《中国语言文字学史料学》,南京大学出版社,1998

10. 郭成韬《中国古代语言学名著选读》,中国人民大学出版社,1998

11. 郭沫若《中国古代社会研究》,河北教育出版社,2002

12. 胡朴安《中国文字学史》,中国书店,1983

13. 黄德宽、陈秉新《汉语文字学史》,安徽教育出版社,1990

14. 何琳仪《战国文字通论》,中华书局,1989

15. 汉·史游《急就篇》,岳麓书社,1989

16. 洪诚《中国历代语言文字学文选》,江苏人民出版社,1982

17. 胡奇光《中国小学史》,上海人民出版社,1987

18. 胡裕树主编《中国学术名著提要·语言文字卷》,复旦大学出版社,1992

19. 黄金贵《古代文化词义集类辨考》,上海教育出版社,1995

20. 何乐士、敖镜浩等《古代汉语虚词通释》,北京出版社,1985

21. 中国社会科学院考古研究所编《甲骨文编》,中华书局,1965

22. 蒋善国《汉字形体学》,文字改革出版社,1959

23. 姜聿华《中国传统语言学要籍述论》,书目文献出版社,1992

24. 蒋礼鸿《义府续貂》,中华书局,1987

25. 蒋礼鸿《蒋礼鸿语言文字学论丛》,浙江古籍出版社,1994

26. 翦伯赞《先秦史》,北京大学出版社,1990

27. 江藩、方东树《汉学师承记》,生活·读书·新知三联书店,1998

28. 金景芳、吕绍纲《周易全解》,吉林大学出版社,1989

29. 冷玉龙、韦一心等《中华字海》,中华书局、中国友谊出版公司,1994

30. 李圃《甲骨文文字学》,学林出版社,1995

31. 李波、李晓光等《十三经新索引》,中国广播电视出版社,1997

32. 刘翔、陈抗等《商周古文字读本》,语文出版社,1989

33. 吕思勉《文字学四种》,上海教育出版社,1985

34. 林尹《文字学概说》,台湾正中书局,1971

35. 陆宗达、王宁《训诂方法论》,中国社会科学出版社,1983

36. 刘又辛《文字训诂论集》,中华书局,1993

37. 李珍华、周长楫《汉字古今音表》,中华书局,1993

38. 路易斯·亨利·摩尔根《古代社会》,杨东莼、马雍、马巨译,商务印书
　　馆,1995

39. 孟世凯《甲骨学小词典》,上海辞书出版社,1987

40. 马宗霍《中国经学史》,上海书店,1984

41. 马叙伦《马叙伦学术论文集》,科学出版社,1958

42. 濮之珍《中国语言学史》,上海古籍出版社,1987

43. 濮之珍主编《中国历代语言学家评传》,复旦大学出版社,1992

44. 清·段玉裁《说文解字注》,上海古籍出版社,1981

45. 清·朱骏声《说文通训定声》,中华书局,1984

46. 清·王筠《说文释例》,中华书局,1987

47. 清·桂馥《说文解字义证》,上海古籍出版社,1987

48. 清·朱珔《说文假借义证》,黄山书社,1997

49. 清·谢启昆《小学考》,汉语大词典出版社,1997

50. 清·王仁寿《金石大字典》,天津市古籍书店,1982

51. 秦永龙《西周金文选注》,北京师范大学出版社,1992

52. 清·阮元等《经籍籑诂》,中华书局,1982

53. 清·皮瑞锡《经学通论》,中华书局,1954

54. 启功《古代字体论稿》,文物出版社,1999

55. 裘锡圭《文字学概要》,商务印书馆,1988

56. 清·吴昌莹《经词衍释》,中华书局,1956

57. 容庚编著,张振林、马国权摹补《金文编》,中华书局,1985

58.《十三经注疏》,中华书局,1980

59.《四库全书总目》,中华书局,1965

60. 孙启治、陈建华《古佚书辑本目录》,中华书局,1997

61. 宋·郑樵《通志·二十略》,中华书局,1995

62. 孙钧锡《中国汉字学史》,学苑出版社,1991

63. 苏宝荣《许慎与〈说文解字〉》,大象出版社,1997

64.《〈说文解字〉研究》第一辑,河南大学出版社,1991

65.《宋本广韵》,中国书店,1982

66. 唐·陆德明《经典释文》,上海古籍出版社,1985

67. 唐兰《中国文字学》,上海古籍出版社,1979

68. 谭家健主编《中国文化史概要》,高等教育出版社,1988

69. 五代·徐铉等注本《说文解字》,中华书局,1963

70. 五代·徐锴《说文系传》,四部备要本,中华书局

71. 王延林《常用古文字字典》,上海书画出版社,1987

72. 吴浩坤、潘悠《中国甲骨学史》,上海人民出版社,1985

73. 吴枫主编《简明中国古籍辞典》,吉林文史出版社,1987

74. 王元鹿《普通文字学概论》,贵州人民出版社,1996

75. 王凤阳《汉字学》,吉林文史出版社,1989

76. 王宇信《建国以来甲骨文研究》,中国社会科学出版社,1981

77. 吴文祺、张世禄《中国历代语言学论文选注》,上海教育出版社,1986

78. 王力《中国语言学史》,山西人民出版社,1981

79. 闻道《周易占测入门》,中州古籍出版社,1995

80. 徐中舒主编《甲骨文字典》,四川辞书出版社,1988

81. 徐中舒主编《汉语古文字字形表》,四川辞书出版社,1981

82. 《许慎与〈说文〉论集》,河南人民出版社,1991

83. 徐超《中国传统语言文字学》,山东大学出版社,1996

84. 徐复《徐复语言文字学论稿》,江苏教育出版社,1995

85. 徐旭生《中国古史的传说时代》,文物出版社,1985

86. 姚孝遂、肖丁主编《殷墟甲骨刻辞摹释总集》,中华书局,1988

87. 姚孝遂、肖丁主编《殷墟甲骨刻辞类纂》,中华书局,1989

88. 于省吾主编《甲骨文字诂林》,中华书局,1996

89. 叶绍钧《十三经索引》,中华书局,1983

90. 杨五铭《文字学》,湖南人民出版社,1986

91. 杨树达《中国文字学概要　文字形义学》,上海古籍出版社,1988

92. 姚孝遂《许慎与〈说文解字〉》,中华书局,1983

93. 余国庆《说文学导论》,安徽教育出版社,1995

94. 于长虹、韩阙林《常用文言虚词手册》,河北人民出版社,1984

95. 杨逢彬《殷墟甲骨刻辞词类研究》,花城出版社,2003

96. 臧克和《尚书文字校诂》,上海教育出版社,1999

97. 《章太炎全集》之四、七,上海人民出版社,1985、1999

98. 张舜徽《说文解字约注》,中州书画社,1983

99. 赵诚《甲骨文简明词典》,中华书局,1988

100. 钟旭元、许伟建《上古汉语词典》,海天出版社,1987

101. 周法高主编《金文诂林》,香港中文大学,1974

102. 张鞠膡《中国文字学》,武林印书馆,1917

103. 郑廷植《汉字学通论》,福建人民出版社,1997

104. 张涌泉《汉语俗字研究》,岳麓书社,1995

105. 张耿光《汉字通论》,贵州人民出版社,1986

106. 赵平安《〈说文〉小篆研究》,广西教育出版社,1999

107. 张其昀《"说文学"源流考略》,贵州人民出版社,1998

108. 周斌武《中国古代语言学文选》,上海古籍出版社,1988

109. 张斌、许威汉主编《中国古代语言学资料汇纂·文字学分册》,福建人民出版社,1993

110. 赵振铎《训诂学史略》,中州古籍出版社,1988

111. 周祖谟《周祖谟学术论著自选集》,北京师范学院出版社,1993

112. 周有光《中国语文纵横谈》,人民教育出版社,1992